国家社会科学基金"十二五"规划课题

现代大学制度研究——历史与现实的反思

高等教育治理改革的
价值研究

On the Value of Higher Education Governance Reform

唐汉琦　著

中国海洋大学出版社

·青岛·

图书在版编目（CIP）数据

高等教育治理改革的价值研究/唐汉琦著. —青岛：
中国海洋大学出版社，2018.5
ISBN 978-7-5670-1810-5

Ⅰ. ①高… Ⅱ. ①唐… Ⅲ. ①高等教育－教育改革－
研究－中国 Ⅳ. ① G649.21

中国版本图书馆 CIP 数据核字（2018）第 104651 号

出版发行	中国海洋大学出版社		
社　　址	青岛市香港东路 23 号	邮政编码	266071
出 版 人	杨立敏		
网　　址	http://www.ouc-press.com		
电子信箱	appletjp@163.com		
订购电话	0532－82032573（传真）		
责任编辑	王积庆	电　　话	0532－85902349
装帧设计	青岛汇英栋梁文化传媒有限公司		
印　　制	日照日报印务中心		
版　　次	2018 年 6 月第 1 版		
印　　次	2018 年 6 月第 1 次印刷		
成品尺寸	170 mm × 230 mm		
印　　张	15.5		
字　　数	270 千		
印　　数	1～2000		
定　　价	49.00		

发现印装质量问题，请致电 0633-2298958，由印刷厂负责调换。

总序

很难想象,如果没有现代大学,今天的人类会是什么样子。200多年来,在消解社会蒙昧文化、启迪科学理性、造就现代文明、推进社会现代化等方面,现代大学的作用无可匹敌。随着高等教育由精英化走向大众化和普及化,其不仅指引了人类文化科学技术进步的方向,使现代文化科技的百花园璀璨夺目,而且将科学理性的曙光播撒到人类各阶层民众的心田,使人的心灵得到洗礼和升华。如果说现代大学是人类文明进步的航标灯,那么,现代大学制度就是那高高矗立的灯塔,牢牢地支撑和捍卫着现代大学功能的发挥。这就是为什么人们在高歌和颂扬现代大学犹如古希腊智慧女神帕拉斯•雅典娜的同时,对现代大学制度的尊崇也几乎到了顶礼膜拜的地步。我国发展现代大学、建立现代大学制度的历史晚于欧美诸国,探索之路也坎坎坷坷。峰回路转到了21世纪,现代大学制度又为时代所需,完善现代大学制度、推进高等教育治理体系和治理能力现代化的征程再次启动,标示着我国现代大学发展进入了一个全新时代。

一、现代大学的形成及其制度化

现代大学是什么时候产生的?但凡对高等教育发展史有一定了解的人都会肯定地回答,19世纪是现代大学及其制度化的时代,1810年德国柏林大学的创办标志着人类历史上第一所现代大学的出现。在柏林大学创办之前,欧洲大学几乎是一个模式。正如卢梭所说:"没有什么法国、德国、西班牙或者甚至英国模式,只有欧洲模式。它们有着同样的品位,同样的感情,同样的道德,它们没有一所学校是从其自身出发形成了一种国家模式。"① 但这并不意味着创办柏林大学是空穴来风,也不能说是威廉·冯堡的神来之笔成就了柏林大学。

柏林大学的新制度保证了早期现代大学功能的全面实现。柏林大学是根据章程办学的典范,1817 年,施莱尔马赫主要负责起草的《大学章程》奠定了现代大学的基本框架。尽管柏林大学最初也沿袭了古典大学四个学院办学的基本模式,包括神学、法学、医学和哲学四个学院,但与古典大学由神学主导不同,柏林大学的各学院拥有平等的地位。柏林大学保留了传统的由正教授、副教授和助教所构成的三级结构模式,但实行教师等级制,全体正教授组成教授会,大学的所有事务皆由教授会决定,比如,遴选校长、选聘教授等。柏林大学的教学实行讲座制,按学科和专业设置若干讲座,由正教授主持各讲座。讲座教授享有很大的特权。这样,柏林大学的基本制度就形成了,即大学由学院构成,学院由若干讲座构成,正教授全权负责讲座内的一切事务。在与政府的关系上,柏林大学建立了利益商谈制,即讲座教授与政府部门之间通过"讨价还价",即利益交涉确定讲座教授的待遇。每位正教授需要直接与州政府而不是与大学交涉,定期就财政和物质方面的条件、待遇进行协商,由此形成了一种不同于古典大学的基本制度框架,包括政府聘用正教授并提供办学经费,正教授组成教授会,负责决定大学办学;正教授学科领域的办学事务由各讲座教授全权负责。② 所以,有人认为:"柏林大学的建立不只是增加了一所大学而已,而是创造了一种体现大学教育的新概念。"③

19 世纪是现代大学及其制度的概念在世界得到普及的时代。柏林大学的成功不但撬动了德国大学的现代化转型,成就了 19 世纪光辉灿烂的德意志文明④,而且引发了世界范围的大学现代化运动,为古典教育与现代教育之争提供了最具说服力的实践范例。世界其他国家创建现代大学的雏形往往以柏林大学为楷模。值得注意的是,其他国家效仿柏林大学,不是仿照其建筑式样,

---

① 转引自 Walter Ruegg. A History of the University in Europe[M]. Cambridge: Cambridge University Press, 2004: 4.

② 别敦荣,李连梅. 柏林大学的发展历程、教育理念及其启示 [J]. 复旦教育论坛,2010(6):13-16.

③ 〔英〕博伊德. 西方教育史 [M]. 任宝祥,吴元训,译. 北京:人民教育出版社,1985:330.

④ 孙承武. 聚焦全球十大名校——巨人摇篮 [M]. 北京:京华出版社,2003:81.

不是引进其师资,不是跟其竞争生源,更不是引进其领导团队,而是借鉴其理念,效法其精神,从而形塑自身的建制和学术自由的制度文化。

在 19 世纪以来世界现代大学及其制度的发展中,德、英、法、美四国无疑是最具典型意义的。从德国萌发的现代大学及其制度不仅在德国开花结果,而且成为其他国家学习的样板。英国和法国的现代大学及其制度化实践对两国高等教育转型发展发挥了重要影响,并辐射到了两国传统的殖民地或属地。19 世纪美国现代大学及其制度化的探索建构了美国高等教育的新体系,其后来对全球所产生的广泛而深刻的影响可能是当时的探路者们都未曾预料到的。

二、现代大学制度的变迁与共性特征

现代大学制度不是孤立的存在物,它与大学内外诸多制度及相关环境因素有着千丝万缕的关系。现代大学制度随大学内外情况的变化而不断变化,也可以说,现代大学制度的发展是无止境的。如果说 19 世纪是现代大学制度的初创期的话,那么,20 世纪以后就是现代大学制度走向成熟并随高等教育大众化和普及化不断变迁的时期;如果说 19 世纪是德国现代大学制度引领风骚、为世界所向往的时期的话,那么,20 世纪以后就是美国现代大学制度臻于完善、广受尊崇的时期。在一定程度上可以说,19 世纪是德国现代大学制度的世纪,20 世纪则是美国现代大学制度的世纪。

20 世纪是人类历史上一个特殊的世纪,在 100 年的时间里,有相当长的时间世界大部分地区都处在大规模战争中。大规模战争的后果,除了人类自身的被杀戮,还有大量的城市、工厂、乡村遭到毁灭性的破坏,数以千万计的人被迫流离失所,背井离乡,寻找安身之所。在其余的时间里,尽管仍不时爆发局部小规模的战争,破坏和影响相对较小,和平、建设与发展成为主旋律。第二次世界大战结束以后,现代大学制度建设取得了新的突破,其动力源于高等教育的大众化和普及化发展。统计表明,在 20 世纪中期以前,全球只有美国一个国家的高等教育进入了大众化发展阶段,但到了 20 世纪末,世界上所有发达国家、大部分发展中国家和部分欠发达国家都实现了高等教育大众化,其中,有 20 个国家在 2000 年以前实现了高等教育的普及化。[①]21 世纪初期,高

---

① 别敦荣,王严淞. 普及化高等教育理念及其实践要求 [J]. 中国高教研究,2016(4):1-8.

等教育发展步伐日益加快,不仅全球高等教育总规模大幅上升,而且普及化国家的数量也显著增加。到 2015 年,共有 68 个国家的高等教育发展进入了普及化阶段。

在现代大学发展史上,一个令人唏嘘不已的现象是 20 世纪前半期德国现代大学由鼎盛走向没落。这一变化似乎与德国现代大学制度是有关联的,而且在 19 世纪后期,德国大学便已表现出偏离大学本质的倾向。人类又是幸运的,在德国现代大学被纳粹运动肆虐的时候,美国现代大学制度建设加快了步伐,并在 20 世纪初期羽翼渐丰、走向成熟。美国大学不只在内部建立了具有现代性的制度,而且在外部也创新了大学与政府的关系,从而有效地保持了大学与政府之间合理的张力,实现了大学的事情由大学负责、政府的事情由政府负责。在大学与国家的关系上,早在 1819 年,美国弗吉尼亚州政府曾经试图通过改变私立大学的性质,举办州立大学。这一行动最终被联邦最高法院判决为非法,私立大学的地位受到法律保护。两次世界大战期间,美国参与战争后需要大量的先进武器装备和弹药,国防科技与工业得到快速发展,国家向大学提出了庞大的科研和技术服务需求,"为国家服务"一时成为很多大学最重要的办学宗旨,大学成为国防科研和工业的主要依靠力量,大学的科研职能第一次展示了无穷的力量。当国家的需要成为大学办学目的的时候,大学与政府的关系便成为影响办学的重要因素。尽管大学与政府的关系拉近了,甚至可以说到了密不可分的地步,但是,双方之间并没有形成统治与被统治、支配与被支配的关系,相反,一种新的约束大学与政府关系的制度建立起来了,这就是契约制度。契约制度将大学与政府之间的关系建立在双方平等的基础之上,双方通过协商,以法律文书的形式将双方的权利、责任和义务予以明确并固定下来。这样不仅固化了大学与政府之间的平等关系,而且用法律的方式保护了双方的权利。通过契约制度,美国大学既能有效地实现为国家服务的办学宗旨,又避免了沦为政府的附庸,唯政府马首是瞻。

第二次世界大战的结束加速了美国高等教育大众化的发展。为了协调不同层次、不同类型高校之间的关系,1960 年,加州州政府制定了《加州高等教育总体规划(1960—1975 年)》,提出了分别建立加州大学系统、加州州立大学系统和加州社区学院系统的总体架构,对加州高等教育机构进行了清晰的分类。加州州政府积极主动调控全州公立大学的努力产生了积极的效果,加州模式为美国公立大学制度提供了经验。这份总体规划得到了美国其他大多数州的积极响应,成为效法的模板。

20 世纪后半期是世界经济全面进入现代化的时期,也是世界高等教育大发展的时期。20 世纪五六十年代的欧洲各国高等教育先后进入了大众化发展阶段,与之相适应的是大学制度的创新。1963 年,英国拉开了高等教育走向大众化的序幕,一批"玻璃幕墙"大学建立起来了,更具有大众化意义的是,多科技术学院的地位得到承认,获得了举办高等教育的资格。大学制度的突破在法国、德国以及其他欧洲大陆国家得到实现,欧洲高等教育发展集体实现了转向,曾经为一些欧洲国家不屑一顾的美国发展大众高等教育的经验成为它们的不二选择。澳大利亚、加拿大、日本、韩国等国家和地区的高等教育也步美欧国家之后尘,以大学制度创新为基础,快速实现了高等教育大众化乃至普及化,成为世界高等教育发达的国家和地区。

20 世纪后半期以后,现代大学制度受到了来自经济、人口、科技和政治等多方面挑战,在保持基本内核的基础上,进行了适应性变迁,丰富了制度形式,充实了制度内涵,完善了制度体系,不断焕发出新的生机与活力。20 世纪末期以来,现代大学制度又面临新的挑战,而且是从未有过的挑战,这就是国际互联网的发展与教育信息化。此前所有的挑战都可以通过创建新的大学制度,或者改革已有的大学制度来满足新的发展需要。国际互联网和教育信息化的发展带来的是虚拟大学的产生,这种新型大学带来的挑战事关现代大学制度存在的价值。在国际互联网和教育信息化时代,由现代大学制度所保障的大学教育功能可以通过互联网教学在线上或线下进行学习,古语所说的"无师自通"可以在虚拟大学制度环境下得到实现,现代大学制度还有存在的价值吗?现代大学该去向何处?自产生以来,现代大学及其制度从未遭遇过如此严重的危机。

200 多年来,现代大学制度通行全球,国家不论大小、不论发展程度高低、不论使用何种语言,都将其作为发展高等教育事业的基本依托。尽管随着全球经济、政治、科技、文化变革和各国社会的发展,现代大学制度常常面临各种挑战,但现代大学制度并没有消极对待,而是不断进行改革和创新。这并不意味着现代大学制度是变幻不定、不可捉摸的,相反,世界各国现代大学制度都具有共同的内核,展现出高度的"家族相似性"。①

---

① 别敦荣,徐梅 . 论现代大学制度的公正性及其实现 [J]. 山东社会科学,2012(8):110-118.

第一,在现代大学制度中,大学的法人地位得到保障。现代大学产生以来,在其所建立的各种社会关系中,与政府之间的关系是最复杂和变化不定的。伴随高等教育由精英化向大众化和普及化发展,现代大学的数量越来越多,办学规模越来越大,功能越来越多样,所发挥的作用、对社会的影响无与伦比,在很多国家甚至成为促进社会政治稳定、国家转型发展、经济创新和振兴最重要的引擎。因为历史传统、政治制度和社会基础不同,不同国家大学与政府的关系差异显著,规范大学与政府关系的制度也各不相同:有采用集权制度的,即政府将大学事务纳入自身管辖范围;有采用自治制度的,即政府承认或赋予大学自治的地位。如果用集权与自治来衡量世界各国大学与政府之间关系的话,可以发现,在集权与自治区间的连线上,各国所处的位置是大不相同的。有的政府集权较多,有的大学自治较多,但不论是集权更多的国家,还是自治更多的国家,大学的法人地位都是有保障的。

第二,在现代大学制度中,大学能够自主地发挥功能。现代大学不仅继承了古典大学的功能,包括人的培养和知识储存,而且发展了新的功能,包括科学研究和社会服务。现代大学的功能主要通过知识活动来实现,不论是知识的传授还是知识的发现与应用,不可缺少的前提条件是学术自由。没有学术自由的知识活动,将变成缺少灵魂的"游侠"作为,在各种社会利益的交织博弈中,大学将成为外部势力的较力场,成为迎合各种社会需要的"势利"组织。现代大学制度所发挥的作用就是保护学术自由不受侵犯,使大学能够依据自身的价值标准从事各种功能活动。毫无疑问,现代大学的功能涉及多种利益相关者的权益,各利益相关者的权益必须受到保护,社会参与治理是不可避免的[①],现代大学制度则发挥了"防火墙"的作用。

第三,在现代大学制度中,大学的多样性受到尊重。从单一到多样并非坦途,经历了艰难的抗争过程。抗争的对象有传统的观念,也有代表传统观念的社会势力,还有大学自身的制度形式。伦敦大学在英国的创立与发展便经历了典型的新生—抗争—妥协—完善的过程,英国多科技术学院初创时期不被认为拥有大学的地位,后来不但得到承认,而且获得了与其他大学同等的地位和权利。在法国,综合大学满足了人们对自由教育的需要,为社会培养具有综合素养的高素质人才;大学校满足了工业化和专业化程度较高行业的高层次

---

① 别敦荣. 治理体系和治理能力现代化与高等教育现代化的关系 [J]. 中国高教研究,
2015(1):29-33.

专业人才的需要,为社会培养了数量不多但却英才辈出的高素质人才;大学科技学院则担负了高等教育第一阶段的人才培养任务,主要为各行各业培养技术技能型人才。各种不同类型的大学同处于现代大学制度框架之中,受到高等教育体系内部和社会的尊重,拥有高等教育机构的地位,享有同等的权利,履行高等教育的职责和义务。

第四,在现代大学制度中,师生关系是民主的。现代大学产生以来,大学的知识构成与形态发生了重要变化,知识的获得与传授方式越来越多样化,学生不但可以从教师那里学到知识,还可以从同学那里学到知识,也可以通过自身的实验和实践学会知识。到了信息社会,知识的存储方式发生了重大变化,知识的获得越来越容易和便利,只要有网络、电脑或手机,学生可以在任何地点、任何时间学习和接受知识。影响师生关系的不只是知识和知识活动的变化,还有现代社会政治和社会理念,包括民主、自由和平等等。现代大学师生关系的突出特点是民主性,即师生之间更多地表现为平等互尊的关系。现代大学通过建立专业教育制度、学分制、选课制、转学制等,赋予学生自主选择学习内容、自主选择向哪位或哪些教师学习以及自主选择个人发展方式的权利,大大拓宽了师生关系的范畴,丰富了师生关系的内涵。现代大学还引入了学生评教制度、学生参与学校治理制度等,使学生在大学不仅仅是一个学习者,而且还是大学教育的欣赏者、办学质量的评价者和大学治理的参与者。在现代大学制度框架下,民主的师生关系既是大学教育发展的必然,又为大学教育发展所必需,对塑造大学的现代性发挥着重要作用。

三、现代大学制度的典型模式与国家特色

经过 200 多年的发展,现代大学制度已经成为现代国家的基本制度。随着各国高等教育走向大众化和普及化,在现代大学制度的规范和支持下工作、生活和学习的人口往往成为各国最庞大的人口群。尽管现代大学制度源起德国,但当现代大学制度的基因流传到世界各地的时候,不同国家往往在继承其基本文化基因的同时,逐步建立起了有自身鲜明特色的现代大学制度。

(一)现代大学制度的典型模式

现代大学制度是人类最伟大的发明之一,对不同国家现代公民的培养、现代文化科技的发展、现代社会进步发挥了无与伦比的促进作用。现代大学制度不是自然天成的,而是人类的创造物,是世界各国人民智慧的结晶。

1. 美国现代大学制度模式

美国现代大学制度模式是一种大学自治基础上的州政府协调治理模式。美国现代大学制度的发展经历了一个由移植、借鉴到自主创新的过程。这就使它从理念和形式都具有多样性,在某些方面像英国,在一些方面像德国,但更多的还是像自己,是在美国社会文化土壤上培育起来的具有鲜明的美国特色的现代大学制度。其主要内容包括:第一,大学自治是美国现代大学制度的根基。在美国现代大学发展过程中,学院自治和学术自治两种思想合流,成为美国现代大学制度的基石。纵览两个多世纪以来美国联邦所通过的有关高等教育的法律,都以不损害大学自治为前提;不论州政府如何协调高等教育发展、调整有关机制,都以保证大学自治的完整性为条件;不论私立大学还是公立大学,与州政府、联邦政府之间均不存在直接的隶属关系,更不存在行政服从关系,大学拥有完整的自治地位和权利。第二,州政府拥有治理大学的权利。根据美国联邦宪法,教育为州政府施政领域。高等教育发展走向大众化和普及化后,与几乎每一个民众都息息相关,与州政府的社会事业战略密不可分,但是,州政府必须在合法的范围内行使相关职能,对高等教育事业发展发挥积极的影响。美国各州政府积极作为,发挥治理作用,有的增加财政预算,有的编制高等教育发展战略,有的对大学进行分类发展指导,有的调整州政府高等教育协调机制,还有的建立大学办学问责机制。所有这些都是在保障大学自治的前提下采取的措施,是州政府积极作为、依法治理大学的行为。第三,联邦政府拥有依法支持大学发展和裁判与大学有关的诉讼案例的权利。联邦政府不直接办学,也不能干预任何大学内部事务,但并非无所作为,通过立法向州政府提供目标指向明确的办学资源,联邦政府不仅达到了推动国家高等教育事业发展、引导大学办学定位的目的,而且避免了可能因直接举办或干预大学而陷入违法的困境。为了保证联邦政府的支持能够到位和达到预期的效果,美国引入契约制度,在不侵犯大学自治地位的前提下,联邦政府通过与大学签订契约,在科研支持、入学机会、学费支持、与国家战略利益相关的学科专业办学等方面,有效地参与到大学办学过程,对大学办学发挥了重大影响。第四,社会参与治理大学。由社会人士担任董事的外行领导制度使美国大学从一开始就发展了一种社会参与治理的文化,它不但对私立大学治理发挥了重要作用,而且也成为后来大规模发展的州立大学治理的基本制度。在各州立大学董事会中,来自社会各界的相关人士都占有相当的比例。在美国现代大学制度中,社会参与治理除了表现在董事会制度上,还广泛地体现在第三方的参与治理上。各种专业性、职业性的学会或协会,各种新闻舆论媒体,甚至一些相关劳工组织和慈善组织都通过专业评估认证、排名、调查报告、公开声明、经费支持等,对大学办学施加必要的影响。第五,校长与教授会分权治理大学事务。美国现代大学形成了董事会、校长和教授会"三驾马车"分工治理的架构,董事会执掌大学的顶层设计和大政方针决策权,校长及其行政团队负责执行董事会决策和学校日常营运,教授会主要负责校院系各种学术事务的决策、协调、审议和评价。这种校务分享治理模式保证了各方的参与权利,在一定程度上有利于增强学校的向心力和凝聚力。除了以上五方面内容外,美国现代大学还形成了大学生民主参与治校制度、教师工会谈判制度,等等。

2. 英国现代大学制度模式

英国现代大学制度模式是一种基于古典传统的大学自治模式。有人认为,英国大学都是私立的,因为英国大学不隶属于任何一级政府部门,不论是中央政府还是各郡市政府都没有直接下辖的大学,所以,英国没有所谓的国立大学、郡立大学或市立大学。也有人认为,除了白金汉大学外,其他大学都是公立大学,因为在英国只有白金汉大学的办学没有任何政府资金来源,其他大学都接受政府拨款,包括牛津大学和剑桥大学,政府拨款占学校总收入的比例达到90%以上,尽管如此,英国秉承古典大学的传统,形成了大学自治模式。其主要内容包括:第一,古典大学自治传统得到了传承和坚守。英国现代大学是通过对古典大学的改良而发展起来的,不管是伦敦大学的创办还是牛津大学和剑桥大学的蜕变,都保留了古典大学的传统。英国现代大学自治的文化基因根深蒂固,政府和其他社会组织敬畏大学,奉大学为社会文化之柱石,严守法律和文化传统,不直接干预任何大学的具体事务。英国现代大学与政府之间是通过中介组织联系的,中介组织成为政府与大学的博弈场。第二,政府立法引导大学办学。19世纪五六十年代皇家委员会对牛津大学和剑桥大学教学和财政状况所进行的两次调查及其所做出的结论和建议,表明英国古典大学制度中的大学与教会的关系已经为现代大学制度中的大学与政府的关系所取代。① 英国政府重视现代大学的作用,从国家需要出发,在保障大学自治地位的前提下,对大学办学发挥积极的引导作用。英国现代大学制度的发展和变革自始至终都有一种力量在发挥着推动、协调、规范和支持的作用,这种力量

---

① 〔美〕谢尔顿·罗斯布莱特. 现代大学及其图新——纽曼遗产在英国和美国的命运 [M].
别敦荣,译. 北京:北京大学出版社,2013:303.

不可谓不强大,但它却有效地保持在适度的范围发挥作用。这种力量来自英国政府,而政府发挥作用的基本手段不是行政性的,而是立法性的。没有法律的授权,英国政府便不能行使权力,不能对大学办学发挥影响。第三,中介制度发挥了"缓冲器"的功能。中介制度是英国现代大学制度的创造,19世纪的皇家委员会和后来的皇家督学团是中介组织的原型,它们受政府委派,担负政府所赋予的职责,但发挥自身的判断力,向政府提供关于教育的报告。1919年建立的大学拨款委员会(UGC)使大学与政府之间的相互联系有了一种新的机制,在其存续的大半个世纪里,成员多数都是大学副校长以及高度认同大学使命的相关人士。20世纪90年代,大学拨款委员会为高等教育基金委员会所取代,其性质仍属于中介组织,并不具有对大学施加行政影响的权力。第四,社会问责制度发挥了"软性治理"作用。社会问责制度起于发展大众高等教育的需求,成于高等教育大众化的深度推进。英国大学拨款委员会的改革在很大程度上受到了社会问责的影响,更多的社会人士,包括来自企业界代表参与并发挥了重要作用,表明社会问责与正式制度实现了结合。评估和排名更能代表社会问责的"软性治理"性质,与高等教育基金委员会相配合的高等教育质量保障机构通过质量评估和学术审核,不但影响大学办学标准,而且影响大学的决策与运行。

3. 法国现代大学制度模式

法国现代大学制度模式是一种学术自由基础上的政府治理模式。20世纪中期以前,法国现代大学制度相对比较单纯,主要表现为中央集权管理与学术自由在大学的和谐共存实践。20世纪中后期,为了推进高等教育改革,法国每隔几年就要颁布一部法律,以丰富法国现代大学制度的内涵,增强其适应性。法国现代大学制度的主要内容包括:第一,中央集权管理是法国现代大学制度的基础。中央集权管理制度是法国资产阶级大革命的产物,自17世纪后期建立后影响了200多年法国高等教育的发展,尽管20世纪中期以后历经多次改革,有的改革法案甚至以推进大学自治为主题,但中央集权的基本框架并没有被动摇,中央政府对大学集权管理仍然是法国现代大学制度的基本内容。法国中央政府及其教育部对各级各类大学拥有统筹规划和决策权,政府立法部门通过制定法律明确高等教育发展的基本政策和改革方向,甚至国家总统可以直接发布高等教育改革与发展指令。20世纪中期以后,法国政党轮替频繁,高等教育常常是执政党优先施政的部门,反映不同政党政策主张的高等教育法律往往随政党轮替而兴废,导致法国高等教育政策忽左忽右,难以持续不断地贯彻执行。第二,学术自由保证了法国现代大学制度的实质价值得以实现。学术自由是法国现代大学制度的基本内核。法国法律明确规定大学教师和研究人员享有学术自由权利,大学教学活动是自由的,教师可以完全自由地选择自己认为合适的教学方法,其他任何人不得干涉。法国法律还明确规定,教师在履行教学任务和科研职责的过程中,享有完全的自主和言论自由权利。学术自由精神在保证法国大学教师拥有充分的学术自由权利的同时,也为他们营造了一个独立的精神王国。第三,教授治校维护了大学作为学术共同体的特性。法国现代大学在200多年的发展中,保持了其学术共同体的特质,这种坚守主要通过分布在两个层次的教授治校机制实现:一个是在学院层次的学院式治理;一个是在学校各委员会中教授占绝对多数,保证了教授对大学事务的主导权。学院式治理的传统受到法国大学内外的尊重,即便巴黎大学等被废止长达一个多世纪,但一旦批准复办,这一传统文化又成为现代大学制度的核心要素,对现代大学办学发挥重要作用。法国大学的各种委员会包括行政委员会、学术委员会、教学与大学生活委员会等,都拥有法律所规定的治校职权。在这些委员会中,教授代表占绝对多数,保证了大学置于教授的治理之下。

4. 德国现代大学制度模式

德国现代大学制度模式是一种大学自治基础上的联邦与州政府合作治理模式。德国现代大学制度是发达国家中变化最多、最大且影响最为深刻的。洪堡模式是德国现代大学制度的记忆,20世纪后期以后,德国现代大学制度又进入了多变时期,面临前所未有之变局,联邦政府与州政府的关系、政府与大学的关系、大学内部各种治理机构之间的关系、大学与市场的关系、教授与其他职员和学生之间的关系等都处于变革之中。概而言之,德国现代大学制度的主要内容包括:第一,学术自由是德国现代大学制度的核心价值。德国现代大学的发展是从建立学术自由制度开始的,学术自由是以"探究博大精深的学术"的学术共同体存在的唯一合法性,教授是其唯一代言人。[①]教授在德国现代大学制度中拥有十分关键的地位。学术自由还包含了学生学习的自由,学生享有学习自由的权利,在选课、选专业、制定学习计划和进度方面,学生拥有充分的自由,教授和学生的权利受到法律的保护,不受任何非学术因素的干扰和侵犯。第二,联邦与州政府合作治理是德国现代大学制度的重要组成部分。

---

① 俞可. 在夹缝中演绎的德国高校治理 [J]. 复旦教育论坛,2013(5):14-20.

德国政府与现代大学有着不解之缘,不但柏林大学由政府直接创办,而且大学经费由财政供给,大学教授由政府聘任,大学除了承担着学术使命外,还担负着国家使命。统一后,德国政治、经济形势发生了重大变化,欧盟一体化和欧洲高等教育区发展不断深化,德国对联邦与州政府合作治理制度进行了持续的改革,联邦政府在保留协调各州教育政策的文教部长联席会议制度与协调高校录取和毕业、教育援助(如奖学金)和科研资助等事务的权力的同时,放弃了制定高等教育总纲法的职能,将管理高等教育的权力还归各州政府。联邦与州政府合作治理的重心由此转移到了州政府,各州政府依法治理大学事务,主要手段包括立法、目标协定和总体预算与绩效拨款等。各州制定的高等学校法为德国现代大学制度提供了法律基础,在 16 个联邦州中,除了萨兰州外,其他 15 个州都制定了高等学校法,为大学办学提供了详细的规则。第三,自治是德国现代大学制度的重要原则。德国现代大学从一开始就是国家的大学,担负着国家使命,接受政府的调控与指导,但大学与政府之间的关系并非言听计从的关系,而是保持了必要的张力,大学拥有充分的自治权。进入 20 世纪以后,政治风云变幻,既有德国大学的"金色 20 年代"[①],也有纳粹统治时期的学术政治化,还有第二次世界大战后德国东西政治分立、大学复兴的时期,大学自治的理念和制度曾经备受推崇,也曾经被恣意践踏,还曾经受到联邦和州政府的侵犯和干预。20 世纪末期以来,以新公共管理为导向的政府改革不断推进,大学自治成为调整大学与政府关系的重要原则。第四,校企合作为德国现代大学制度注入了新内涵。在 19 世纪的德国现代大学制度中,大学与工业企业之间有一道无形的"文化防火墙"把两类组织完全隔绝开来,大学以"唯科学而科学"自立,倡导宁静和寂寞以潜心于科学本身的目的,专注于纯粹科学,不屑于与工业企业建立关系。20 世纪初期,德国专门学院的创办突破了早期现代大学与企业界隔绝的藩篱,校企合作制度得到了初步的尝试。校企合作制度在应用科学大学的成功为其他大学提供了启示,几乎所有德国大学都接受了这一制度,早期大学与企业之间的"文化防火墙"早已不复存在,一种新的合作文化和契约文化在大学与工业企业之间发展起来并成为二者之间的"黏合剂"。有研究表明,德国大学与企业合作的密度和成效远超其他欧美发达国家,德国半数以上企业都与大学开展知识和技术转让合作,而英国和法国

---

① 孟虹.继承与创新:德国高等教育的改革及其启示 [J].中国人民大学教育学刊,2013(1):54-69.

分别只有 1/3 和 1/4。[①]

（二）现代大学制度的国家特色

从美、英、法、德等国现代大学制度模式看,没有两种完全相同的国家模式,尽管从不同国家现代大学制度变革可以看到某些移植或借鉴的情况,但不同国家的现代大学制度都表现出鲜明的国家特色。[②]

第一,国家的大学文化传统塑造了现代大学制度的底色。不同国家现代大学制度建设的起始时间有先有后,不论先发还是后发,各国现代大学制度往往都是在其原有大学文化传统的基础上发展起来的,没有哪一个国家的现代大学制度是设计出来的。德国柏林大学虽然是全新创建的,其制度也是新的,但如果没有 18 世纪后期哈勒大学、哥廷根大学、耶拿大学等所做的开创性的现代大学制度实践,便很难说洪堡、费希特等人在创立柏林大学时会有现代大学的思想基础。英国现代大学制度则是从中世纪古典大学文化的摇篮中孕育出来的,甚至在现代大学制度发展成熟之后仍吸收了很多古典大学制度思想,保留了很多古典大学制度形式。法国在现代大学制度建设中,曾试图将古典大学制度一笔勾销,而代之以全新的大学制度形式,但没有成功,被禁绝的巴黎大学复办起来了,且将原有的一套文化传统重新拾回来,融入新的大学制度之中,完善了法国现代大学制度体系。美国大学的历史早于国家的历史,在美国现代大学制度得到发展之时,美国已经形成了自身的大学文化。哈佛大学、耶鲁大学等大学的现代化探索,使其成功地将传统文化与现代制度有机结合起来,在国际和国内风云际会之中攀上了世界现代大学之巅。

第二,国家政治制度及其变化对现代大学制度有着不可忽视的影响。现代大学是社会主要的组织单元之一,20 世纪中期以后大学的社会地位愈显重要,大学办学与发展成为国家政治、经济和文化科技发展的动力之源,国家不能不将大学纳入政府施政的范畴,国家政治制度及其变化无不影响现代大学制度及其变迁。国家政治的影响有积极的部分,也有消极的部分。政府向大学提供财政经费支持,建立财政拨款及调控制度,无疑是积极的。政治体制的变化对各国现代大学制度的影响也是显而易见的,德国纳粹政治体制对德国

---

① 伍慧萍. 从高校与企业的研发合作看德国的知识创新 [J]. 比较教育研究,2015(8):47-52.

② 别敦荣. 现代大学制度建设必须服务于全面提高高等教育质量 [J]. 大学:学术版,2012(1):47-49.

现代大学制度的破坏几乎扼杀了德国现代大学的生命。20 世纪 50 年代美国爆发"红色恐怖",政府强令大学教授进行忠诚宣誓,严重侵犯了大学和大学教授的学术自由权利;60 年代兴起的社会民主运动改变了美国大学的治理结构,大学生作为利益攸关方成为大学各种委员会的成员。现代政治及其制度对现代大学制度有着持续不断的影响。

第三,现代大学制度随国家高等教育的发展而发展。20 世纪中期以前,除美国外,其他所有国家高等教育发展都处于精英阶段,现代大学制度也表现为精英化的制度,为社会精英阶层服务。20 世纪中期以后,尤其是 70 年代以来,众多发达国家高等教育实现了大众化发展,开始向普及化迈进。为了适应各国高等教育发展的重大变化,各国现代大学制度从内外两个方面进行了深刻的变革。就外部而言,大学与政府的关系进入了持续不断的调整期;就内部而言,除少数大学保留了小规模、精英化的建制外,其他大学都走向了大规模、平民化,大学在校生的平均规模不断扩大,各国都出现了大批万人大学,乃至数万人的大学,生源的多样化导致大学教育功能越来越多样化,与精英化的人才培养制度相比,服务大众的个性化、多样化的教育教学制度建立起来了。与精英化高等教育的学术导向不同,大众化、普及化高等教育的社会导向使各国现代大学制度越来越注重调节大学与社会之间的关系。

四、我国建设现代大学制度的实践探索与时代使命

我国现代大学制度建设是从学习和借鉴欧美国家的经验开始的。从清末到现今,在 100 多年的历史中,我国建设现代大学制度的实践探索未曾停歇。今天的中国已不是清末、民国时期的中国,全面建成现代化国家和小康社会是中国发展的现实节奏,作为世界上负责任的大国,发展全球绝无仅有的超大规模高等教育事业,建成一批世界一流大学和一流学科,推动"中国梦"的全面实现,对国际科技和教育发展发挥促进和引领作用,是新时期我国大学办学与发展的责任所在。为此,建设和完善现代大学制度的时代使命与过去完全不可同日而语,我们的思维不能停留在民国时期,更不能停留在清末时期,应当与时俱进,用今天流行的语言来讲,就是用"互联网思维"和"大数据思维"来审视我国现代大学制度建设的背景、条件、要求以及理论基础、任务和路径,以保证我国现代大学制度建设的有效性。

(一)我国建设现代大学制度的实践探索

清朝末年,鸦片战争后清政府中的洋务派引进西方现代科学,创办新式学

堂,拉开了建设现代学校制度的序幕。自清末至今,在跨越三个世纪的 100 多年时间里,我国曾经学习和借鉴欧美国家现代大学制度,模仿和借鉴苏联现代大学制度以及自主建设现代大学制度,也曾经短暂地出现否定现代大学、抛弃现代大学制度的情况。在百余年的历史中,我国社会命运多舛,政治变革频繁,出现长时间稳定发展的时期只有改革开放以后,所以,为了讨论的便利,这里主要分改革开放前、后两段来阐述我国建设现代大学制度的实践探索情况。

1. 改革开放以前我国建设现代大学制度的探索

从清朝末年到 1978 年改革开放约 100 年,总体来看,在这 100 年左右的时间里,我国建设现代大学制度的实践不能说完全没有成效,但如果从制度的规范性以及可持续性来看,不成功的教训多于成功的经验。

第一,学习和借鉴是这一时期我国建设现代大学制度的主题。我国建设现代大学制度是从学习和借鉴其他国家的经验开始的。在洋务学堂中,相关的教学制度往往由所聘西方传教士或教师负责制定和实施。京师大学堂章程借鉴了日本帝国大学章程的内容,而后者又承袭了德国大学的制度。到民国时期,蔡元培从欧洲游学返国就任北京大学校长,更是将德国现代大学制度作为学习的样板。1927~1929 年,模仿法国现代大学制度,实行大学区制和大学院制更是来得快,去得也快。20 世纪二三十年代,一批从美国留学归来的学者执掌大学领导权和担任大学教授,以胡适、梅贻琦、郭秉文等为代表在我国尝试推行美国现代大学制度,其影响一直持续到了 1949 年新中国建立。新中国建立后,我国实行"全盘苏化"的政策,开始向苏联现代大学制度学习,从大学的基本教学制度、组织机构设置、领导管理体制到大学组织形式和举办体制等,都由原先的"美式"转为"苏式",建立了一整套"苏式"的现代大学制度。这套制度对我国高等教育影响最大,持续时间最长,至今在我国大学中还能看到它的痕迹。学习、借鉴其他国家的经验本来是无可厚非的事情,但是,学习和借鉴的方式往往显得过于草率,缺少研究和论证,造成我国建设现代大学制度忽左忽右,变动不居。

第二,建设现代大学制度受社会政治变革的直接冲击频繁。我国现代大学因政治而生,因政治而兴,也因政治而衰,甚至因政治而毁。京师大学堂因"戊戌变法"而得以批准创办,但也差点因变法失败而被废止。民国初年,一批关于大学的法律得以制定,但却因临时政府解散而变为废纸。新中国成立后,一套全新的大学制度很快建立起来。

第三,我国建设现代大学制度未能重视理念和精神的建设。理念和精神是现代大学制度的灵魂,灵魂的没落必然带来制度建设的无章可循,无从建立现代大学制度,进而难以保障高等教育事业的持续健康发展。[①]尽管不能说我国建设现代大学制度完全没有关注理念和精神,但没有提出一套适应现代大学和高等教育事业发展要求的理念和精神却是不能否认的事实。清朝末年,"中学为体、西学为用"作为一种理念曾对京师大学堂等早期大学的发展发挥了一定的影响。但客观地讲,"中体西用"理念主要还是一种关于中西学问价值的理念。民国初期,军阀混战、社会动荡、科学未彰、学术乏力,大学制度沿袭了清末的旧规。蔡元培提出大学是"囊括大典,网罗众家"的学府,在北京大学实行"兼容并包、思想自由"的主张,将学术自由奉为大学办学的至上纲领,不仅扭转了北京大学的风气,促进了北京大学向现代大学转型发展,而且引领了我国现代大学制度建设的方向,开辟了我国高等教育的新风尚。蔡元培、梅贻琦、郭秉文等在我国大学制度发展中植入现代性元素,推行学术自由、教授治校等理念,使我国大学开始具有现代气质。蔡元培等人甚至曾经还试图实行学术独立的现代大学制度,无奈招致多方异议和反对,无果而终。如果没有日本帝国主义的侵略战争,我国建设现代大学制度的轨迹可能会不一样,战争的突然到来完全打乱了我国现代大学制度建设的进程,也使尝试不久的学术自由、教授治校等理念表现得更加脆弱。1949年以后,政治运动的洗礼几乎使大学和大学制度变得面目全非。在我国现代大学制度建设中,什么时候坚持了具有现代性的理念和精神,其成效常常就比较明显。

第四,我国优良的教育传统在现代大学制度建设中未能得到尊重和传承。我国很早就形成了尊崇学问、自由讲学等传统。在清末书院改制、废除科举、兴办学堂的过程中,优良的教育传统未能得到很好的传承,学术本身的价值和学术发展所需的自由环境在当时和后来的现代大学建设中都未能受到重视,导致虽然现代大学制度之形建立起来了,但却缺乏理念和精神的支持,尤其是植根于我国社会历史的教育文化传统未能在我国现代大学创办伊始融入其中。民国时期,军阀混战、党争不绝,现代大学制度建设中更难有教育文化传统的地位。在国民党独裁统治期间,推行党化教育,建立党部和训育制度,开设党义教育课程,非但我国优良的教育文化传统难以与之相融,而且从西方现代大学制度中引入的思想自由理念也难有发挥作用的空间。正是由于从一开始就没有尊重和传承我国优良的教育文化传统,所以,我国现代大学制度建

① 别敦荣.论现代大学制度的基本范畴[J].现代教育管理,2013(10):1-9.

设始终飘忽不定,缺少定力,现代大学也如浮萍,随风摇动而不知自身为何与何为。

2. 改革开放以来我国建设现代大学制度的探索

改革开放以来,我国高等教育事业取得了令世界瞩目的发展成就,与 1978 年相比,2015 年大学的数量从 598 所增加到 2560 所,本专科年招生人数从 40 万人增加到 737.85 万人,本专科在校生数从 85 万人增加到 2625.30 万人。我国建成了世界上最大规模的高等教育体系,高等教育毛入学率达到 40%,不仅如此,建设现代大学制度的探索有了全新的发展。在我国探索建设现代大学制度的一个多世纪里,近 40 年是持续发展、最少曲折的时期,各项现代大学制度建设工作渐次展开、持续推进,有力地促进了我国高等教育事业发展。

第一,我国现代大学制度雏形初现。我国现代大学制度建设重新上路是从恢复"文化大革命"前的基本制度开始的,不过,人们很快就发现只是恢复以前的制度不能满足新时期高等教育发展的要求,应当通过改革和建设重构我国现代大学制度体系。事实上,明确使用现代大学制度这一概念是 21 世纪以来的事情,但是,回溯改革开放以来,尤其是 1985 年《中共中央关于教育体制改革的决定》发布以来所进行的改革和建设的努力,可以发现,近 40 年我们所秉承的宗旨和目标是一致的。经过持续不断的努力,我国现代大学制度的基本框架已经成形,主要内容包括:① 基于自主办学原则的大学与政府之间的新型关系。我国《高等教育法》对大学的法人地位有明确规定,相关改革政策文件对大学作为独立法人所享有的自主办学权力有具体要求。国家一再通过深化政府管理改革,加强宏观管理,落实并扩大大学办学自主权。② 以尊重学术自由为基本原则的学术与政治之间的新型关系。学术与政治的关系非常敏感而复杂。改革开放以来,为了繁荣学术、促进我国文化科学技术的发展,学术自由成为改革政策文件的明确要求,我国党和政府对大学的政治管制逐步放宽,大学的学术环境日益宽松。③ 以教授治学为基本原则的大学内部党政学之间的新型关系。落实教授治学是各种相关政策法规的重要精神,建立学术委员会、教授会等以教授为主要组成人员的学术治理机构,参与学校治理,与党委领导和校长治校一道共同担负起管理和办理大学的责任,已经成为大学改革的重要导向。① ④ 以院系自主办学为基本原则的大学内部校院系之间的新型关系。院系是大学内部基本办学单位,扩大院系办学自主权,改变学校

① 别敦荣,唐世纲. 论教授治学的理念与实现路径 [J]. 教育研究,2013(1):91-96.

集权管理制度,使院系能够尊重各学科专业特点办学,为相关改革政策文件所倡导,部分大学已经开始推进院系自主办学改革。⑤ 以参与治理为基本原则的大学与社会之间的新型关系。为了适应社会问责、管办评分离、合作办学的要求,建立大学与社会直接对接的办学互动机制,保证大学办学能够满足社会需要,已经为大学所广泛接受,并受到政府的鼓励。上述五个方面所涉及的主题重大,构成了我国现代大学制度的基本形态。

第二,党和政府是我国建设现代大学制度的主要动力源。我国建设现代大学制度的动力既有来自大学层面的,也有来自党委和政府层面的,但总体而言,主要还是来自中共中央和国务院以及相关职能部门。自1985年以来,中共中央和国务院发布了一系列指导高等教育发展和改革的政策文件,提出了许多重大政策主题,其中,现代大学制度建设一直是题中之意。比如,1985年发布的《中共中央关于教育体制改革的决定》提出了扩大大学办学自主权、简政放权、加强教育立法的政策。1993年出台的《中国教育改革和发展纲要》提出了高等教育要逐步形成以中央、省(自治区、直辖市)两级政府办学为主、社会各界参与办学的新格局;改革高等教育体制,解决政府与高等学校、中央与地方、国家教委与中央各业务部门之间的关系,逐步建立政府宏观管理、学校面向社会自主办学的体制等。1999年公布的《中共中央国务院关于深化教育改革全面推进素质教育的决定》提出了进一步简政放权,加大省级人民政府发展和管理本地区教育的权力以及统筹力度,促进教育与当地经济社会发展紧密结合;切实落实和扩大高等学校的办学自主权,增强学校适应当地经济社会发展的活力;加强对高等学校的监督和办学质量检查,逐步形成对学校办学行为和教育质量的社会监督机制以及评价体系,完善高等学校自我约束、自我管理机制等政策。2010年颁布的《国家中长期教育改革和发展规划纲要(2010—2020年)》提出了推进和完善学分制,实行弹性学制,促进文理交融,创立高校与科研院所、行业、企业联合培养人才的新机制;完善中国特色现代大学制度,完善治理结构;各类高校应依法制定章程,依照章程规定管理学校;尊重学术自由;探索建立高等学校理事会或董事会,健全社会支持和监督学校发展的长效机制;鼓励专门机构和社会中介机构对高等学校学科、专业、课程等水平和质量进行评估等政策。此外,根据国家法律和政策要求,教育部还制定了一系列的行政法规和政策文件,以推进现代大学制度建设,比如,《高等学校章程制定暂行办法》《高等学校学术委员会规程》《普通高等学校理事会规程(试行)》,等等。这些政策规定的出台表明党和政府高度重视建设现代大学制度。

第三,建设现代大学制度是根据我国国情提出的高等教育体制改革任务。改革开放以来,党和政府的工作重点转变到了经济建设上,各项社会事业发展渐入正轨,经济社会现代化建设持续推进,高速发展,且取得了重大的成就。仅就经济规模而言,1978 年我国国内生产总值(GDP)为 3678.70 元,2015 年我国国内生产总值达到 676708 亿元,成为世界第二大经济体。① 我国大学和高等教育发展因此有了用武之地,现代大学制度建设不断深化。为了达到多出人才、出好人才的目的,1985 年的《中共中央关于教育体制改革的决定》提出了扩大大学办学自主权的改革要求。20 世纪 90 年代初,市场经济初步得到发展,经济增长表现出高速发展的强劲势头,经济发展对各级各类高层次人才的需要日益旺盛,《中国教育改革和发展纲要》提出了要建立政府办学为主、社会各界参与办学的新体制,确立了民办大学制度建设的政策依据。世纪之交,我国经济社会发展持续高速推进,比如,1999 年国内生产总值达到 82054 亿元,经济总量达到了一个很高的水平,排世界第七位。② 生产的大规模发展对高等职业技术人才的需求更为迫切,不仅数量庞大而且种类多样,为此,国家出台按新的管理模式和运行机制举办高等职业技术教育的政策,拓宽了我国建设现代大学制度的空间。21 世纪以来,全面建设小康社会和基本实现现代化进入攻坚阶段,经济社会发展成果共享成为时代主题,实现国家治理体系和治理能力现代化成为党和政府的重要议事日程。在我国现代大学制度建设中,治理理念、治理结构和治理能力建设成为政策热点,建立和完善评估认证制度、问责制度、协同合作办学制度等得到发展。

第四,学习和借鉴其他国家的经验仍具有现实意义。改革开放以来,我国开始了建设现代大学制度的新探索,与以往相比,这一时期并没有确定哪一个国家的现代大学制度为我国的范例,但确实参考和借鉴了高等教育发达国家的经验,而且这种学习和借鉴常常是理念性的,而非具体形式的,是一种与我国国情和高等教育发展需要相结合的学习和借鉴。比如,20 世纪 70 年代后期和 80 年代,我国建立起了满足成年人接受高等教育需求的自学考试制度和函授教育制度,虽然不能排除参考了英国大学校外考试制度和空中大学制度的可能,但也不乏我国自身的创新。为了改变我国高等教育过于刚性、过于专业化的状况,我国大学逐步建立了选课制度、转专业制度、双学位制度、学分制、

---

① 统计公告. 国家统计局 [EB/OL]. http://data. stats. gov. cn/search. htm?s=GDP.
② 国家统计局. 中国统计年鉴 [M]. 北京:统计出版社,1999(18).

弹性学制、通识教育制度等,这些制度的建立或多或少都受到了美国现代大学制度的影响。为了满足社会高层次专业人才深造的要求、加强我国经济社会发展的创新能力建设,我国学习美国和其他有关国家的经验,建立了专业学位制度,立足自身培养学士、硕士和博士专业学位人才。21世纪以来,部分大学探索建立书院制,为大学生营造更优良的学习和生活环境,其中英国牛津大学和剑桥大学的经验发挥了积极的影响。在互联网和信息技术日益发达的今天,发达国家,尤其是美国利用互联网和信息技术发展起来的虚拟大学、慕课、云课程等对我国的影响越来越广泛。我国政府和相关大学积极行动起来,建立我国自己的线上线下相结合的教育制度,不但加强了我国高等教育的现代性,而且壮大了我国高等教育的实力。

(二)新时期我国建设现代大学制度的时代使命

从清末到现在,我国建设现代大学制度的探索经历了一个多世纪,特别是改革开放以来,不但初步勾勒出了我国现代大学制度的基本架构,而且在现代大学制度建设的各方面都进行了积极的尝试,取得了重要进展。正因为如此,才有了我国高等教育事业的快速发展,超大规模高等教育的举办和运行才有了基本保证。不过,应当承认,我国现代大学制度建设是一个长期的任务,也是一项系统工程,未来的建设任务依然艰巨。

1. 我国现代大学制度存在的主要问题

近40年来,我国高等教育体制改革解决了建设一个什么样的现代大学制度的问题。但由于现代大学制度建设与社会变革本身具有高度的相关性,现代大学制度建设不是在一种真空条件下的项目设计和实践,所以,现代大学制度建设不但取决于高等教育系统内部各方面关系的改善与调和,更涉及大学与社会,包括大学与党政组织之间关系的重新调整和定位。由于高等教育内外各种复杂因素的影响,我国现代大学制度仍存在明显的不足,不能很好地适应经济社会发展要求。

第一,大学制度与高等教育发展的要求还存在较大差距。21世纪以来,我国经济社会发展进入了向全面小康社会冲刺的阶段,大规模的经济体、转型发展的经济生产、走向现代化和全球化的社会生活对高等教育发展提出了新的要求,发展大而强的高等教育,实现高等教育由大众化向普及化的过渡,提高国民的整体受教育水平,造就数以百万计、千万计的创新创业人才,是我国高等教育发展必须完成的答卷。显然,不论是发展更大规模高等教育的要求,还是发展更高水平高等教育的要求,我国大学制度都难以提供有效的支持,难以保障这些任务的完成。

第二,行政化严重制约了大学功能的发挥。行政化问题是一个长期困扰我国现代大学制度建设的问题,去行政化的要求提出来已经有一段时间了,非但没有取得明显进展,某些学校似乎还有不断加剧的趋势。在行政化的影响下,学术决策成为行政决策,学术计划成为行政计划,学术目标成为行政目标,学术活动必须依靠行政体制才能得到开展。离开了行政,大学寸步难行,所有的学术人员,包括教师和学生,只能听命于行政,一切唯行政是从。①大学功能俨然如行政功能,只要服从行政程序和行政指令,就能得到所需要的结果。实则大不然,行政化不但没有带来大学功能的优化,而且还使大学办学偏离了正常的轨道。

第三,大学的法人地位未能得到落实。我国大学的法人地位问题是20世纪末提出来的,《高等教育法》对此做出了明确的规定,但是,有法不依导致大学的法人地位并没有得到落实。我国大学仍然是各级党委和政府的附属机构,党委和政府的指令直接发送到大学,成为最重要的办学动力。我国大学虽然拥有法律意义上的法人地位,在实际办学中仍然扮演了各级党政部门执行机构的角色,实质性法人地位的缺失导致我国大学制度难以发挥应有的作用。

第四,大学作为学术组织的特性在内部治理中未能得到充分张扬。作为党政组织的附属机构,我国大学不但在处理外部关系时表现出遵循非学术逻辑的特点,而且内部运行具有鲜明的行政化色彩,学术组织的特性未能得到彰显。在大学内部,权力集中于校院系党政机关和领导,教师发挥作用的空间十分有限。尽管自20世纪中期中央就提出了大学内部民主管理和民主监督的要求,21世纪又提出了教授治学的要求,且明文规定大学必须建立和完善学术委员会制度,使教师成为大学内部学术治理的重要力量,但权力的重新分配和新旧制度的博弈都不是简单的算术加减法,不仅需要时间,更需要勇气和智慧。

第五,大学内外社会治理机制仍不完善。社会参与大学内外治理是20世纪后期以来国际高等教育界发展起来的一种共同趋势,我国大学顺应这种趋势,在现代大学制度建设中逐步发展社会参与治理机制,包括建立评估认证制

① 别敦荣,徐梅. 去行政化改革与回归现代大学本质 [J]. 中国高教研究,2011(11):13-16.

度、理事会制度等。客观地讲,这些制度与人们的期望相比还存在较大距离,社会中介组织、第三方机构、协同合作办学机制等还处于初步发展中。作为新时期高等教育发展的主要利益相关方,在现代大学制度建设中,社会参与治理机制还有待不断完善。

2. 新时期我国建设现代大学制度的主要任务

建设现代大学制度非一日之功,需要持续不断地努力和积淀。新时期我国大学发展的起点发生了重大改变,目标和任务都增添了新的内容,我国已经摆脱了经济社会发展水平积贫积弱的状况,成为世界上有重要影响的国家。我国不仅发展起了世界上最大规模的高等教育体系,而且人才培养水平和科技创新能力都得到了显著提高,实现了立足于国内培养我国经济社会发展所需要的各类高级专门人才、立足于国内科技创新实现经济社会的转型发展。现代大学制度建设要紧扣时代脉搏,抓住发展主题,争取新的发展和突破。

第一,进一步落实大学法人地位,建立自主办学体制。自主办学体制是现代大学制度的基本要素,自主办学体制与大学的法人地位相辅相成,无法人地位便谈不上自主办学。[①]落实大学法人地位是我国现代大学制度建设的核心。我国已经通过法律明确了大学的法人地位,且通过持续不断的改革,不断扩大大学办学自主权,这是不可否认的事实。但大学的法人地位未能得到落实,大学依然是党政组织的附属机构的问题仍然没有得到突破,大学办学的自主性仍然非常有限,也是不争的事实。大学与党政组织之间关系的调整和改善仍然是我国现代大学制度建设的主要任务。在大学法人地位的基础上建构大学与党政组织之间的关系,大学与党政组织之间的联系则通过公共治理机制来调节,如此便可建立起我国大学自主办学体制。

第二,深化去行政化改革,建立学术化的大学办学制度。学术的行政化和学术组织的行政化是我国大学的两大"病灶",行政化会使高等教育规律失效,使大学的逻辑错乱,使大学的价值和精神异化,尤其是过度的行政化,更会使我国大学不像大学,大学的功能难以得到发挥。如果说以往尚不具备解决大学行政化倾向问题的条件,那么,随着政府管办评分离改革和"放管服"改革的不断深化,大学去行政化改革的环境和氛围将越来越适宜。去行政化改革的主导权在党政组织,落脚点在大学。这并不意味着去行政化改革大学完全

---

① 别敦荣. 我国现代大学制度探析 [J]. 江苏高教,2004(3):1-3.

无能为力,只能等待,实际上,在大学内部,尤其是在大学基层和学术事务上,淡化行政色彩,更多地发挥学术的力量,运用学术的方式,包括研究、讨论、协商和评议的方式来处理教学和科研及相关事务,还有很大空间。上下用力,通过去行政化改革,用学术逻辑引导和规范大学办学,建立现代大学制度的基础。

第三,完善党政学共治制度,强化大学学术组织特性。大学是学术组织,但我国在举办和管理大学的时候,其学术组织的特性往往被遮蔽了,而更多地表现出政治性和行政性组织的特性。大学内部党政领导和机关包办大学所有决策及执行事务,教师在大学事务的决策及执行过程中基本没有发挥作用的空间,学术委员会或教授会制度改革不到位,发挥的作用非常有限。在我国现代大学制度中,党委和行政制度已经非常健全完善,教师参与治理制度还非常薄弱。没有学术力量作用的发挥,我国现代大学制度不可能扎根在学术基础之上,现代大学制度的基本逻辑也不可能包括学术逻辑。新时期现代大学制度建设应当在如何更好地发挥教师的作用上下功夫,变两种力量治理为三种力量治理,建立党委、行政和教师共同参与治理制度。

第四,进一步扩大开放办学,完善社会参与大学治理制度。开放办学、社会参与主要涉及两个方面,即社会参与办学和社会参与治理,二者既相联系又相区别。在我国现代大学制度建设中,社会参与办学机制建设的难点主要在相关企事业单位,而社会参与治理机制建设的难点则在大学。新时期我国高等教育发展普及化阶段的到来,使高等教育与社会的联系将日益紧密,进一步扩大开放办学,加强社会参与,是我国现代大学制度建设不能忽视的主要任务。大学应当不断强化治理理念,以更加开放的眼光和心态看待社会参与,建立健全社会参与治理制度,构筑大学办学与社会对接的桥梁,从而有效地保证人才培养、科技创新,更好地满足经济社会发展的需要。

我国建设现代大学制度的任务绝不只是这几个方面,还有很多其他方面的任务,包括非常重要的制度理念建设。制度理念建设不能孤立地进行,需要与其他具体的制度建设相结合。应该说,我国现代大学制度建设已经在理念建设方面进行了积极的探索,比如,自主办学理念、学术自由理念、教授治学理念、社会参与理念等,已经逐步为各方所认同和接受。在新时期我国现代大学制度建设中,应在推进各项具体制度建设的同时,将制度理念的创新与践行结合起来,达到制度的形式与实质同生共荣,发挥现代大学制度应有的功效。

3. 新时期我国建设现代大学制度的主要路径

改革开放以来,我国现代大学制度建设主要采取了自上而下的路径。显然,这与我国高等教育体制和现行的国家政治、社会制度及其改革路径是相吻合的。新时期我国现代大学制度建设的环境和条件更加有利,使命和任务有了重要变化,建设路径也应进行相应的调整和完善。

第一,加强顶层设计,构建我国现代大学制度建设蓝图。我国现代大学制度建设缺乏整体蓝图设计,不同政策措施的出台缺乏有效的衔接,有"摸着石头过河"的意味。进入新时期,现代大学制度建设应当汲取以往的经验教训,加强顶层设计,绘制我国现代大学制度建设的蓝图、路线图和时间表,对未来发展图景有一个清晰的认识,整体设计,分步实施,层层深入,形成系统、完整、协调和有效的现代大学制度体系。

第二,落实法律精神,依法建设现代大学制度。现代大学制度建设应当避免随机性,避免颠覆性的推倒重来。新时期应当进一步加强高等教育法制建设,使现代大学制度的法律体系更加完备,各种制度之间更加衔接协调。与此同时,不断强化依法治教精神,将现代大学制度建设与法律规范的落实紧紧地联系起来,加强执法检查和督导,建立违法必究的问责机制,是保证我国现代大学制度建设权威性和有效性的根本路径。

第三,建立共促机制,发挥党委、政府、大学和社会四个方面的积极性。继续发挥各级党委和政府的主动性和能动性,对推进我国高等教育体制改革,确保改革的顺利进行,建设现代大学制度,具有重要意义。同时,调动大学和社会的积极性,让大学和社会更加积极主动地参与现代大学制度建设是必要的。应当建立四方共促机制,将党委、政府、大学和社会置于共治的框架下,使四方的努力形成合力,共同促进我国现代大学制度建设。

第四,调动教师的积极性,加强学术力量的影响。建设高等教育强国,建设世界一流大学和一流学科,让各级各类大学办出特色、办出水平,为社会培养数以千万计的创新创业人才,促进经济社会转型发展和现代化国家发展目标的实现,我国大学必须回归学术逻辑,改变传统的办学方式。学术逻辑和大学的内在价值主要由教师所代表,充分重视教师的作用,更好地发挥学术力量的专业智慧,对党和政府、对社会都是有益无害的事情。

五、现在大学制度研究的新起点

现代大学制度研究是一个现代话题。它伴随着现代大学的产生而产生,伴随着现代大学的变革而不断发展。洪堡和费希特等人关于创立柏林大学的相关论述可以看作现代大学制度研究的滥觞，纽曼关于大学理念的演说则往往被看作为古典大学制度的辩护。现代大学及其相关制度的探索在两个多世纪里支撑了现代大学的成长和发展。

我个人的高等教育研究是从管理切入的，一则是因为我硕士阶段是研究教育管理的，二则是因为我参加工作后的第一项任务就是承担"高等教育管理"这门课程的教学任务，所以，我很早就开始关注现代大学制度。后来指导研究生，我也有意识地引导他们以现代大学制度为选题进行专门研究，因此，我和我的团队在现代大学制度研究方面着力甚多，也取得了一批研究成果，比如，就博士学位论文而言，就有郭冬生的《论大学本科教学管理制度及其改革》（2003 年）、秦小云的《大学教学管理制度的人性化问题研究》（2005 年）、米俊魁的《大学章程价值研究》（2005 年）、陈亚玲的《论我国学术转型与现代大学制度的建立》（2007 年）、吴国娟的《大学制度伦理反思》（2008 年）、赵映川的《我国高等学校教师津贴制度研究》（2009 年）、彭阳红的《"教授治校"论》（2010 年）、张征的《新自由主义背景下大学制度变革研究》（2011 年）等。

2012 年底，我担任厦门大学高等教育发展研究中心主任。考虑到自己以往的研究基础和中心的有利条件，我想对现代大学制度做一个比较全面深入的研究，便于 2013 年组织中心内外的研究力量成立了一个团队，申请了全国教育科学规划课题"现代大学制度研究——历史与现实的反思"，部分研究工作同步进行。2013 年底课题得到批准，2014 年 3 月举行开题报告会，全面启动各项研究工作。经过三年的研究，最初计划的各项研究任务基本完成了，取得了比较丰硕的研究成果，发表了一批学术论文，团队中的博士和硕士生完成了几篇学位论文。据不完全统计，近三年课题组发表了 30 多篇期刊论文，其中，有 15 篇发表在 C 刊上，有 7 篇博、硕士学位论文通过了答辩。可以说，比较圆满地完成了课题研究任务。

为了展示"现代大学制度研究——历史与现实的反思"课题研究的成果，我将团队研究成果中的部分博士学位论文和我个人的研究成果选编出来，出版一套丛书，从一个侧面反映"十二五"期间厦门大学高等教育发展研究中心关于现代大学制度研究所取得的成果。我与中国海洋大学出版社进行了协商，出版社领导十分重视，给予了积极的响应。海大出版社非常重视高等教育学术著作出版，是全国有重要影响的高等教育学术著作出版单位，与我合作一向非常愉快。

这套丛书由九部著作组成,包括别敦荣著《现代大学制度:原理与实践》、唐世纲著《大学制度价值研究》、徐梅著《大学行政组织机构及其改革研究》、彭阳红著《"教授治校"论》、刘香菊著《治理视野下的大学院长角色研究》、石猛著《民办高校治理能力及其现代化》、唐汉琦著《高等教育治理改革的价值研究》、汤俊雅著《现代大学治理中的教师角色研究》和陈梦著《大学校长遴选制度研究》。除了《现代大学制度:原理与实践》涉及面较广外,其他八部著作都选取现代大学制度的一个方面进行专题研究,所以,比较深入透彻。

课题研究任务虽然完成了,但现代大学制度的研究不会终止。结题是一个新起点,我还会与团队成员一起在这个领域继续耕耘下去,尤其是将在我国现代大学制度的理想范型与现实诉求的关系中去探求平衡之策,以推进我国现代大学制度的完善和建设。

别敦荣
于厦门大学海外楼工作室
2017 年 2 月 27 日

目 录

第一章

引 言

　　21世纪以来,"高等教育治理"日益成为我国高等教育研究中的热点议题,人们把它视为改革高等教育管理弊端,促进高等教育发展的新理念和新机制,纷纷对其进行研究。然而,为什么要从"高等教育管理"转向"高等教育治理"? 高等教育治理是否具有超越高等教育管理的独特价值? 进行高等教育治理改革应当选择和追求什么价值? 又应当如何实现高等教育治理的价值?显然,这些都是研究和推进高等教育治理必须阐明的重要问题。

一、问题提出

　　高等教育是社会发展的重要组成部分,是一项惠及所有社会成员的公益事业。高等教育机构——大学已经迈入社会生活的中心,大学内外的高等教育利益相关者,从大学管理者、教师、学生到政府、市场企业、社会团体、普通公众等都对大学寄予了深厚的利益期望。就政府而言,政府认为大学追求高深知识,不仅是出于闲逸的好奇,还因为它对国家有着深远影响,大学应当是统治阶级的知识之翼。[①] 大学也往往力图通过履行其职能满足政府的需求,如大学根据国家的教育方针、教育目的等培养符合国家需要的专门人才,维护统治阶级的利益,巩固社会的政治、经济制度;通过科研创新,促进知识发展,提高社会生产力,增强国家力量;通过直接为社会服务,解决社会生产、生活中的各种问题,从而提高社会的运行效率,维持社会的稳定秩序。但是,大学终究是一个学术性组织,是以"闲逸的好奇"精神探索高深知识、追求学术真理的独特组织,而政府为了实现其目的,不断加强对大学的控制,干预其自主发展过

---

① 〔美〕约翰·S·布鲁贝克. 高等教育哲学 [M]. 杭州:浙江教育出版社,2001:34.

程,以使大学追求高深知识的目标符合政府统治国家的需要,以至于在传统的高等教育管理中,大学与政府总是处在自治与干预的矛盾冲突之中。

社会,对于高等教育来说,是政府与大学之外的市场企业、民间组织、社会团体、普通公众等的总称。企业是社会中一种最普遍的经济组织,它们的终极目的是追求经济效益,但是实现这一目的,需要大学为其提供适用的接受过良好高等教育的专业人才,同时分享知识积累与科学探索所取得的最新成果。从现代大学的职能来看,大学确实完全有能力满足企业的需要,大学与企业在人才培养和知识创新两方面进行合作已经成为现代大学的基本特征之一。在当今世界高等教育中,没有大学不重视学生的就业,也没有大学不积极促进科学研究成果转化为应用技术或商业产品,并最终转化为经济效益。显然,大学的市场化转变,一方面是为了满足企业的需求,另一方面也是学术知识的市场价值体现。但是,如果大学过分地追求市场化效益,如以人才就业市场为导向培养人才,以知识经济市场为导向创新知识,那么,大学就会沦为职业人才培训场所,学术发展也会陷入"学术资本主义"的迷境。有批评者指出,"学术资本主义"对于传统的知识生产提出了严峻的挑战,资本化的生产逻辑要求学术生产的商业化、工业化与符号化,如此,追求真理的学术便被资本化的学术逻辑阉割,最终演变为非学术化的资本婢女。[①] 某种程度上,当今大学的专业设置、学术生产、课程设计、教育目标、学业评价确实体现出一定的资本化导向,如学术自治传统被学科间的资本利益分配失衡所打破,学科之间的优劣评判逐渐异化为资本多寡的评价。事实上,我们必须明白,大学首先应该是一个探索高深学问,进行人的教育的地方,其次才是一个对高深学问和人的才能进行应用和推广的机构,如果本末倒置,只会导致大学学术生产的无能,并最终被资本市场所抛弃。

显然,大学与政府、社会之间存在着独立与依存的复杂关系,而传统的高等教育管理并不能很好地平衡大学与政府、市场之间的价值追求,它要么使大学在"自治"的庇护下成为一座遗世独立的"象牙塔",要么使大学在市场化的利诱下变成一座"学术工厂",还有则是使大学在政府的控制下成为其行政附庸。而历史证明,这样的大学既缺乏追求真理的学术自由,也难以有效地回应社会尤其是市场对知识与人才的需求。此外,社会公众是最广泛的高等教育

---

① 李涛. 学术资本主义:一场被资本意淫的政治狂欢 [J]. 中国图书评论,2011(5):27-31.

利益相关者,他们既不像政府一样怀有政治目的,也不像企业一样追求经济效益,社会公众对高等教育的诉求主要在于参与、知悉、监督和评价大学的办学活动与过程。然而,由于高等教育管理从宏观到微观是由系统的科层结构构成,强调等级分权、专业分工、自上而下的权威以及公文往来的规章制度等,缺乏社会公众参与管理的渠道与机制,无法满足社会公众日益多样化的高等教育诉求。

显然,在高等教育的宏观管理中,大学外部的利益相关者如政府、企业、社会与大学之间都产生了利益的矛盾冲突,表现为政府管制与大学自治、知识经济追求与学术自由价值、社会参与和科层管理之间的冲突。事实上,在高等教育的微观管理中,大学内部的管理者、教师、学生之间也存在着矛盾冲突,一般表现为管理者的政治权力和行政权力与教师、学生的学术权力和民主参与权力的冲突。具体来说,就是大学管理者通过大学的科层结构行使政治权力和行政权力,把大学当作行政机构来管理,把学术事务当作行政事务来处置,造成行政管理的泛化,即所谓的大学管理"行政化"。"行政化"不仅表现为大学内部管理者的行政权力泛化,还表现为政府部门通过行政命令、文件等对大学内部事务的直接干预,使得大学无法作为真正的独立法人依法享有教学、科研、人事、财务等各方面的办学自主权。随着高等教育的发展,传统的高等教育管理已经难以协调和平衡大学内外部利益相关者之间日益多样化的矛盾冲突了。

因此,"高等教育治理"作为一种被视为完善和补救高等教育管理不足,消解传统高等教育管理中多元利益冲突的新理念与新机制,受到高等教育管理改革者,尤其是高等教育利益相关者的青睐。高等教育治理是治理理论在高等教育中的实践,强调政府不应当是高等教育管理中的唯一权威主体,大学内外部利益相关者同样可以作为主体共同参与高等教育的决策、实施、监督、资源分配等,表达和实现各自的利益诉求。从大学的内外部关系来说,高等教育治理包括大学外部治理和大学内部治理,高等教育治理的实质在于协调和平衡大学内外部利益相关者之间的不同权力与利益冲突。也就是说,高等教育治理力图从宏观到微观协调大学与外部政府、社会之间以及大学内部管理者、教师、学生等之间的多元权利矛盾冲突。那么,如何实现从高等教育管理到高等教育治理的转变?我们进行高等教育治理改革的价值目标是什么,也就是高等教育治理改革的价值追求或价值取向是什么?我们又应当如何实现高等教育治理的价值?基于此,笔者以"高等教育治理改革的价值"作为研究主题,着重探讨以下几个问题。

其一,高等教育治理是什么,它是如何兴起的?一般而言,高等教育治理是治理理论在高等教育中的实践,是对传统高等教育管理的超越,但是,从管理到治理,高等教育治理的兴起是否是超越高等教育管理的价值选择的结果,这需要我们进行系统的梳理与论证。

其二,中外高等教育治理改革的价值目标是什么?它体现了改革者什么样的价值追求或价值取向? 20世纪80年代以来,高等教育治理俨然成为世界各国改革高等教育传统管理体制弊端,促进高等教育适应现代社会发展需要的重要手段,然而,各国政治、经济体制与高等教育管理传统并不相同,使得各国高等教育治理改革的目标及其背后的价值追求也各不相同,并由此产生了各国不同的高等教育治理模式。显然,我国高等教育治理改革的目标与价值取向也不同于世界其他国家,那么,我国高等教育治理改革的目标及其价值取向又是什么呢?

其三,在我国高等教育治理改革中如何实现高等教育治理的价值?我国高等教育治理改革的目标自然是针对传统高等教育管理的诸多不足和弊端的,那么,在我国高等教育治理改革过程中是否会遭遇新价值取向与传统价值取向之间的矛盾冲突?又应当依据什么指导原则,采取什么办法和策略消解这些价值冲突,实现高等教育治理的价值?显然,这是研究我国高等教育治理改革从理论到实践必须回答的问题。

其四,高等教育治理改革的价值追求是否是现代大学制度建构与发展的指导理念?高等教育治理改革的过程本质上可看作现代大学制度建设的过程,其价值追求自然是现代大学制度的核心理念,因此,从现代大学制度建构研究的角度来说,高等教育治理改革的价值研究也是对现代大学制度历史与现实的反思。

事实上,高等教育治理改革的价值研究也是一项关于高等教育治理改革理念的研究。鉴于我国当前正在如火如荼地进行高等教育治理体系建构,推进高等教育治理能力现代化,笔者以为,从价值分析的角度研究高等教育治理改革理念,具有重要的理论意义和实践意义。

二、研究意义

"高等教育治理"是治理理论在高等教育领域中衍化与实践而形成的高等教育新理念或新机制。对高等教育治理改革进行价值分析,也就是研究治理理论在高等教育改革与发展中的适用性,明确高等教育治理的改革目的与价值取向。因此,从理论方面来说,本书有助于加深对高等教育治理本质的认识,理解高等教育治理之于大学、政府、社会以及大学内部利益相关者的作用和价值;从实践方面来说,本书对于大学内外部利益相关者树立正确的高等教育治理价值观,有效地参与高等教育治理,推进高等教育治理改革具有一定的指导意义。

(一)深化对高等教育治理的认识

高等教育治理作为一种新的高等教育理念,对于其本质内涵,诸多高等教育研究者各执己见,莫衷一是。有的研究者从公共治理理论出发,认为高等教育治理也是一种多元主体的不同利益的协调机制;有的研究者则从公司治理理论出发,认为高等教育治理是一种处理委托—代理关系的治理结构和过程;还有的从善治的角度将高等教育治理理解为追求和保障高等教育理想价值,如大学自治、学术自由、社会责任等理念的结构和机制。本书力图综合考察从管理到治理,从高等教育管理到高等教育治理的转变过程,讨论和比较高等教育治理多元化的理论来源,全面地梳理和界定高等教育治理的本质内涵,从而深化人们对高等教育治理的认识。

(二)促进深入理解高等教育治理的多元价值

在高等教育治理活动中,政府、社会、大学等各自的利益诉求不一致且相互之间存在着多元利益冲突,大学内部治理也同样存在着政治权力、行政权力、学术权力、民主参与权力等多元权力的矛盾冲突。因此,高等教育治理发挥的作用与价值也是丰富多元的,不同的高等教育治理结构可能形成不同的高等教育治理价值系统。世界各国的高等教育管理传统和改革目标是不同的,因而各国的高等教育治理价值追求也不尽相同。譬如英国高等教育传统上来说是一个强调大学自治的系统,政府无权干预大学内部事务,但大学过于独立自治也常使政府投入大量资源却无法对大学提出效益要求,因而,随着经济危机的发生,英国政府进行公共治理改革开始追求公共投入的“效益”,对大学也是如此,政府依然不干预大学内部事务,但要求大学获得政府的资源投入则必须达到一定的高等教育“效益”标准。因而,在英国高等教育治理改革中,大学自治的传统价值虽然得以延续,但效益效率的新价值也从此诞生。我国传统高等教育管理的价值取向是“管制”,但高等教育治理改革的目标是促进高校自主办学和社会参与治理,因而,我国高等教育治理改革的新价值取向是政府宏观控制下的自主与参与,这与英国或者其他国家高等教育治理改革的价值追求是不尽相同的。因此,本书着力从中外各国的高等教育治理改革历程中深入考察高等教育治理对大学内外部利益冲突和权力矛盾的协调与消解作用,总结其价值追求或价值取向,从而深化人们对于高等教育治理多元价值的理解。

(三)树立正确的高等教育治理价值观,推动高等教育治理改革

研究高等教育治理改革的价值追求,主要目的在于全面认识高等教育治理的本质内涵,深入理解高等教育治理的多元价值,从而树立正确的高等教育治理价值观,推动高等教育治理改革。从我国高等教育的发展进程来看,高等教育治理改革并不是盲目进行的,而是基于建设现代大学制度、完善大学治理结构、提高高等教育质量等高等教育发展的内在规律以及现实需求而提出来的,是顺应世界高等教育发展趋势的战略举措。因此,全面认识高等教育治理的本质内涵,深入理解高等教育治理的多元价值,有助于树立正确的高等教育治理价值观,从而有力推动我国的高等教育改革与发展。

三、概念界定

概念是反映对象的本质属性的思维形式,是一切研究的基点,只有在一个定义明确的概念基础上才能对一个问题进行合乎逻辑地研究。"高等教育治理"与"高等教育治理价值"是本书的核心概念,在深入讨论高等教育治理改革的价值追求之前,有必要辨析与界定这两个概念。

1. 高等教育治理

如何定义"高等教育治理"的概念?显然,我们首先需要理解什么是"治理"。治理,从词源上看,英文中的 governance,源自拉丁文的"gubenare",有掌舵、导航的意思,常被用来指称有关指导(guiding)的活动,组织引导(steer)自身的过程。[①] 长期以来,"治理"(governance)与"统治"(government)在与国家相关的政治活动和管理活动中交叉使用。"治理"开始具有区别于"统治"一词的含义,是在 20 世纪八九十年代,世界银行首次使用了"治理危机"(crisis in governance)一词来描述和解释当时非洲国家混乱的公共秩序。此后,"治理"一词广泛运用于政治学、经济学等社会科学研究之中。关于治理的定

---

① 陈振明. 公共管理学 [M]. 北京:中国人民大学出版社,2005:77.

义,治理理论创始人之一罗西瑙(J. N. Rosenau)认为,治理与政府统治不同,治理由参与者的共同目标支持,这个目标不一定是法律规定下的政府职责,也不一定需要依靠政府的强制力量去实现,治理是这样一种规则体系:"它依赖主体间重要性的程度不亚于对正式颁布的宪法和宪章的依赖,更明确地说,治理是只有被多数人接受(或者至少被它所影响的那些最有权势的人接受)才会生效的规则体系。"① 对治理概念的界定具有一定代表性和权威性的,是全球治理委员会在1995年发布的《我们的全球伙伴关系》研究报告中提出的,"治理是各种公共的或私人的个人和机构管理其共同事务的诸多方式的总和。它是相互冲突的或不同的利益得以调和并且采取联合行动的持续的过程。这既包括有权迫使人们服从的正式制度和规则,也包括各种人们同意或以为符合其利益的非正式的制度安排"② 。从以上一系列定义中,我们不难得知,治理本质上是多元主体在共同利益目标下共同参与协调相互之间的多元利益矛盾冲突的结构安排和持续过程。

那么,什么是高等教育治理?依据治理定义,高等教育治理显然至少是高等教育中的多元主体协调相互之间的利益与矛盾的机制与过程。关于高等教育的多元主体,我们从利益相关者理论可知是指高等教育的多元利益相关者,而高等教育作为公益事业,涉及各种各样的利益相关者,大学是高等教育的核心组织,高等教育利益相关者一般也就以大学为中心划分为大学外部利益相关者和大学内部利益相关者,前者一般指政府部门、市场企业、中介组织、社会公众等,后者主要包括大学组织内部的管理人员、教师、学生、职员等。因此,根据大学内外利益相关者的划分,高等教育治理也可以划分为大学外部治理和大学内部治理,前者主要指政府、企业、社会团体、普通公众与大学平等互动,共同参与高等教育公共立法或决策,协调相互之间的矛盾冲突与多元利益的结构与过程;后者指在大学组织内部,管理者、教师、学生、职员等共同参与校务决策,协调权力冲突,调和多元利益,分工合作,促进大学遵循高等教育办学规律发展的机制与过程。其实,大学内部治理也可以看作大学"共同治理"(shared governance),一种兴起于美国的大学组织治理理念。狭义上,高等教育治理仅仅指大学外部治理,主要指政府、社会与大学之间的高等教育公共事

---

① 〔美〕詹姆斯·J·罗西瑙. 没有政府的治理 [M]. 张胜军,刘小林,等,译. 南昌:江西人民出版社,2001:4-5.

② 转引自俞可平. 治理与善治引论 [J]. 马克思主义与现实,1999(5):5-6.

务的治理,显然,这忽略了大学内部的"共同治理"。广义上,高等教育治理包含大学内部治理,从而形成一个以大学(泛指所有形式的高等教育机构)为分界线的囊括所有高等教育利益相关者的、内涵更丰富的概念。因此,我们认为,应当从广义上理解高等教育治理,高等教育治理是大学内外利益相关者共同参与协调和平衡相互之间的多元利益矛盾冲突,促进高等教育发展的结构安排与持续过程。

2.高等教育治理价值

对于"价值"的理解是多种多样的,就日常使用该词来说,一般是指"有用性",即可资利用的属性;还有就是从经济学意义来理解"价值",指的是凝结在商品中的无差别的社会劳动;而包含前两者在内的关于最一般"价值"的定义,则是哲学上的"价值"。在马克思主义哲学中,"'价值'这个普遍的概念是从人们对待满足他们需要的外界物的关系中产生的"[①],"表示物的对人的有用或使人愉快等的属性"[②]。从马克思的论述中可以看出,价值是外界物与人的需要的一种特定关系,是物满足人的某种需要的有用属性。在马克思的经典论述基础上,结合主客体关系的研究方法,李连科在国内较早提出,"所谓价值,就是客体与主体需要之间的一种特定(肯定与否定)的关系"[③]。袁贵仁也认为,价值是主体和客体之间的一种特殊关系,一种主体需要和客体满足需要的关系,是客体对于主体所具有的意义,是客体对主体的作用、效用。[④] 持类似观点的学者还有王玉樑,他指出,"客体主体化,是价值产生的根源;而客体对主体的效应,则是客体主体化的结果、表现或功效","价值的本质是客体主体化,是客体对主体的效应,主要是对主体发展、完善的效应,从根本上说是对社会主体发展、完善的效应"。[⑤] 李德顺从价值的主体性出发,指出要从客体的存在和属性与主体(人)需要的关系中理解价值,价值应当产生于客体对主体(人)的实际作用,即"物的人化",而不是客体的存在和属性本身,主体(人)的内在尺度是价值的根本尺度,客体同主体的一致程度是价值的基本标志。据此,李德顺认为,"'价值'是对主客体相互关系的一种主体性描述,它代表着

① 马克思恩格斯全集(第十九卷) [M]. 北京:人民出版社,1965:406.

② 马克思恩格斯全集(第二十六卷) [M]. 北京:人民出版社,1974:326.

③ 李连科. 世界的意义——价值论 [M]. 北京:人民出版社,1985:55.

④ 袁贵仁. 价值学引论 [M]. 北京:北京师范大学出版社,1991:46—50

⑤ 王玉樑. 价值哲学新探 [M]. 西安:陕西人民教育出版社,1993:163.

客体主体化过程的性质和程度,即客体的存在、属性和合乎规律的变化与主体尺度相一致、相符合或相接近的性质和程度"。① 具体而言,即价值作为一种主体性现象,它存在于主客体相互作用的过程之中,是以主体的需要为尺度而形成并随着主体需要的变化而变化的一种现象,是客体的存在、结构、功能和变化趋向与主体生存发展需要的一致性和统一,是客体对主体的意义。② 显然,价值是客体对主体的生存发展所具有的肯定作用,或者是能够按照主体尺度满足主体需要的性质,通俗地理解,价值就是客体满足主体需要的程度与属性。

那么,高等教育治理的价值是什么? 根据价值定义可知,价值的构成至少包含三个要素:价值客体及其属性;价值主体及其需要;主客体之间的特定关系。"高等教育治理"作为高等教育活动中协调与平衡利益相关者矛盾冲突的机制与过程,显然是"价值客体";而在高等教育治理活动中的参与者、行动者,则是"价值主体",也就是大学内外部的高等教育利益相关者;"高等教育治理"与"高等教育利益相关者"构成的特定关系则是指高等教育利益相关者对高等教育治理协调权力矛盾、平衡利益冲突的不同需要的关系。因此,高等教育治理价值是指高等教育治理的功能、属性满足高等教育利益相关者协调相互之间的多元利益矛盾需要的一种特定关系。不过,由于高等教育治理与利益相关者之间属性与需要的关系多种多样,因而,高等教育治理的价值也是多方面多层次的。在本书中,笔者着重考察从高等教育管理向高等教育治理转变过程中,利益相关者所做出的价值选择,以及中外各国高等教育治理改革过程中的价值追求或价值取向,此外,对我国高等教育治理改革中的价值冲突进行探究,并力求寻找化解冲突、实现我国高等教育治理价值追求的路径与策略。

四、文献综述

21 世纪以来,关于高等教育治理的研究日益丰富,从治理的角度对高等教育发展与改革的现象与过程进行了全新的审视和诠释,具有一定的理论价值和实践指导意义。就本书研究主题而言,从价值的视角研究高等教育治理改革的相对较少,且缺乏系统梳理和分析高等教育治理改革价值的文献,人们常

① 李德顺. 价值论(第 2 版) [M]. 北京:中国人民大学出版社,2007:79.
② 李德顺,马俊峰. 价值论原理 [M]. 西安:陕西人民出版社,2002:106.

常沉浸于如何实施高等教育治理改革的各类研究之中,而没有人追问我们为何需要高等教育治理改革,我们改革的目的是什么,它追求什么价值理念?因此,笔者拟从高等教育治理研究和高等教育治理价值的相关研究两方面对有关文献进行梳理和评述,以期为系统地探讨高等教育治理改革的价值梳理可资借鉴的研究成果和发掘值得进一步讨论的研究问题。

(一)关于高等教育治理的研究

"高等教育治理"是基于治理理论提出来的高等教育理念,因而学界最初是从治理的内涵去阐释高等教育治理的内涵,近年来更多的学者则从大学内外部利益相关者的利益冲突的角度,结合治理的概念阐述高等教育治理的内涵。因此,广义上,高等教育治理包含大学外部治理与大学内部治理。在高等教育治理的研究中,高等教育治理的内涵,高等教育公共治理如政府、社会、企业与大学之间的关系以及大学内部治理结构,各国的高等教育治理模式等是主要的研究内容。

1. 高等教育治理内涵的研究

20世纪七八十年代新公共管理运动之后,治理理论兴起,"治理"这一概念在政治学和经济学等社会科学中得到广泛运用,不少高等教育研究者也试图将其引入以解释高等教育的相关问题。就笔者所见,国内最早提出"高等教育治理"这一概念的著作是闵维方主编的《高等教育运行机制研究》一书。他指出,在英文中,高等教育宏观行政管理的"管理"即是"governance"一词,而高等教育的微观组织管理一般用"management"一词,因此,高等教育治理与高等教育行政管理具有共同之处,即高等教育治理也是一种公共管理过程,像政府行政管理一样需要权威和权力,最终目的都是为了维持高等教育正常的运行秩序。而高等教育治理与高等教育行政管理的区别在于,高等教育治理所需要的权威并非一定要来自政府,其权力运行不是自上而下,而是平行互动,主要通过合作协商、伙伴关系、建立共识和共同的目标等方式实施对高等教育事务的处理。因此,作者认为,高等教育治理的实质是建立在市场原则、公共利益和认同之上的合作。① 夏焰等也认为,高等教育治理模糊了高等教育管理中的主客体边界,政府与其他利益相关者以一种合作伙伴关系共同对大

① 闵维方. 高等教育运行机制研究 [M]. 北京:人民教育出版社,2002:87-89.

学进行治理,并在治理过程中引入问责机制。① 显然,高等教育治理的这一内涵是建立在治理的基本含义以及与传统的高等教育行政管理概念的比较之上的,也就是从治理概念出发推衍高等教育治理的内涵与特征,这是诸多学者理解高等教育治理内涵的主要路径。如较早专文论述高等教育治理的学者盛冰认为,治理理论强调将公共事物的管理权限和责任从传统的"政府"垄断中解放出来,形成一种政府、大学、社会等共治的局面,治理的核心在于权力的转移与重新分配。② 因此,政府不再是高等教育的唯一权力中心,大学摆脱了政府的微观管制,真正成为一个独立办学的法人实体,大学的资源配置开始引入市场机制,在市场竞争中扩大办学经费来源,减少对公共财政的依赖,从而形成政府、大学、社会之间相互合作,共同提供高等教育的不同服务。龙献忠等也从治理理论出发指出,高等教育治理的实质是打破政府管理高等教育事务的垄断权力,使政府对高等教育的管理从集中控制模式走向公共治理模式,通过分权与社会其他力量共同治理高等教育事务。③

除了从治理的基本含义去理解高等教育治理的内涵外,还有则是从大学的内外部的视角去理解高等教育治理。如世界银行和联合国教科文组织对高等教育治理的界定就是:"高等教育治理是高等院校做出决策和采取行动所遵循的正式的和非正式的安排,一般包括外部治理和内部治理。"④ 我国大部分学者赞同这种以大学为中心进行的内外部治理划分,但更强调从高等教育系统的整体上定义高等教育治理。别敦荣从我国高等教育管理体制的现状出发指出,在传统上,我国高等教育内外部关系呈现隔离式封闭状态,除了政府教育行政部门、高校党委和行政管理人员、部分担任行政职务的教师外,大学外部的其他利益相关群体、组织和公民个人在高等教育举办、决策、监督、问责等各方面都没有参与的权力。然后,他指出,高等教育治理是治理理论在高等教育领域的实践,是一种解决高等教育的利益相关群体、组织和公民个人参与办学

① 夏焰,贾琳琳. 高等教育治理理论及其原则 [J]. 江苏大学学报(高教研究版),2005 (2):30-34.

② 盛冰. 高等教育的治理:重构政府、高校、社会之间的关系 [J]. 高等教育研究,2003 (2):47-51.

③ 龙献忠,朱咏北. 政府公共权力重构与高等教育治理 [J]. 高等教育研究,2005(11): 34-38.

④ 世界银行,联合国教科文组织,高等教育与社会特别工作组. 发展中国家的高等教育:危机与出路 [M]. 蒋凯译. 北京:教育科学出版社,2001:50.

和管学问题的举措。因此,高等教育治理就是打破这种参与主体单一的格局,实现政府、高校、社会利益相关群体、组织和公民个人共同参与的机制。① 这一论述显然弥合了大学内外部治理的界限,将高等教育治理理解为所有的利益相关者共同参与的一种治理机制。在西方高等教育治理研究中,往往也不刻意地对大学治理进行内外部划分。他们认为,大学治理概念的前提就是每一所大学都拥有独立自主做出决策的真正权力,因此,大学治理的定义里就包含了对大学与公共权力之间关系的适当规范,即大学相对于政府、社会具有很高程度的自治权力。② 不过,他们却对大学的利益相关者做了内外的区分,大学内部的组织成员如董事会、校长等行政管理人员、教师、学生等是大学的内部利益相关者,而大学之外的政府部门、企业组织、中介组织、地方社区等是大学的外部利益相关者。在美国,大学的内外部利益相关者治理大学被称为"共同治理",大学共同治理思想发端于 1966 年美国大学教授协会(AAUP)、教育理事会(ACE)和大学董事会协会(AGB)联合颁布的《学院与大学治理的联合声明》(简称《联合声明》)。1998 年,美国大学董事会协会(AGB)再颁布了《治理宣言》,对《联合声明》进行了部分调整,在承认共同治理是指大学利益相关者,即参与大学决策的人员包括立法者、社区领导、董事会、行政人员、教师、学生、家长等共同参与大学的治理的同时,进一步着重强调了董事会在共同治理中的领导地位。③ 21 世纪初在美国召开的"21 世纪的大学治理"学术会议对大学治理提出了一个简洁的定义,大学治理是"大学内外部利益相关者参与大学重大事务决策的结构和过程。"④ 某种意义上说,西方学界将"大学治理"等同于"高等教育治理",这是由中西方不同的高等教育管理体制引起的,西方高等教育管理的主体是大学,而我国高等教育管理的主体则是公共部门——政府。当然,从学理上看,"高等教育治理"以大学为界划分为内外两个层次——大学外部治理和大学内部治理——更能清楚地阐明高等教育治理内涵的复杂性。

---

① 别敦荣. 论治理体系和治理能力现代化与高等教育现代化的关系 [J]. 中国高教研究,2015(1):29-33.

② Jan De Groof, Guy Neave. Democracy and Governance in Higher Education [M]. Boston: Kluwer Law International, 1998:8-9.

③ 甘永涛. 美国大学共同治理界说及制度演进 [J]. 外国教育研究,2008(6):20-24.

④ 郭卉. 反思与建构:我国大学治理研究评析 [J]. 现代大学教育,2006(3):29-33.

2. 高等教育治理主体关系的研究

在狭义的高等教育治理中,政府、大学、社会等大学外部利益相关者是主要的治理主体,它们之间的关系与利益冲突是高等教育治理研究的重要内容。其中主要包括政府与大学的关系及政府、大学、社会等多元主体之间的关系。

关于高等教育治理中政府与大学的关系,龙献忠在其博士论文《从统治到治理——治理理论视野中的政府与大学关系研究》中运用治理理论对政府与大学的关系进行了系统研究。他认为,治理理论否定政府是高等教育管理中唯一的权力中心和管理主体,而是还有其他诸如大学、社会等多个权力主体和管理主体存在,从而使政府与大学关系从单线管制关系转变为政府、大学、社会之间的多元互动关系。因此,政府与大学的关系要从统治型关系走向治理型关系,同时需要有社会第三部门力量的壮大和积极参与,而政府在扶持和发展社会第三部门组织方面也负有重大责任,"合作伙伴关系"是走向治理的政府与大学关系的未来愿景。① 龙献忠就此主题还发表了一系列的论文,他认为,传统的政府与大学关系中,政府的角色是错位的,治理理论可以正确定位政府角色,纠正政府的角色错位,实现由管制型政府向服务型政府、从政策治校到依法治校、从政府的单边治理到政府、社会和公民共同参与的多边治理、从"善政"到"善治"的转变。② 此外,还必须改革政府过多行使公共管理权力对大学进行权威管制的局面,应当弱化、分化、转化政府的公共管理权力并使其法制化,使其做到依法治教。③ 他还指出即便是在多中心治理的关系中,政府也应当在推进大学单位制度改革、加强法制建设、培育市场力量、拓展财政来源和扶持教育中介组织等方面承担责任。④ 显然,政府与大学的关系是高等教育治理中主要的矛盾关系,高等教育治理需要协调政府转变作为唯一权力主体的角色,承认并维护大学作为治理主体之一的地位与权力,从而使政府与大学须由管制关系走向伙伴关系。

---

① 龙献忠. 从统治到治理——治理理论视野中的政府与大学关系研究 [D]. 武汉:华中科技大学, 2005:158-159.

② 龙献忠. 论高等教育治理视野下的政府角色转变 [J]. 现代大学教育, 2004(1):74-77.

③ 龙献忠,朱咏北. 政府公共权力重构与高等教育治理 [J]. 高等教育研究, 2005(11):34-38.

④ 龙献忠,胡颖. 论高等教育多中心治理视野下的政府责任 [J]. 现代大学教育, 2007(1):35-38.

关于政府、大学、社会等多元主体参与高等教育治理的关系研究,诸多研究者都从政府单一主体管理转向政府、大学、社会等多元主体治理的思路,对各主体的权力、角色、地位予以辨析和建构。盛冰即认为,高等教育治理的基本特征是非国营化、去中心、自治和市场化,政府对高校的管理要由"控制模式"向"监督模式"转变,高校应当确立自主办学主体地位,落实办学自主权,引入市场机制,让社会参与到高等教育的资源配置中来,建立政府、高校和社会三者之间的共同治理关系。[①]张爱芳也指出高等教育领域治理要求重新界定政府的管理权限和管理方式,使高校内部管理由封闭走向开放,赋予民间的教育中介组织一定的职能。[②]孙伯琦则从权力与责任的界定的角度指出,我国高等教育治理的改革方向应当在于限制、明晰政府的权力和责任,凸显、落实高校的权力和责任,扩大、增强社会的权力和责任。[③]除此之外,还有一些研究者从高等教育利益相关者的角度提出,大学作为一种利益相关者组织的存在,在高等教育治理中,政府、大学、社会等多元主体应当构成一种多中心治理结构[④],而多中心治理理论的逻辑即协商与合作,政府、大学、社会通过协商与合作,可以建立一个以相互依存为基础的、以协作为特征的、纵横协调的、多元统一的治理结构,从而通过参与协商机制实现不同主体之间的共同利益最大化选择[⑤]。政府、大学、社会在高等教育治理中的关系是复杂多变的,强调多中心的协商治理机制,有助于打破政府在高等教育管理中的垄断地位,转变其角色、职能,促进政府、大学与社会等各自不同利益诉求的实现。

3.关于大学治理结构的研究

大学治理结构是对大学利益相关者权利关系的一系列制度安排,因此,诸多研究者借鉴利益相关者理论和公司治理的委托—代理关系理论,对大学

① 盛冰.高等教育的治理:重构政府、高校、社会之间的关系[J].高等教育研究,2003(2):47-51.

② 张爱芳.治理视域中的高等教育管理[J].石油大学学报(社会科学版),2005(4):99-103.

③ 孙伯琦.中国高等教育的权力和责任均衡——以治理的法治化为视角[J].中国社会科学院研究生院学报,2011(11):33-37.

④ 龙献忠.高等教育的多中心治理:内涵、必要性与意义[J].江苏高教,2006(6):19-21.

⑤ 龙献忠.论高等教育多中心治理的参与协商机制[J].高等教育工程研究,2004(5):53-56.

的治理结构进行研究。如孙天华较早地意识到大学的治理结构也存在委托—代理关系，并尝试将其引入分析我国公立大学的治理结构和绩效，指出公立大学的多级委托—代理关系中存在委托人与代理人之间激励与目标不一致的情形，需要通过政府的制度供给，重构公立大学的治理结构。[①] 赵成等认为，大学是一个典型的利益相关者组织，委托—代理关系不仅仅表现在公司治理中，也存在于大学治理中。狭义上的大学治理一般只指学校的直接控制和内部治理，但事实上，大学的外部法律环境、政府管制和大学竞争市场所实现的间接控制和外部治理对大学的影响更重要，内部治理只有在外部治理给定的框架下才能运行，因此，现代大学治理结构应该包括外部治理结构和内部治理结构。外部治理结构主要包括政府、社会市场、大学市场与大学的治理关系，内部治理结构则包括学术权力、行政权力、董事会、筹资结构以及大学文化等要素。[②] 潘海生等指出，现代大学的外部治理结构，是关于政府和社会力量如何参与大学管理的制度安排，其关键在于"去中心化"，即转变政府对大学的控制，寻求政府与社会力量的协调与平衡，建立多元治理的格局；而内部治理结构，是关于以校长为代表的行政人员、教师和学生等大学内部的利益相关者如何参与大学治理的制度安排。[③] 总的来说，关于大学内外部治理结构的研究，事实上也就是对大学内外部利益相关者之间权力与利益的矛盾冲突关系的研究，而大学外部治理结构研究实际上就是对狭义的高等教育治理主体关系的研究，以期通过建构大学外部治理结构协调和消解政府、社会、企业与大学之间的利益冲突建立合理的规则、制度或机制。对此，十八届三中全会提出过国家全面深化改革的总目标是推进国家治理体系和治理现代化。有学者据此提出，高等教育作为国家教育体系的最高阶段，其担负着人才培养、科学研究、社会服务的社会职能，与国家治理改革具有密切联系，因此，应当推动高等教育治理改革，促进高等教育治理体系和治理能力现代化。[④] 阎光才对此提出，建构宏观

① 孙天华.大学治理结构中的委托代理问题——当前中国公立大学委托—代理关系若干特点分析[J].北京大学教育评论，2004（4）：29-33.
② 赵成，陈通.现代大学治理结构解析[J].天津大学学报(社会科学版)，2005（11）：470-474.
③ 潘海生，张宇.利益相关者与现代大学治理结构的构建[J].教育评论，2007（1）：15-17.
④ 瞿振元.建设中国特色高等教育治理体系推进治理能力现代化[J].中国高教研究，2014（1）：1-4.

高等教育治理体系的关键是从立法上明确高校的各项自主权,明确地界定政府部门的相关职能权限,落实高校的办学自主权,系统地改革政府管理高校的众多职能部门,加强人大对资源分配和使用的立法权和监督权,彻改变政府管理高校的方式,实现由管制型政府向服务型政府的角色转变。① 高等教育治理体系的提出,主要是从大学外部治理结构改革入手,进行顶层设计,明确大学外部利益相关者尤其是政府与大学之间的权力关系,从而促进传统高等教育管理体制向现代高等教育治理体系转变。

此外,从建设现代大学制度的视角,有研究者认为,大学治理结构是现代大学制度的基石,是落实高校依法自主办学的重要机制,其实质是建立能够应对多元矛盾冲突和多元利益需要的决策权结构。② 张建初则从建设大学内外制度的角度指出,大学的外部制度涉及大学与政府、大学与社会、大学与大学之间的关系,表现为大学的管理体制、投资体制和办学体制等外部治理结构;大学的内部制度设计则表现为建构大学的内部治理结构,而大学内部治理结构是现代大学制度的核心。③ 显然,大学治理结构承载着大学利益相关者的委托—代理关系,是现代大学制度规范利益相关者权益关系的具体化。而关于大学内部治理结构的建构,诸多学者一般从大学的独立法人地位的角度进行研究。覃壮才从公立高校的法律地位出发,指出公立高等学校的内外部权利主体构成的法律关系十分复杂,既有民事法律关系,也有行政法律关系,在行政法律关系中,既有内部行政法律关系,也有内部行政法律关系,因而,我国公立高校的法人治理结构需要选择兼顾内外权力主体的法人治理模式。④ 洪源渤则从大学的本质属性出发,以治理理论和历史经验为理论基础论证合理的大学法人治理结构,提出了基于科学化共同治理理念的大学法人治理结构体系。⑤ 总体上来说,大学治理结构的研究,呈现出层层递进、逐步深入的研究特点。在利益相关者理论的基础上,研究者论证了大学是一个典型的利益相关者组织,存在与公司治理类似的委托—代理关系,指出大学也应当建构外部和

---

① 阎光才. 高等教育治理体系与治理能力的现代化 [J]. 苏州大学学报(教育科学版),2014(3):1-3.

② 龚怡祖. 大学治理结构:现代大学制度的基石 [J]. 教育研究,2009(6):22-26.

③ 张建初. 现代大学制度下的大学治理结构 [J]. 教育评论,2009(5):20-22.

④ 覃壮才. 中国公立高等学校法人治理结构研究 [M]. 北京:北京师范大学出版社,2010:192-193.

⑤ 洪源渤. 共同治理:论大学法人治理结构 [M]. 北京:科学出版社,2010:140-142.

内部的治理结构。此外,研究者在现代大学制度与大学治理结构的关系上,提出后者是前者实现规范大学利益相关者多元权益关系的基础;在大学治理结构的建构研究方面,主要关注大学内部治理结构的建构,一般从大学的独立法人地位角度提出建立法人治理结构,对大学治理的实践具有一定的指导意义。

4. 高等教育治理模式的研究

对于高等教育治理模式的研究,研究者一般遵循两条路径:理论本质的解析和国别经验的总结。从治理理论的本质解析来看,甘永涛根据高等教育体制中权力安排的密集程度,即高度分散型高等教育体制、相对集中型高等教育体制以及高度集中型高等教育体制,分别归纳出与之相对应的三种大学治理模式:以内部人监督为主的关系型治理模式、以中介机构监督为主的复合型治理模式、以国家监督为主的行政型治理模式。① 王洪才以自治为大学治理的逻辑起点和原型模式,将近代大学自治的发展演变总结为国家主导型、专业中介型和社会参与型三种治理模式,并对广为世界各国效仿的美国大学治理模式的典型特点进行了归纳,认为美国大学治理模式是大学自治与市场机制的有机结合,凸显了社会参与、专业自主、政府引导、公共选择与大学自治等治理特点。② 与此类似的是,蒋洪池等也建构了政府中心模式、学术自治模式以及市场导向模式等高等教育治理的三种理想模式,并从程序性自治和实质性自治两个维度设计了经验观测和进行国际高等教育治理比较分析的框架。③ 龙献忠等则根据美国政治学家 B·盖伊·彼得斯在其《政府未来的治理模式》一书中建构的四种理想的政府治理模式,直接将高等教育发展的治理模式与之相对应归纳为市场型治理、参与型治理、解制型治理和弹性化治理等四种模式。④显然,将理想的政府治理模式直接移植到高等教育治理并不一定是合理的,因为政府治理是一种宏大的国家治理,它应对的是国家体制面临的问题,如市场模式针对的是垄断所带来的负面后果,参与模式针对层级节制所产生的负面影响,弹性模式担忧组织永久性可能产生的负面后果,而解制模式则针对公共

① 甘永涛. 大学治理结构的三种国际模式 [J]. 高等工程教育研究, 2007(2): 72-76.
② 王洪才. 大学治理的内在逻辑和模式选择 [J]. 高等教育研究, 2012(9): 24-29.
③ 蒋洪池, 马媛. 高等教育治理模式及其经验观测维度的比较分析框架 [J]. 比较教育研究, 2012(5): 43-47.
④ 龙献忠, 刘鸿翔. 论高等教育发展的治理模式 [J]. 高等教育研究, 2007(2): 49-54.

组织的过多管制造成公共组织功能失调的问题。[①] 朱家德对 20 世纪 60 年代以来的高等教育治理改革进行了梳理,认为西方大学经历了一场治理结构再造运动,先后出现了两种大学治理范式:回应民主诉求范式和提高绩效范式,目前正处于从回应民主到提高绩效的范式转型期。[②] 从治理理论的本质特点解析高等教育治理或大学治理的模式,一方面可以让我们深刻地理解治理内涵的丰富性和层次性,但另一方面也容易陷入理论的理想建构而忽视历史与现实中的世界各国高等教育治理的改革与发展,忽视当下真实存在着的世界各国各具特色的高等教育治理模式。因此,对各国高等教育治理改革历程的总结或许更有利于认识当今世界高等教育治理模式的真实现状与发展趋势。

事实上,在当今世界各国兴起的高等教育治理并不是凭空产生的,而是针对传统高等教育管理体制不能很好地回应现代社会多元利益相关者的需要所进行的改革。关于传统的高等教育管理模式,20 世纪 70 年代中后期,伯顿·克拉克等学者对世界上七个高等教育发达国家的高等教育管理体制进行了国别考察和比较研究,归纳了传统高等教育管理体制的四种模式:欧洲模式、英国模式、美国模式和日本模式。[③] 20 世纪 80 年代以来,世界高等教育治理改革兴起,但并没有学者循着伯顿·克拉克等人的分析范式对这四种高等教育管理模式的治理改革和新的特点进行系统的追踪研究,而它们恰恰应当是当今世界最主要的高等教育治理模式。当然,一些零散的研究还是触及了这一问题。范文曜对英国高等教育治理方式进行了总结,主要包括在政府治理中实行间接治理原则,在大学治理中实行决策与执行分离原则,在社会参与决策中实行利益相关原则,在质量保障方面实行内外结合原则,在风险防范和权益保障方面实行独立监管原则等,他还指出英国高等教育治理方式的选择是传统与发展取得平衡的结果。[④] 张红峰对英国的宏观高等教育治理模式进行了考察,他

---

① 〔美〕B. 盖伊·彼得斯. 政府未来的治理模式 [M]. 吴爱明,等,译. 北京:中国人民大学出版社,2001:129.

② 朱家德. 从回应民主诉求到提高绩效:西方大学治理范式的发展演变 [J]. 中国高教研究,2013(3):62-66.

③ 〔加〕约翰·范德格拉夫等. 学术权力——七国高等教育管理体制比较 [M]. 王承绪,张维平,徐辉,等,译. 杭州:浙江教育出版社,2001:198-206.

④ 范文曜. 英国高等教育治理方式的借鉴意义 [A]. 范文曜,David Watson. 高等教育治理的国家政策——中英合作研究项目论文集 [C]. 北京:高等教育出版社,2009:142-146.

指出,英国政府通过组建商业、创新和技能部统合了商业与高等教育,高等教育基金委员会作为第三方治理机构,不再充当大学与政府之间的"缓冲器",而是充当"连接器",因为它向商业、创新和技能部负责,以政策、资助、问责等手段传递政府意志,引导大学与商业互动,而大学自身为了保持持续发展,也不断突破保守的自治传统,积极回应社会经济需求。① 巫锐对德国的高等教育治理新模式进行了介绍,他分析发现,近 20 年来,德国高等教育管理改革出现了以"新调控模式"为核心的治理理念和以"目标合约"为代表的治理工具,在传统的"国家化"治理模式基础上逐步"去管制化",呈现出法律规范"去国家化"、财政拨款"绩效化"和行政管理"去中心化"等特点。② 余承海等介绍了奥拉夫•C•麦克丹尼从高等教育机构的财务、管理、教育、人事、学生五个因素出发考察了西方主要国家的高等教育治理模式,认为每一个国家的高等教育治理模式都是在各自国家的具体情况下,对这些指标不同程度的混合,因此,多样性是高等教育治理模式的一个显著特征,不同国家高等教育治理模式的选择基本都是外部控制和自身张力间平衡的结果。③ 总而言之,关于高等教育治理模式的研究,理论建构不乏创见,但历史与现实的考察则分散且不系统,缺乏对代表性国家,尤其是对已有的世界四大传统高等教育管理模式的治理改革历程和模式转变进行全面的梳理与总结。

(二)关于高等教育治理价值的相关研究

关于高等教育治理价值的相关研究,直接阐述高等教育治理价值的文献比较少,而关于价值的哲学研究则成果丰富,基于研究的需要,笔者拟从价值的哲学研究和高等教育治理价值的相关研究两方面对现有文献进行梳理和评述。

1. 价值哲学的相关研究

高等教育治理的价值研究,本质上即是研究高等教育治理的属性、功能满足治理主体需要的属性与程度,并揭示治理主体在高等教育治理实践中对高等教育治理的价值认识、价值评价、价值选择以及价值实现等,显然,这需要价值哲学的方法论指导。我国对价值哲学的研究,始于 20 世纪 80 年代中国

---

① 张红峰. 英国宏观高等教育治理模式的思考 [J]. 中国高教研究,2013(3):56-61.
② 巫锐. 德国高等教育治理新模式:进程与特征 [J]. 比较教育研究,2014(7):1-5.
③ 余承海,程晋宽. 高等教育治理模式的国际比较与启示 [J]. 国家教育行政学院学报,2015(9):84-88.

政法大学杜汝楫教授发表《马克思主义论事实认识和价值认识及其联系》一文,他首次在国内提出和研究价值哲学问题。① 此后,价值哲学问题得到广泛研究,1985 年,李连科出版了当代中国第一部价值哲学专著——《世界的意义——价值论》,提出从主客体的复杂关系理解价值,认为"所谓价值,就是客体与主体需要之间的一种特定(肯定与否定)的关系"②,从主客体关系理解价值,并认为价值是一种主客体间的关系,这一观点具有开创性,丰富了马克思主义哲学中"价值"概念的内涵。1987 年,李德顺在其博士论文基础上出版了《价值论——一种主体性的研究》,从主体性的视角理解客体与主体的关系,并根据马克思关于物的价值论述,总结了价值研究的一般原则和方法论,即从对象(物)的存在和属性与主体(人)需要的关系中理解"价值",价值产生于主体(人)对对象的实际作用,而不是对象的存在和属性本身,主体的内在尺度是价值的根本尺度,对象满足主体(人)的需要程度是价值的基本标志。③概而言之,价值是主客体之间的一种特殊关系,是客体对主体的意义,是主体需要对客体属性的为我性衡量。从主客体关系的视角研究价值现象,认为"价值"是一种特定的关系的观点已成为"价值"学说的一种主流思想,价值的哲学研究也逐渐形成为个独立的领域——价值学。袁贵仁在其《价值学引论》一书中对价值的本质、价值的运动过程(即价值的创造、认识、实现)以及价值对于人类的作用(价值取向、价值激励、价值调节等)进行了系统地阐述,对于深入理解一般的价值和具体的价值都具有方法论的意义。④

关于价值研究的一般方法,李德顺、马俊峰在其合著《价值论原理》中对价值研究的主客体方法的有效性和局限性进行了反思与重申。对于质疑从主客体关系的分析框架研究价值仅能勉强解释物对人的价值,无法解释和说明人的价值和人道价值的问题。他们认为,不能简单地照搬西方现代哲学对近代认识论的主客体二分的批判,中国自改革开放以后,扬弃了苏联哲学教科书把马克思主义的主客体理论归诸为近代认识论的误解,已经从实践的高度全面把握了主客体关系的理论,因而,从实践的主客体关系研究价值仍是主要的

① 马俊峰. 价值论的视野 [M]. 武汉:武汉大学出版社,2010:62.
② 李连科. 世界的意义——价值论 [M]. 北京:人民出版社,1985:55.
③ 李德顺. 价值论(第二版) [M]. 北京:中国人民大学出版社,2007:78-79.
④ 袁贵仁. 价值学引论 [M]. 北京:北京师范大学出版社,1991:前言.

研究思路。① 关于价值的具体研究方法,孙伟平认为,价值的属人性、主体性,决定了价值论研究必须运用主体性方法,主体性方法是一种从主体角度出发,根据主体的本性、需要能力等的不同,以主体尺度为尺度的属人性方法。② 主体性方法,从本质上来说,仍然是一种以主客体关系为对象的研究方法,只是它更多地强调了人的主体性,以人(主体)的需要、目的、能力等为尺度衡量客体的属性对于主体的意义。因此,价值的主客体方法及关注价值的主体性,是研究价值的一般方法。

2. 高等教育治理具体价值的相关研究

对于高等教育治理、大学治理或教育治理的价值的研究,就笔者所见,仅有较少文献论及高等教育治理的价值诉求与价值冲突。许杰认为,在传统的公共管理中,政府忽视公民社会对于实现高等教育公共性的积极意义,总是以一贯的自上而下的思路去建构高等教育的公共性,公民社会的缺位,是导致公共性缺失的主要原因。而高等教育治理主张公共部门与私人部门、公民之间相互合作、相互协商,共同致力于实现公共利益,所以,高等教育治理的主要价值诉求即是提升公共性,且政府是高等教育公共性提升的关键主体。③ 郭增琦等也持类似观点,他们认为,在高校治理中,教育伦理价值的目标旨向是公共性的实现。④ 价值诉求实则价值追求,实现公共性正是高等教育治理主体的价值追求,高等教育事业作为公益事业,涉及诸多高等教育利益相关者,采用高等教育治理协调利益相关者之间的不同利益或冲突,其目的即在于实现公共利益,因此,提升公共性或实现公共性是高等教育治理的价值诉求,这一观点是较为合理的。

关于大学治理的价值追求也是一些学者较为关注的问题,从不同角度论述大学治理应有的价值追求。刘爱东从利益相关者理论的视角出发,认为大学治理需满足不同利益相关者的价值追求,但无论是政府、市场还是学术力量影响下的大学,学术性价值取向的彰显从来都是必不可少的,因此,大学治理

① 李德顺,马俊峰. 价值论原理 [M]. 西安:陕西人民出版社,2002:74-75.
② 孙伟平. 价值哲学方法论 [M]. 北京:中国社会科学出版社,2008:199.
③ 许杰. 提升公共性:高等教育治理的主要价值诉求 [J]. 江苏高教,2008(3):14-16.
④ 郭增琦,类延村. 论教育伦理价值与高校治理 [J]. 继续教育研究,2009(12):126-128.

的终极价值取向是学术性与人本身。^①王世权等也持类似观点,他们认为,在当前中国大学行政权力内含政治权力、政府权力及部分学术权力的语境下,大学治理的行政权力的价值逻辑在于学术人员(教师)对于"学术本位"回归的诉求,大学治理要秉承"一切基于学术、一切为了学术、一切由学术引导"的动态整体的"学术性行政"的治理理念。^②学术性是大学作为学术组织的本质,因此,大学治理的价值诉求旨向学术性这是合理的,换句话说,大学治理的根本价值就在于确保大学的学术性本质不受侵蚀。此外,有学者从利益相关者参与大学治理的价值诉求指出,"公共理性"是使多元主体在"相互承认"前提下,将自身合理理性达到良好发挥的思维路径,因此,公共理性应是多元主体参与大学治理的价值诉求。^③显然,利益相关者参与大学治理是为了实现各自的利益,大学治理的作用也在于协调这些不同的利益,公共理性可以让利益相关者在追求自己的利益同时,确保他人的利益也得到实现,或者至少不会受到侵蚀,但最终实现的应是大学本身的价值,即学术价值。从这个角度讲,培育公共理性是大学治理实现大学学术性价值诉求的手段和路径。

对于大学治理价值的层次和内容,一些学者也做了初步的探讨,如张延利等从大学治理中大学软法的角度指出,大学软法作为与硬法相对的一校之内的规章、协议、共识等,其最基本的价值是维持大学教育秩序、保证教育质量,核心价值是保障大学自治、促进学术自由,最终价值是实现师生的发展。^④池松军等则从科学发展观的角度,认为大学治理要坚持以人为本,和谐发展和统筹发展的价值取向。^⑤商筱辉等认为,大学治理具有文化传承、文化选择、文化整合、文化创新的文化价值。^⑥关于大学治理中的价值冲突,王正青等从学术

---

① 刘爱东. 利益相关者理论视界下的大学治理价值取向分析 [J]. 中国高教研究,2008(5):38-41.

② 王世权,刘桂秋. 大学治理中的行政权力:价值逻辑、中国语境与治理边界 [J]. 清华大学教育研究,2012(2):100-106.

③ 郑海霞,秦国柱. 公共理性:多元主体参与大学治理的价值诉求与路径选择 [J]. 现代教育管理,2009(5):32-34.

④ 张延利,陆俊杰. 大学软法之治的理论意蕴与价值维度 [J]. 辽宁教育研究,2008(11):12-14.

⑤ 池松军,邓传德. 科学发展观视野下大学治理价值取向的宏观思考 [J]. 湖北教育领导科学论坛,2010(4):11-13.

⑥ 商筱辉,钟颖. 大学治理的文化价值研究 [J]. 中国矿业大学学报(社会科学版),2013(3):96-100.

资本主义的角度探讨了大学治理中隐含的价值冲突,即在学术资本化的潮流下,是坚持共同治理还是公司化运作。他认为,共同治理能够在学术资本化过程中通过吸收教师这一学术文化的坚定支持者进入大学治理,参与大学决策,从而确保大学不偏离其核心价值和使命。[①]潘希武则认为,教育公共治理的价值冲突是效率与公平、个人权利与共同善之间的冲突,调整大学治理结构是适应这一价值冲突的改进策略。[②]

此外,研究高等教育治理的价值,不得不提到高等教育管理的价值,从高等教育管理改革的发展趋势来说,或许,高等教育治理是对高等教育管理的超越,但并不是高等教育管理的一种替代机制,而是对高等教育管理不足之处的一种补救与完善,因此,明晰高等教育管理的价值,对于理解高等教育治理的价值或有可借鉴之处。关于高等教育管理的价值,董立平在其博士论文基础上出版了《高等教育管理价值通论》一书。作者从高等教育管理实践的现实困境出发,遵循价值研究的主客体方法,通过理论思辨、文献研究和案例分析,对教育管理理论的价值历程进行了梳理,探讨了高等教育管理的本质特殊性、大学组织的特殊性,分析了高等教育管理与大学组织的价值关系,提出了高等教育管理的目的性价值和工具性价值的价值体系,并分别指出高等教育管理的工具性价值包括秩序、效率和民主,目的性价值包括公正、自由和发展,同时对工具性价值与目的性价值之间的冲突进行了解析,最终探讨了高等教育管理价值实现的尺度与障碍等,提出高等教育管理价值的彻底实现是实现人的解放和人的自由而全面发展。[③]董立平对高等教育管理价值的研究,宏观而系统地构建了高等教育管理的工具性和目的性价值体系。但是,作者将高等教育管理的工具性价值和目的性价值直接归纳为秩序、效率、民主和公正、自由、发展,且强调它们之间并不形成一一对立的关系,似乎并没有具体从高等教育系统的特殊性的尺度来衡量,即以高等教育对于国家、社会的作用以及大学作为学术组织对松散自治和学术自由的价值追求,来衡量高等教育管理的具体作用与实际价值;而只是探讨了高等教育管理的一般价值,从而显得有些笼统和模糊,未能揭示高等教育管理之于高等教育的具体价值。

---

① 王正青,徐辉.论学术资本主义的生成逻辑与价值冲突 [J].高等教育研究,2009(8):38-42.

② 潘希武.价值冲突中的教育公共治理结构调整 [J].外国教育研究,2007(2):11-16.

③ 董立平.高等教育管理价值通论 [M].厦门:厦门大学出版社,2014:410.

通过以上对相关文献的述评,我们不难发现关于高等教育治理研究与高等教育治理价值相关研究的一些有待进一步探讨的问题。

其一,国内外学者对于"高等教育治理""大学治理"等概念与内涵认识不一。国外学者多以"大学治理"为研究对象,主要探讨大学利益相关者参与大学重要事务决策的合理机制,大学治理较少作内外部之分;而国内学者则将"大学治理"划分为大学外部治理和内部治理,外部治理主要涉及大学与外部利益相关者如政府、企业、社会之间的权利关系。一般来说,大学的外部治理也就是狭义的"高等教育治理";而大学内部治理则主要涉及大学内部的利益相关者,如大学的管理者、教师、学生等,对大学内部利益相关者的权利关系进行研究。因此,如何理解"高等教育治理"的内涵仍然有待进一步研究。

其二,对高等教育治理的改革历程和模式特点未能进行系统的历史研究和价值分析,没有总结和归纳世界主要国家高等教育治理改革的价值追求或价值取向,以及在实现这些价值理念过程中可能形成的各国不同的高等教育治理模式。纵览研究文献,学界主要集中于对高等教育治理中的治理主体如政府、高校、社会之间的权利和大学的内部治理结构进行研究,着重于理论建构和问题策略研究,而较少有人探究高等教育治理的发展演变过程——高等教育管理如何转向高等教育治理,更很少有学者对这一转变背后的价值选择与追求进行剖析,而这正是理解高等教育治理兴起的本质所在。因此,我们有必要对各国高等教育治理改革的价值追求及其形成的不同治理模式进行系统的梳理,以期更全面地理解高等教育治理改革的价值。

其三,对我国高等教育治理改革的价值取向、价值冲突以及价值实现路径等缺乏研究。目前,学者们并没有专门对我国高等教育治理改革或大学治理改革的价值进行研究,而是从高等教育治理的本质内涵与基本功能出发,推导其价值属性、价值冲突以及价值实现的可能路径。不可否认,高等教育治理之于我国高等教育具有重要价值,但是,如果不顾及我国高等教育管理改革的现实需要,只是从价值到价值的空洞议论,并不能真正揭示我国高等教育治理改革的价值追求,我们需要遵循从事实到价值的价值认识规律,对我国高等教育管理向高等教育治理改革转变的发展历程进行系统的梳理,从中发现和认识我国高等教育治理改革的价值取向及其追求这些价值理念过程中的价值冲突,并寻求化解价值冲突,实现价值追求的新路径与新策略。

基于在文献综述过程中发现的问题与获得的启示,笔者认为,从高等教育治理的基本内涵和普遍价值出发,对外国高等教育治理改革的价值追求及其治理模式进行梳理,以及对我国高等教育治理改革的价值取向、价值冲突和价值实现进行系统的研究,是全面揭示高等教育治理改革的价值的合理思路。

五、研究思路与内容

人们对于某一事物价值的探究,一般遵循价值认识与评价、价值选择与追求、价值实现的分析路径,高等教育治理改革的价值研究也概莫能外,因此,本书主要分为三个部分,其一,通过文献分析与理论辨析,认识治理与高等教育治理的基本内涵与普遍价值,阐释高等教育利益相关者和高等教育改革者在管理向治理转变过程中所进行的价值选择与追求;其二,从世界高等教育治理改革的历史与发展趋势中,揭示世界主要国家高等教育治理改革的价值追求及其治理模式;其三,着眼于我国高等教育治理的改革实践,剖析我国高等教育治理改革的价值取向,探讨我国高等教育治理改革中产生的价值冲突,并寻求化解这些冲突的具体路径与策略,实现我国高等教育治理改革的价值理念。基于此研究思路,本研究的主要内容除引言和结论外,正文由以下五个部分构成。

第一部分,治理与高等教育治理的价值分析。治理为何会兴起,从价值分析的角度说,其原因是否是治理对管理在价值上的超越,从而使人们做出了从管理到治理的价值选择? 就高等教育而言,治理是否适用于高等教育领域,高等教育治理的内涵是什么,其价值追求在哪些方面超越了高等教育管理? 这些问题是研究高等教育治理改革的价值问题的理论基础。

第二部分,外国高等教育治理改革的价值追求及其治理模式研究。高等教育治理在世界各国兴起,是建立在各国不同的高等教育治理改革需求上的,因而,各国在改革过程中所选择的价值目标也就各不相同,并因此形成不同的高等教育治理模式。在本研究中,笔者主要选取英、美、法、日四个国家的高等教育治理改革与发展过程进行剖析与梳理,以期揭示外国高等教育治理改革的基本价值取向及其因此形成的高等教育治理模式。

第三部分,我国高等教育治理改革的价值追求研究。在世界高等教育改革与发展的总趋势下,我国进行高等教育治理改革是完善高等教育管理体制、提高高等教育发展质量、建设高等教育强国的需要。一般而言,改革开放之初,进行高等教育管理体制改革是我国高等教育治理兴起的标志,在三十多年的改革进程中,我国进行高等教育管理体制、高等学校治理结构以及社会参与治理机制改革的价值追求有待梳理与认识。

第四部分,我国高等教育治理改革中的价值冲突研究。我国高等教育治理改革的价值追求并不是自改革开始就完全确立的,而是在高等教育改革与发展过程中不断探索与反思形成的。在这个过程中,由于传统高等教育管理价值取向,难免与新的高等教育治理价值追求产生矛盾冲突,我们需要发现并梳理这些价值冲突的原因,寻找化解冲突的路径与策略。

第五部分,我国高等教育治理改革的价值实现研究。确立并实现我国高等教育治理改革的价值追求,是一条任重道远的改革之路,而最主要的改革路径就是遵循高等教育治理改革的基本原则,消解高等教育管理与高等教育治理之间的价值冲突。总的来说,政府主导建构科学的高等教育治理体系,转换政府职能,提高高校自主治理能力,培育社会组织参与高等教育治理是解决价值矛盾冲突、实现我国高等教育治理价值追求的有效策略。

六、研究方法

本书在研究方法的运用方面,主要采取理论阐释、历史梳理以及价值分析相结合的研究方法,通过治理理论辨析、高等教育治理改革历程梳理以及高等教育治理改革与实践的价值分析,阐释高等教育管理到高等教育治理的价值选择过程,总结外国高等教育治理改革的价值取向及其治理模式,并着重探讨我国高等教育治理改革的价值追求、价值冲突以及寻求实现我国高等教育治理改革价值理念的有效策略。因此,根据研究的需要,本书拟采用以下几种研究方法。

(一)文献研究法

文献研究法,是学术研究的基本方法,任何一项学术研究都必须根据研究主题搜集、整理、分析、辨析相关文献,总结前人认识,省察前人不足,从而进一步加深研究主题的认识,促进科学知识的发展。在本书中,主要涉及的文献包括两个方面。其一是关于治理和高等教育治理的内涵、高等教育治理主体之间的关系、大学治理结构等方面的研究文献,梳理这些文献主要是为了从已有的研究中准确把握高等教育治理的内涵,分析政府、市场、社会与大学之间存在的利益冲突,分析大学内部的政治权力、行政权力与学术权力、民主参与权力之间的矛盾冲突,揭示当前高等教育治理研究存在的主要问题。其二是关于高等教育治理价值相关的研究文献,包括价值哲学研究、高等教育治理价值的文献等,在已有的分析高等教育治理价值的文献中获得合理的高等教育治理价值认识,寻求新的分析视角,从价值哲学的研究中理解价值的本质含义,从教育政策价值分析中总结具体价值研究的一般方法,指导本书的价值分析。

(二)历史研究法

从高等教育管理到高等教育治理,是利益相关者或者高等教育改革者进行价值选择的过程,也是高等教育管理体制改革的历史发展过程,各国高等教育传统与发展需要不同,高等教育治理改革的目标与价值追求也就不同,因此,本书运用历史研究法,考察中外各国高等教育治理改革历程,从各国高等教育治理改革的背景、政策、法规、成效、问题以及趋势等内容中揭示其价值取向,总结其模式特征,从而在历史梳理与价值分析中确保历史与逻辑的统一,全面揭示中外各国高等教育治理改革中蕴含的价值追求与价值取向。

(三)价值分析法

在价值哲学的研究中,价值分析法主要是指主客体分析方法,即从主客体关系中分析价值现象,遵循"价值是客体的存在、功能对主体需要的满足关系"的分析逻辑。[①] 在具体的价值分析研究中,首先,需要明确价值客体及其属性;其次,明确价值主体及其需要;最后,在客体属性满足主体需要的价值关系中发现和归纳客体对于主体的价值。在本书中,价值哲学的主客体分析方法主要是一种方法论,具体的价值分析方法是教育政策价值分析法。高等教育治理改革的价值分析研究,从教育政策的角度来说,可以说是一种对高等教育治理改革政策价值取向或价值追求的分析研究,因此,教育政策价值分析法也是本书的主要研究方法之一。所谓教育政策价值分析,是对教育政策活动的价值系统和价值问题进行确认与分析的一种教育政策研究方法,其研究的核心内容是教育政策的"价值选择"及其"合法性、有效性"等问题。[②] 高等教育治理改革过程中涉及大量的不断更新、修正乃至废除的政策、法规,在这些政策背后遵循着某种特定的价值选择逻辑,对它们的合法性、有效性进行分析,从而揭示一个国家或地区的高等教育治理改革所追求的价值理念。

---

① 李连科. 世界的意义——价值论 [M]. 北京:人民出版社,1985:55.
② 刘复兴. 教育政策的价值分析 [M]. 北京:教育科学出版社,2003:80-81.

第二章

治理与高等教育治理的价值选择与追求

　　"治理"一词,自 20 世纪 80 年代以来广泛出现在政治、经济、教育等各个社会科学领域,一直被认为是相对于传统"管理"概念的新理念和新机制,从价值论的角度来说,从管理到治理,是人们对治理价值的选择与追求。高等教育治理,是治理理论在高等教育领域的实践与发展,它同样令高等教育管理改革者看到了它不同于传统高等教育管理的价值,并努力推动高等教育治理改革追求之,从而使得高等教育治理在各国高等教育系统中迅速兴起。

第一节　治理的兴起及其价值选择

　　治理并不是凭空出现的,而是具有其特定的历史背景,某种程度上说,治理是在应对国家统治危机、公民社会兴起、全球化问题等各个领域的管理问题中应运而生的,形成了从公共治理到公司治理、从国家治理到全球治理、从治理到善治等各个领域的治理理论,既体现了治理内涵的普适性和外延的多样性,也体现了人们对治理超越管理的价值选择。

一、治理的兴起

　　治理兴起于西方,英语中的"治理"(governance)可以追溯到古典拉丁语和古希腊语中的"操舵"一词,原意为控制、引导和操纵,与统治(government)的含义相近。① 因而,长久以来,治理(governance)就与统治(government)一词

---

① 〔英〕鲍勃•杰索普. 治理的兴起及其失败的风险:以经济发展为例的论述 [A]. 俞可平. 治理与善治 [C]. 北京:社会科学文献出版社,2000:55.

交叉使用，几乎就是同义词。不过，自 20 世纪八九十年代，西方各个社会科学领域的研究者开始赋予"governance"以新的含义，不仅与统治（government）的含义渐行渐远，而且还发展成为内涵丰富的崭新概念，广泛运用于社会科学领域，不仅在英语世界使用，还流行于世界其他文化国家与地区。那么，治理的含义为什么会发生嬗变？从治理兴起的历史背景来看，以下三个方面的变化是主要原因。

国家的统治危机。"治理"（governance）最早被赋予不同于"统治"（government）的含义是在 1989 年，世界银行首次以"治理危机"（crisis in governance）一语描述非洲国家因政府失灵而使经济和社会发展陷入混乱的情形。1992 年，世界银行在其年度报告《治理与发展》中，以解决发展中国家的"治理危机"为目标，提出了通过建立"好的治理"（good governance）的制度，改革现有的政治管理框架和规则的治理理念。在他们看来，治理等同于单个国家的可统治性，指的是"为了发展而在一个国家的经济和社会资源的管理中运用权力的方式"①。事实上，所谓"治理危机"不过是统治危机，此时的"治理"还是"统治"的同义词，但当"好的治理"（good governance）提出时，它意味着一种新的统治方式出现。如果说非洲国家的统治危机源自于统治秩序的失序，那么，西方福利国家的危机则源自于政府过度膨胀的管制失灵。"第二次世界大战"以后，西方国家吸取市场失灵带来经济危机的教训，对国家经济和社会公共事业进行全面干预和管制，大力建设福利国家，然而，20 世纪 70 年代世界经济危机的爆发，西方福利国家的危机也日益显现。第一，政府为了承担起日益增长的公共福利不得不大幅支出财政收入，占用大量经济资源，而这却大大降低了市场配置资源的功能；第二，国家的过度福利削弱了个人的进取精神和自立精神，大量福利接受者养成了只知索取、不知奉献的心理，自食其力的优良德行日益衰落；第三，国家沉重的福利负担导致政府官僚机构不断膨胀，因为管理所有的福利事务需要一支从中央到地方的庞大队伍；第四，当市场失灵时政府干预是最有效的办法，但是当财政收入增长减缓，官僚机构日益膨胀，政府也因管制能力下降而陷入失灵的困境。② 概而言之，过度扩大政府

① World Bank, Governance and Development [M]. Washington, D. C.: World Bank, 1992, p. 3.
② 王诗宗. 治理理论及其中国适用性：基于公共行政学的视角 [D]. 杭州：浙江大学，2009：15-18.

职能,机构臃肿,管理低效,导致政府失灵。20世纪80年代,西方国家针对政府失灵,掀起了一场新公共管理运动,削减政府职能,引入市场机制,试图将政府管制与自由市场相结合,构建企业型政府,将"全能政府"和"无限政府"转变为"小政府"和"有限政府",实现政府再造。尽管新公共管理的理念是基于市场主义的,但它并没有放弃而是加强了政府"掌舵而不划桨"的管制功能,从而为公共治理的兴起奠定了基础,90年代以后,"愈来愈多的人热衷于以治理机制对付市场和国家协调的失败"①。这种被称之为"治理"的新机制被人们认为是挽救政府失灵的有效手段。

公民社会的兴起。"公民社会"(civil society),又称市民社会或民间社会,联合国开发计划署(UNDP)将其定义为"在建立民主社会的过程中同国家、市场一起构成的相互关联的三个领域之一"②。公民社会的兴起打破了对社会进行国家(政府)与市场(企业)划分的公私两分法,形成了介于公私领域之间的第三个领域。俞可平考察"公民社会"的概念源流和在我国的多种用法后界定了它的内涵与要素,将公民社会定义为国家或政府系统以及市场或企业系统之外的所有民间组织或民间关系的总和。公民社会的组成要素是各种非政府和非企业的公民组织,包括公民的维权组织、各种行业协会、民间的公益组织、社区组织、利益团体、同人团体、互助组织、兴趣组织和公民的某种自发组合等。③公民社会的壮大,无疑提高了公民以个人权利为基础,以民间组织为平台参与社会公共管理的自主性,它们或独自承担政府与企业的某些社会管理职能,如志愿服务、公共监督等;或与政府或企业进行合作,共同承担行使社会的某些职能,如社会救助、环境保护、公益事业等。对于公民社会参与社会管理过程的意义,俞可平指出,"由第三部门的民间组织独自行使或他们与政府一道行使的社会管理过程,便不再是统治,而是治理"④。因此,公民社会的兴起被视为社会公共治理形成的必要条件。从国际交往来看,公民社会不只是

① 〔英〕鲍勃•杰索普.治理的兴起及其失败的风险:以经济发展为例的论述[A].俞可平.治理与善治[C].北京:社会科学文献出版社,2000:71.

② 转引自俞可平.中国公民社会:概念、分类与制度环境[J].中国社会科学,2006(1):109-124.

③ 俞可平.中国公民社会:概念、分类与制度环境[J].中国社会科学,2006(1):109-124.

④ 俞可平.中国公民社会的兴起于治理的变迁[A].俞可平.治理与善治[C].北京:社会科学文献出版社,2000:328.

在一国之内发挥其影响,在全球事务中也日益凸显其作用。尽管在全球治理中,并没有与无国界公民社会对话的世界政府,但跨越国界的非政府组织网络无疑使公民社会成为全球治理中的一极,从而形成国家、市场与公民社会齐心协力追求共同的目标,解决争端,在相互冲突的利益之间通过谈判进行权衡取舍的局面,而且随着全球治理变得更加多元化,更少受制于按照领土主权界定的国家体系,公民社会的作用也必将不断增强。①

全球化问题。何谓全球化?一般来说,全球化指的是一种历史过程,它改变了社会关系和交易的空间组织,造就了权力运用和交往行为的跨大陆或者跨区域间的网络。②那么,全球化对于世界事务的治理到底意味着什么?我们不妨从经济全球化、环境全球化、政治全球化等方面进行探讨,而之所以将注意力放在这三个方面,原因在于:经济的国际联系是全球化的主要推动力,不谈经济,全球化的本质和形式就无从谈起;而环境全球化最典型地代表着广泛的市场失效和全新的全球危机,不只是个别政治团体,而是整个人类都受其影响;政治全球化则表明现代国家不再是孤立的,而是紧密联系的,频繁的国际互动使得全球公共问题日益需要国家之间采取更加广泛的全球管制形式。具体而言,经济全球化表现为世界上所有的国家都是国际贸易的参与者,都从其中获得了收益,不过,由于各国经济发展水平不同,再加之发达国家主导着国际贸易规则,因而全球竞争下的各国收益是极不平衡的,尤其表现在发达国家对发展中国家的"剪刀差"贸易中。因此,经济全球化极大地改变了世界各国甚至国家内部之间的资源、经济和政治平衡,全球性的经济危机要求构建一种更加公平有效的全球或区域的经济管制体系。环境全球化本身是一个不言自明的问题,但是在全球化的环境问题日益显现之前,人们确实难以意识到这一点。如今,跨越国界的环境污染,如河流污染、沙尘暴、酸雨等;废品和污染品的全球范围内运输和扩散,如工业废品的国际转移、沿海国家垃圾随洋流漂移等;全球生态环境与气候变化问题,如全球变暖、气候异常、全球海平面上升等等,这些全球性的环境问题必须进行全球治理。政治全球化可以说是经济全球化、环境全球化的必然结果,全球政治已经成为继国内政治、国际政治之后

---

① 〔美〕迈克尔·爱德华兹. 公民社会与全球治理 [J]. 王玉强,陈家刚,译. 马克思主义与现实,2002(3):49-56.

② 戴维·赫尔德,安东尼·麦克格鲁. 治理全球化——权力、权威与全球治理 [C]. 曹荣湘,龙虎,等,译. 北京:社会科学文献出版社,2004:导言3.

的又一个重要的政治学概念,它标志着以地方为基础的政治决策改变了面貌,区域的和全球的组织与机构获得了发展,出现区域的和全球的法律。① 其最突出的表现即在于多边合作越来越多,国际组织发展越来越快,各国政府、国际非政府组织、跨国企业集团等都越来越陷入全球的、区域的和多边的治理体系之中。

国家统治危机之下的政府失灵、公民社会的兴起以及全球化的矛盾冲突使得国家乃至全球的政治、经济、社会面临着传统管理方式的失效和新的治理方式的选择与构建,从而形成了各个领域的治理理论。

二、治理的内涵

治理的兴起不是从某一个单独的领域开始和发展的,而是具有广泛的适用领域,以至于诸多学者惊叹"治理"概念的"时髦"甚至"滥用"。尽管如此,他们也不得不承认,治理对于政府不能发挥主导作用而需要联合行动从最基层到跨国范围处理各个层次领域的问题都十分有用;对于强化市民文化,促进志愿行动,改善社会的民主基础等具有切实的意义;对于国际社会在全球化背景下如何才能建立必要的制度以推进秩序和公正方面也具有重要意义。② 因此,"治理"超越了"统治"的含义而变得内涵丰富,用法多样。英国学者罗茨指出,新的"治理"意味着政府管理含义的变化,可能指的是一种新的管理过程,或者是一种改变了秩序却仍然稳定的统治状态,也或者只是一种新的管理社会的方式。总之,罗茨认为,它的含义多种多样,至少有六种常见的不同用法:作为最小国家的治理、作为公司治理的治理、作为新公共管理的治理、作为"善治"的治理、作为社会—控制系统的治理以及作为自组织网络的治理等。③ 显然,此观点作为治理理论初兴之时的总结概括,对于治理丰富的内涵的认识具有重要的指引作用,但是,治理理论经过此后二十余年的实践与发展,其应用领域与理论内涵已然更加清晰和成熟,因此,笔者力图重新梳理"治理"最一般的用法及其内涵与特征。总的来说,目前主要有公共治理、全球治理、公

---

① 戴维·赫尔德,安东尼·麦克格鲁. 治理全球化——权力、权威与全球治理 [C]. 曹荣湘,龙虎,等,译. 北京:社会科学文献出版社,2004:导言 9.

② 〔法〕辛西娅·休伊特·德·阿尔坎塔拉. "治理"概念的运用于滥用 [A]. 俞可平. 治理与善治 [C]. 北京:社会科学文献出版社,2000:17.

③ 〔英〕罗伯特·罗茨. 新的治理 [A]. 俞可平. 治理与善治 [C]. 北京:社会科学文献出版社,2000:86-96.

司治理以及善治这四种影响最广泛的用法。

1. 公共治理

治理（governance）开始形成新的内涵是与统治（government）相对的，表示它将是一种新的统治方式或管理过程。"治理意味着'统治的含义有了变化，意味着一种新的统治过程，意味着统治的条件已经不同于前，或是以新的方法来统治社会'。"① 正是由于这个原因，诸多学者对治理进行定义时总是从政府统治变化的角度进行阐述的，如较早研究治理的库伊曼和范·弗利埃特在他们合著的《治理与公共管理》中就是这样定义的："治理的概念是，它所要创造的结构或秩序不能由外部强加，它发挥作用是要依靠多种进行统治的以及互相发生影响的行为者的互动。"② 而被称之为治理理论创始人之一的罗西瑙，则直接从政府统治的不足之处来定义治理。在他的代表作《没有政府的治理》中，他说，治理不同于政府统治，治理由参与者的共同目标支持，这个目标不一定是法律规定下的政府职责，也不一定需要依靠政府的强制力量去实现，治理具有比统治更丰富的内涵，它拥有更广泛的行动机制，既包括政府的机制，也包括非政府的、非正式的机制，政府及其他各类组织、群体甚至个人都可以借助这些机制满足各自的需要，实现各自的目的。因此，罗西瑙坚定地宣称，"治理是这样一种规则体系：它依赖主体间重要性的程度不亚于对正式颁布的宪法和宪章的依赖，更明确地说，治理是只有被多数人接受（或者至少被它所影响的那些最有权势的人接受）才会生效的规则体系"③。格里·斯托克也是如此，他从治理与统治的异同中来理解"治理"，"说到底，治理所求的终归是创造条件以保证社会秩序和集体行动，因此，治理的产出和统治并无任何不同之处，如果有什么差异，那也只在于过程"④。我国较早开始研究治理的学者俞可平也将"治理"视为一种相对于政府统治的公共管理活动。"治理一词的基本含义是指官方的或民间的公共管理组织在一个既定的范围内运用公共权威维

---

① 〔英〕格里·斯托克. 作为理论的治理：五个论点 [J]. 国际社会科学（中文版），1999（2）：19-30.

② 俞可平. 引论：治理和善治 [A]. 俞可平. 治理与善治 [C]. 北京：社会科学文献出版社，2000：3.

③ 〔美〕詹姆斯·N·罗西瑙. 没有政府的治理 [M]. 张胜军，刘小林，等，译. 江西人民出版社，2001：4-5.

④ 〔英〕格里·斯托克. 作为理论的治理：五个论点 [J]. 国际社会科学（中文版），1999（2）：19-30.

持秩序,满足公众的需要。治理的目的是在各种不同的制度关系中运用权力去引导、控制和规范公民的各种活动,以最大限度地增进公共利益。所以,治理是一种公共管理活动和公共管理过程,它包括必要的公共权威、管理规则、治理机制和治理方式"[1]。显然,治理最早的用法无疑是在政府统治的公共管理领域,但它最终超越了政府的公共管理内涵,形成了包括政府在内的多元主体以实现社会公共利益为目标的公共治理理念,是一种全新的国家与公民社会、公共部门与私人部门等多元主体运用多种手段或方式对公共事务或共同利益进行协调的结构安排。基于此,有学者总结了公共治理的主要特征:其一,公共治理的主体是多元的,主要包括政府部门、市场企业、公民社会组织及公民个人等;其二,公共治理主体之间权责分工而又有交叉,从而形成相互依赖的治理网络结构关系;其三,公共治理的目标是多元的,任何一个治理主体的合理利益都可以是公共治理的目标对象,当然,公共治理的根本目标是公共利益最大化;其四,公共治理的手段是多种多样的,但强制性的手段被限制行使,更多的是依靠民主协商、合作伙伴关系、建立共同目标等自愿性手段;其五,公共治理的对象主要是涉及大多数利益相关者利益的公共事务或公共问题,因此,从治理对象来说,"公共治理"就是对公共事务或公共问题的治理。[2] 显然,从公共治理的基本特征来看,罗茨所概述的最小国家的治理、新公共管理、社会—控制系统的治理、自组织网络的治理都是公共治理的范畴,甚至许多关于"善治"的讨论也是以公共治理为基础的。

不过,治理内涵的丰富性并不仅仅局限于相对于政府统治的公共治理,它具有广泛的普适性,超出国家范畴的全球治理以及组织治理的典型——公司治理,还有关于治理的目的与评价标准的善治等,都是治理丰富内涵的其他表现形式。

2. 全球治理

治理的兴起,可以说是人们不满现行政府统治,不满官僚制管理而形成的一种新的管理理念,而它的核心特征就是政府不是唯一的权威主体,也正由于这个原因,治理也被称之为"没有政府的治理"。如果说公共治理是一个国家之内"没有政府的治理",那么,全球治理就是全球范围内没有"世界政府的治理",是国家层面的公共治理在国际层面的延伸与拓展,是全球化时代全

---

① 俞可平. 全球治理引论 [J]. 马克思主义与现实,2002(1):20-32.

② 麻宝斌,等. 公共治理理论与实践 [M]. 北京:社会科学文献出版社,2013:9-10.

球公共事务的一种新颖的管理方式。因此,全球治理是"给超出国家独立解决能力范围的社会和政治问题带来更有秩序和更可靠的解决办法的努力"①。不过问题是,谁是全球治理的主体,谁是客体或对象,又用什么方式或途径进行治理? 所谓全球治理的主体,是指全球事务中的主要行为者,是全球化时代国际政治中的"权威空间",主要包括:① 主权国家,各国政府对于其国家的政治、经济以及社会资源拥有绝对的控制权,决定着国家参与全球治理的有效性;② 政府间国际组织,它在全球治理中的作用是主权国家政府作用的合法性延伸,一般可以分为全球性的国际组织,如联合国,以及区域性的国际组织,如欧盟等;③ 全球性的公民社会组织,主要由国际性的非政府组织、全球公民网络和公民运动等组成,如红十字会、无国界卫生组织等;④ 全球精英,主要包括一些具有国际影响力的政治精英、商业精英、知识精英等,主要是大国政要、重要国际组织领袖、跨国公司的创始人及高级管理层,以及各个专业领域的知识权威等。全球治理的客体或者对象很显然就是世界各国政治、经济、文化、环境等领域全球化之后产生的世界性问题,这些问题不可能只需要依靠某个国家的单独力量就能够解决,而必须依赖国际社会的共同努力,它们已成为全球人类的共同事务。它们主要包括:① 全球安全威胁,譬如国家之间的区域性战争或武装冲突、国家内部的民族矛盾引发的世界范围内的核武器生产与扩散、部分国家非防卫性军事力量的增长、极端恐怖主义袭击等;② 生态环境问题,包括全球变暖、臭氧层破坏、国际性酸雨和河流污染、生物多样性破坏、海洋垃圾与污染、太空垃圾等;③ 国际经济问题,包括全球金融市场的恶性投机行为、全球贸易壁垒的阻碍、国家之间贫富两极分化、人为操纵国际汇率等;④ 跨国犯罪问题,主要包括走私商品、跨国毒品贸易、非法移民、跨国贩卖人口等国际犯罪活动;⑤ 基本人权问题,如种族灭绝、屠杀平民、饥饿与贫困、妇女权益等。全球治理的方式或途径主要是指全球多元主体共同参与、合作协商的运行机制,强调它们在网络关系中通过协商互动解决全球化问题,包括了参与、协调、谈判、合作、协商、调停、调查、调解、斡旋以及联合行动等。② 一般而言,全球治理方式是各个国家之间,尤其是大国之间妥协与合作的某种协议与传统惯例的产物,涵盖了正式的政府规章制度,也包括非政府性

---

① 〔法〕玛丽－克劳德·斯莫茨. 治理在国际关系中的正确运用 [A]. 俞可平. 治理与善治 [C]. 北京:社会科学文献出版社,2000:267.

② 邵鹏. 全球治理:理论与实践 [M]. 长春:吉林出版集团有限责任公司,2010:67.

的民间机制,概而言之,是由多元治理主体之间的多种协议形成的一种规范系统。所以,全球治理既是各国政府参加国际谈判并取得某种共识的产物,也是由政府间组织、非政府组织、跨国企业集团乃至跨国流动的个人进行各种各样的混合互动的结果。① 总的来说,全球治理就是一种应对全球化问题而形成的国际层面的公共治理机制,一种具有约束力的国际规制安排。因此,"全球治理应当是各国政府、国际组织、各国公民为最大限度地增加共同利益而进行的民主协商与合作,其核心内容是健全和发展一整套维护全人类安全、和平、发展、福利、平等和人权的新的国际政治、经济秩序,包括处理国际政治、经济问题的全球规则和制度"②。

3. 公司治理

公司治理是组织机构治理的一种典型模式。奥利弗·哈特认为,只要满足两个条件,公司治理问题就必然在一个组织中产生。其一是代理问题,即组织成员(可能是所有者、工人或消费者)之间存在利益冲突;其二是交易费用过高以至于代理问题不可能通过订立合约来解决。③ 事实上,代理问题是现代公司经营中最常见的问题之一,由于信息不对称,所有者与经营者之间的代理问题也不可能完全由合约来规定。因此,公司治理问题主要起源于现代公司制企业中所有权与控制权(经营权)分离情境下,公司出资人与经营者之间产生的委托代理问题。所谓委托代理,是指一个或多个人(委托人)为了获得某种服务而雇用另一个人或多人(代理人)代为处理某些事务,也就是委托人将决策与实施的权力、责任授权给代理人,并提供相应的报酬,如此,委托—代理关系就产生了。现代公司的股东与经理之间就是一种典型的委托—代理关系,其中,股东是委托人,将企业的资产委托给经理代为经营;经理是代理人,为股东的经营企业并领取报酬。但是股东和经理作为两个独立的利益主体,各有其目标和激励要素。股东的目标和激励要素是企业的利润和价值最大化,而经理人则追求个人效用最大化,具体而言就是个人的权力、地位、名声、报酬、职业保障、福利待遇等最大化。虽然股东与经理人之间的目标和行为存在一致的方面,但也存在大量不一致的方面,这些问题即被称为公司的代理问题。在

① 〔瑞士〕皮埃尔·德·塞纳克伦斯. 治理与国际调节机制的危机 [J]. 国际社会科学, 1999(1):91-103.

② 俞可平. 全球治理引论 [J]. 马克思主义与现实, 2002(1):20-32.

③ 〔美〕奥利弗·哈特. 公司治理:理论与启示 [J]. 经济学动态, 1996(6):60-63.

现代公司发展过程中,已经产生了一些典型的委托代理问题,如经理人以企业规模最大化而非企业利润最大化为目标,以谋取更大的权力、更高的地位及薪酬福利等;其次,经理人过度追求企业经营多元化,以通过经营好的业务弥补经营不善的业务,降低职业风险,确保经理人不会被解雇、降低薪酬及损失职业信誉等;还有则是经理人利用职权过度在职消费和为自己谋取过高的报酬等。[①] 所以,现代公司制企业中所有权和经营权分离,既为企业高效运营创造了条件,但与此同时也因委托代理而可能产生企业经营低效等问题。因此,如何确保经理人的代理行为符合公司委托人的利益,是公司治理得以出现并需要解决的主要问题。

　　不过,随着现代公司在社会经济发展中的作用日益重大,公司关涉的利益主体也不再只有股东和经理人,一些学者提出,公司的目标不应当仅仅限于股东利润最大化,而应该同时考虑其他利益相关者——员工、债权人、供应商、消费者、所在社区的利益。因为,股东利润最大化并不意味着企业创造的社会财富也能达到最大化,企业所有利益相关者的利益最大化才是现代公司经营的最高目标。这种建基于利益相关者理论之上的公司治理理论强调,公司存在的目的并不仅仅是为股东创造尽可能多的利润收入,它们还应当服务于一个更大的社会目标,公司应该是一个具有"社会性责任"的组织,实现公共利益也应当是其经营目标的重要组成部分。[②] 所谓"利益相关者"(stakeholder),是一个经济伦理学概念,发轫于 1963 年的斯坦福研究院,为将"股东是管理需要应对的唯一群体"的思想一般化,于是创造了"利益相关者"这一概念,它是指"任何能够影响公司目标的实现,或者受公司目标实现影响的团体或个人"。[③]因此,受利益相关者理论的影响,"股东利益至上"的公司治理思想有所转变,开始强调在公司治理过程中要兼顾公司内外部利益相关者的利益,关注各利益相关者的不同利益,促进他们之间的利益平衡。在具体的公司治理实践中,美国许多州立法要求公司的目标不仅仅是为了股东,也必须包括雇员的利益,一些公司开始实施利润分配计划、职工持股和员工参与制等。不过,新的公司治理思想虽然打破了传统的"股东至上"理念,但是,股东在公司治理中始终

① 席西民,赵增辉. 公司治理 [M]. 北京:高等教育出版社,2004:13-16.
② 〔美〕玛格丽特·M·布莱尔. 所有权与控制:面向 21 世纪的公司治理探索 [M]. 张荣刚译. 北京:中国社会科学出版社,1999:181.
③ 〔美〕爱德华·弗里曼. 战略管理——利益相关者方法 [M]. 王彦华,梁豪,译. 上海:上海译文出版社,2006:55.

处于中心地位,具有独特而且无可替代的作用,因为资本的存在是公司建立与生存的首要前提,若公司治理中不再以股东的利益为公司经营的主要目标,这样的公司治理必将是无效的。因此,现代公司治理,虽然仍然满足股东的利益要求作为经营核心,但与此同时还要促进保障经理人、员工、债权人、供应商、消费者、所在社区等利益相关者的利益,创造最大化的社会财富。

4.善治

善治即"好的治理"(good governance)。尽管治理被认为是补救政府和市场失灵的有效机制,形成了宏观的公共治理、全球治理以及微观的组织(公司)治理理论与机制;但它也不是万能的,它既没有国家的强制力,也没有市场的自发性,因而也存在治理失效的可能性。那么,如何避免治理失败,最大限度地发挥治理的优越性,使治理始终处于有效的状态?显然,善治(好的治理)就成为实现这一目的的重要理念。如何定义善治,或者说善治的标准或要素是什么?对此,自20世纪80年代以来,诸多国际组织提出了自己的主张。如世界银行(World Bank)提出善治的基本要素是政府行为的责任性、透明性、法治;欧盟(EU)作为大部分欧洲国家的联合体,对于善治的理解十分宽泛,主要包括人权和基本自由、民主原则的公认和应用、法治的加强等;经济合作与发展组织(OECD)则提出负责任、有效能、独立的法律体系、有责任的各级政府公正的管理等原则作为善治标准;亚洲开发银行(ADB)则关注公共部门的负责任、私人部门的参与、法律和政策的可预见性、信息的公开、政策和法规的清晰性等要素;联合国发展计划署(UNDP)将政府机构与公民社会共同纳入了善治的考察标准之中:政治的合法性和责任性、结社和参与自由、可靠的法律制度、负责任的公众服务、新闻和表达自由、有效能的公共部门、与公民社会组织的合作。[①]我国学者俞可平综合国内外的研究成果认为,善治是全球化时代的理想政治管理模式,善治就是使公共利益最大化的政治管理过程。善治的本质特征,就在于它是政府与公民对公共生活的合作管理,是政治国家与公民社会的一种新颖关系,是两者的最佳状态。善治的基本要素包括合法性、法治、透明性、责任性、回应性、有效性、参与、稳定、廉洁、公正等。[②]此后,俞可平在联合国发展计划署(UNDP)的委托下完成了中国治理评估框架的构建,也就是一个可评估中国治理的善治标准。在这个框架里包含了12个要素:公民参与、

---

① 熊节春. 善治的伦理分析 [M]. 北京:中国社会科学出版社,2014:14.
② 俞可平. 全球治理引论 [M]. 马克思主义与现实,2002(1):20-32.

人权与公民权、党内民主、法治、合法性、社会公正、社会稳定、政府公开、行政效益、政府责任、公共服务以及廉政等。① 显然，从这些善治的基本要素中不难得知，善治其实是以保障利益相关者的共同利益或者全体社会成员的公共利益为目标，促进共同利益或公共利益最大化的治理活动。

善治是"共同利益或公共利益最大化"，那么，"共同利益或公共利益"是什么？从古至今，公共利益就是一个典型的不确定概念，诸多思想家对其定义各执一词。亚里士多德曾把国家视为一个最高的社会团体，它的目的是实现"最高的善"，这种所谓"最高的善"以现代政治学的概念来理解就是公共利益；卢梭认为，公共幸福即公共利益，是个别利益的一致，是指导国家各种力量的公意。此外，公共利益更多的是通过与个人利益相比较来理解的，孟德斯鸠指出，"公共利益绝不是用政治性的法律或法规去剥夺个人的财产，或是削减哪怕是它最微小的一部分"；边沁认为，公共利益绝不是一种独立于个人利益的特殊利益，我们只有理解了个人利益，才能理解公共利益，一个社会的公共利益应当是这个社会中所有的人的个人利益之和，国家的目的就是最大限度地促进公共利益，实现社会"最大多数人的最大幸福"。② 因此，公共利益既不是个体利益和群体利益的简单相加，也不是超越于一切利益相关者的利益之上的某种神圣的利益，更不是一成不变的，而是在多元社会的治理过程中，政府与利益相关者在利益和利益分配问题上所达成的共识。③ 由此，我们不难发现，在治理中，公共利益至少具有以下三个特点：其一，公共利益与私人利益对立和统一，是公私利益的平衡；其二，公共利益具有共享性，它是非竞争的和非排他的，符合每个人的利益；其三，公共利益具有多样性，满足多元利益主体的多样诉求。因此，所谓善治是"共同利益或公共利益的最大化"，指的就是公私利益之间的一种合乎公平正义的平衡，在这种平衡状态下，任何治理主体——公共机构或私人部门乃至个体——合理的利益诉求皆得以保障而不可剥夺，任何治理主体皆有机会平等地分享公共利益，而且公共利益与私人利益皆能在平衡中实现可持续增益。

治理的内涵丰富，具有公共治理、全球治理、公司治理以及善治等多种用

① 俞可平. 中国治理评估框架 [J]. 经济社会体制比较, 2008 (6): 1-9.
② 胡建淼, 邢益精. 公共利益概念透析 [J]. 法学, 2004 (10): 3-8.
③ 张成福, 李丹婷. 公共利益与公共治理 [J]. 中国人民大学学报, 2012 (2): 95-103.

法,那么,我们应该如何认识治理的一般定义和普遍特征?事实上,无论是全球治理、公共治理还是公司治理,以及评价治理有效性的善治理念都具有某些一致性,它们打破了传统的管理两分法范式,不再将民族国家与国际社会、政治国家与公民社会、公共部门与私人部门、市场自由与计划管制、组织内部利益与外部利益截然分开,不再将政府视为唯一的合法性权威,政府与私人部门、公民社会组织乃至个人之间的权力互动也不再是自上而下的,而是多元多向的,既保留了自上而下的科层制体系,也形成了平行互动的治理网络结构,促进了管理范式到治理范式的嬗变。那么,治理最一般的内涵与特征是什么?全球治理委员会曾在 1995 年出版的《我们的全球伙伴关系》(*Our Global Neighborhood*)研究报告中阐述了治理的一般定义:"治理是各种公共的或私人的个人和机构管理其共同事务的诸多方式的总和。"① 不过,联合国开发计划署(UNDP)更完整和具体地阐述了治理的定义和特征:"治理是指一套价值、政策和制度的系统,在这套系统中,一个社会通过国家、公民社会和私人部门之间或者各个主体内部的互动来管理其经济、政治和社会事务。它是一个社会通过其自身组织来制定和实施决策,以达成相互理解、取得共识和采取行动的过程。治理由机制和过程构成,通过这些机制和过程,公民和群体可以表达他们的利益,缩小相互之间的分歧,履行他们的合法权利和义务。规则、制度和实践为个人、组织和企业设定了限制,并为其提供了激励。治理有社会、政治和经济三个维度,可以在家庭、村庄、城市、国家、地区和全球各个人类活动领域运行。"②

从治理的多元用法和全球治理委员会、联合国开发计划署(UNDP)对治理的权威定义中,我们不难得知,治理是对统治与管理的传统目标、方式以及过程的改革,是对统治与管理的传统价值的继承与超越,它不只关注传统的政治、经济、社会活动中主导者或强势者的利益,而且承认并保障政治、经济、社会活动中所有参与者的多元利益,而无论他们是强势者还是弱势者。概而言之,治理的本质在于通过平等的共同参与、合作共享等机制与安排促进多元主体的多元利益与共同利益的实现。因此,我们可以认为,治理的普遍特征是自由平等的多元主体、协商合作而非对立竞争的方式与手段、平衡的多元利益与

① Commission on Global Governance, Our Global Neighborhood: The Report of the Commission on Global Governance [R]. Oxford University Press, 1995, p2.
② 转引自杨雪冬,王浩. 全球治理 [C]. 北京:中央编译出版社,2015:导论 2-3.

共同利益、动态持续的互动过程等。

三、治理的基本价值

从统治到治理,从管理到治理,治理的兴起说明了人们在传统管理与新的治理之间做出了某种选择,当然,这并不意味着治理就是管理的取代者,而是"治理"继承并发展了"管理"这一传统的社会科学范式,拓展了"治理"的适用领域,体现了"治理"之于"管理"价值追求的超越性。

管理,是一项古老的社会活动,其定义众说纷纭。从管理的过程和结构的角度来说,亨利·法约尔的定义影响深远,他认为:"管理是所有的人类组织(不论是家庭、企业或政府)都有的一种活动,这种活动由五项要素组成:计划、组织、指挥、协调和控制。"① 而管理尤其是统治的典型结构形式是官僚制,也称为科层制,这是由德国社会学家马克斯·韦伯最早提出的一个组织概念,他认为理想的科层制是合法型统治中最纯粹的统治结构,它的主要特征是专业分工、等级分权、专业训练、职业阶梯、程序化的规章制度等。② 从管理的定义及其结构形式来看,管理的基本价值主要是等级秩序、权威集权、规制服从、专业分工、职业责任、效率效益、整体利益等,这些价值的主体一般都是单一的,主要是管理者或统治者,也就是说,这些价值体现的是管理满足管理者或统治者的需要,而与此同时,被管理者与被统治者的需要自然就会被忽略。那么,管理者与被管理者,统治者与被统治者在具体的社会活动中分别指代谁呢? 显然,这是个不言自明的问题。从国际政治的角度来说,大国及发达国家主导制定全球的政治、经济、社会交往规则和建立国际交往机构,它们是国际格局中的"管理者";小国及发展中国家则只能服从或抗争,但更多的是妥协,它们是被管理者;从国家政治的角度来说,政府是毫无疑义的管理者和统治者,私人部门、公民社会、民众个人等是被管理者;从组织机构的角度来说,公司的股东与高层管理者是管理的主要受益者,而员工、消费者则是次要的受益者。然而,随着政治、经济、社会的发展,这种一元管理或统治,逐渐使得全能政府失灵,自由放任的市场失效,管理者与被管理者的需要都无法满足。治理,则使管理者与被管理者在利益身份上变成平等的利益相关者,满足他们各自不同的多

---

① 〔法〕亨利·法约尔. 工业管理与一般管理 [M]. 周安华,译. 北京:中国社会科学出版社,1980:10.

② 〔美〕彼得·布劳,马歇尔·梅耶. 现代社会中的科层制 [M]. 马戎,时宪明,邱泽奇,译. 上海:学林出版社,2001:17-18.

元利益以及共同的利益诉求,体现了治理优于管理的价值属性。

从公共治理来说,其主要特征是多元主体、多元利益、平行依赖的网络结构、合作协商的友好手段、共同利益相关的公共事务等,这体现了公共治理对于公共性、多元分权、民主平等、共同参与、合作协商等价值理念的追求。其中,公共性主要是指始终以国家、私人部门、公民社会、个体的公共利益而非政府的统治利益为目标。全球治理是超国家的公共治理,其价值目标曾在全球治理委员会的《我们的全球伙伴关系》(Our Global Neighborhood)报告中进行详细的阐述。报告指出,全球治理将使"一切人都能信守尊重生命、自由、正义和平等、互相尊重、关心别人和正直等核心价值",从而"把建立在经济交流和信息进步之上的全球友邻关系,改造成为一个一统的道义社会,这个社会里,人们将超越亲情、利益或个性而团结在一起"。① 显然,全球治理倡导的价值追求是超越了国家、民族、种族、宗教、意识形态、经济发展水平之上的全人类的普世价值。譬如强调生命的不可侵犯是一切有宗教信仰的和无宗教信仰的人们所共有的理念;自由是人们最珍视的东西,只有自由才能使人民选择自己的生活道路,使人成其为人;公平与公正并不是要坚持均等,而是减少总的不公平,消除造成不公平或使不公平长期化的因素,并促进公平地分享资源,同时坚持人类社会的可持续发展;宽容是任何社会中保持和平关系不可或缺的,互相尊重为建立一个多种族人民共处的社会提供了基础……从某种意义上说,全球治理的价值是国家公共治理价值的扩展和升华。② 公司治理是一种组织治理,代表了各种私人的、社会的组织的典型治理模式,组织治理的价值追求主要在于打破了组织的利益目标只是组织所有者或者内部人的利益的狭隘利益观,它强调满足组织内外所有利益相关者的利益与需要,如公司不应当只追求公司股东和高层管理者的利益,而是应当将公司内外的股东、管理者、职员、消费者、供应商、地方社区等的多元利益都纳入公司利益目标,让他们共同参与公司的发展。因此,组织治理的价值追求主要是参与、合作、共享、均衡、多元利益与共同利益等,当然,治理同样也追求效益、效率等管理价值。至于善治所追求的价值,其实则是对公共治理、全球治理、组织治理的价值的一种再评价。

---

① 〔瑞典〕英瓦尔·卡尔松,什里达特·兰法尔. 天涯成比邻——全球治理委员会的报告 [M].北京:中国对外翻译出版公司,1995:47.
② 〔瑞典〕英瓦尔·卡尔松,什里达特·兰法尔. 天涯成比邻——全球治理委员会的报告 [M].北京:中国对外翻译出版公司,1995:47-50.

总的来说,治理涵盖了从宏观的全球国际关系治理到国家的公共事务治理,再到微观组织的多元利益相关者治理。治理在基本价值追求上超越了管理,它更强调自由平等而非等级秩序,强调多元分权而非统一集权,强调民主参与而非服从管制,强调合作协商而非专行独断,强调开放自治而非封闭自治,强调均衡共享而非差等分配,以及承担社会责任和扩大公共利益等。显然,治理作为一种针对管理弊端而产生的新理念和新机制,其价值优越性使人们选择其来弥补管理的不足。不过,从管理到治理,并不是要用治理取代管理,因为二者的内涵不是完全对立的,而是相互交叉的,治理更像是在管理不完善或发挥作用有限的地方予以完善和补救的一种新管理理念与机制。

第二节　高等教育治理及其价值追求

治理自 20 世纪 80 年代兴起以来,横向上跨越了政治、经济、教育等各社会领域,纵向上贯穿于国际关系、国家统治以及社会组织内部之中,成为一种适用广泛的管理新理念与新机制。高等教育是一种建立在基础教育之上的培养专门人才的社会活动,与政治、经济、文化等构成相互作用的外部关系;在高等教育机构内部,也存在着适应高等教育机构的学术组织属性和人的全面发展规律的内部关系。[①] 因此,广泛适用于社会各领域的治理机制自然也与高等教育产生了密切的联系,形成了高等教育治理的理念与机制并逐渐彰显出其不同于高等教育管理理念的价值追求。

一、治理在高等教育领域的适用性

随着现代高等教育的发展,高等教育由精英阶段走向大众化以及普及化阶段,高等教育利益需求日益多样化,大学内外利益相关者之间多元利益与矛盾冲突亟须协调与平衡;随着经济全球化,市场的力量无处不在,高等教育市场化似乎要使大学抛弃追求学术真理的价值理念而走向学术资本主义;大学与政府的关系陷入困境,政府日益增强的干预并不受大学的欢迎,而大学极力捍卫自治传统的固执也让政府感到厌烦;在传统的大学管理中,校政大权要么由董事会、校长及其行政系统掌握,要么由高级教授以"教授治校"的行会传统与机制运行,其他成员如普通教师、学生等并没有参与校务决策的权力与机

① 潘懋元. 新编高等教育学 [M]. 北京:北京师范大学出版社,2009:12-14.

会。对于这一系列的变化，传统的高等教育管理已经难以胜任，而高等教育治理显然更适用于应对这些矛盾冲突。

（一）高等教育大众化与普及化促进高等教育管理转向治理

"第二次世界大战"以后，世界高等教育规模快速增长，从精英高等教育向大众化以及普及化阶段发展，尽管从表面上看，这只是一种高等教育规模的扩张方式，但是随着越来越多的人进入大学接受高等教育，逐渐形成了"人人具有接受高等教育的权利"的理念，它强烈地冲击了传统的精英高等教育理念，改变了人们的高等教育价值观念。马丁·特罗的"高等教育发展阶段论"不仅把高等教育规模扩张的程度量化为三个阶段，而且提出了不同阶段的质的变化特征，具体包括高等教育的毛入学率、本质、功能、课程、教学形式与师生关系、学生学习经历、学校类型与规模、领导与决策、学术标准、入学与选拔、学校行政领导与学校内部管理等方面的内容。[①] 因而，有学者从高等教育规模增长的角度指出，高等教育发展阶段理论的价值在于对高等教育发展的预警，是对高等教育规模达到一定发展目标之后的一种预警。[②] 从高等教育发展史来看，马丁·特罗的这一理论以不同发展规模阶段具有不同表征的方式证实或预测了高等教育发展的阶段性和多样性，确实对高等教育的发展与改革具有重要的预警价值。就高等教育管理而言，大众化和普及化阶段，高等教育利益相关者的多元需求已使传统的高等教育管理模式发生转变。首先，大学外部的高等教育决策虽然仍然受到少数政府官员与大学领导等精英群体的影响，但由于民主政治的发展以及高等教育利益多元化，所谓的利益集团，即利益相关者群体也开始影响决策。其次，在大学内部，精英教育的大学自治传统与官僚科层制相结合，形成一种大学管理人员、教师乃至学生均可参与决策的共同治理模式。普及化阶段，高等教育多样性进一步发展，彻底改变了传统的高等教育管理模式，形成了以大学内外的高等教育利益相关者为治理主体，以协调和平衡大学内外多元利益矛盾与冲突为治理对象的高等教育全面治理模式。[③]这是一种超越了高等教育大众化阶段管理与治理混合的治理模式，大学的内外部界限已经模糊，显现出鲜明的多元主体共同参与特征，大学外部的政府、

① 〔美〕马丁·特罗. 从精英向大众高等教育转变中的问题 [J]. 王香丽，译. 谢作栩，校. 1999（1）：1-22.

② 邬大光. 高等教育大众化的理论内涵和概念解析 [J]. 教育研究，2004（9）：20-24.

③ 唐汉琦. 高等教育普及化时代的大学治理 [J]. 中国高教研究，2016（1）：9-14.

市场、公民社会以及大学内部的校长与管理人员、教师、学生等平等自主地共同参与到高等教育治理之中。

（二）高等教育治理平衡高等教育市场化的发展

新公共管理运动以来，高等教育市场化是世界各国政府最为依赖的改革工具之一，通过市场化，政府得以将高等教育经费以市场竞争机制的形式拨付给各级各类的高等教育机构，提高了高等教育办学效益。更为重要的是，市场化使得大学经费筹措多元化，除了政府拨款以外，学生学费、科研经费、捐赠善款、服务收益等也成为大学经费的组成部分，大学在经费上不再完全依赖政府，这无疑极大地减轻了国家的财政负担。然而，市场化也带来了前所未有的危机，在市场化过程中大学似乎忘却了其教育性与学术性的本质，逐渐向"知识企业"发展，从而形成当今世界高等教育"学术资本主义"的燎原之势。所谓"学术资本主义"是指院校及其教师为确保外部资金的市场活动或具有市场特点的活动，具体而言，即是院校或教学科研人员为了获得外部资金和合同、捐赠基金、产学研合作企业提供的资金以及学生学杂费等而进行的市场竞争的营利性行为。[①] 为此，有些学者指出，大学市场化是大学从传统经济时代向知识经济时代迈进的必然选择，大学将成为市场经营的主体，不仅大学的科研成果产业化、后勤服务社会化，大学管理也要经营化，大学教学服务更要商品化，总之，经营大学将是 21 世纪大学管理变革的主题。[②] 换而言之，高等教育市场化使大学不再是传统的纯粹的学术组织和公益机构，而是已经成为一个运作于公共和私有领域之间，履行着公共责任，又从事着各种商业活动的"混合机构"。当然，任何市场主体都不会放弃逐利之心，大学也一样，当大学及其科研人员奉行"市场主义"的原则时，学术自治和学术自由就失去了意义，如果大学抛弃学术信念，专注于经营目标的话，大学也就丧失了自我，而蜕变为纯商业机构。[③] 因此，需要一种高等教育机制坚守高等教育市场化的底线，即保证市场化只是大学

---

① 〔美〕希拉·斯劳特，拉里·莱斯利. 学术资本主义:政治、政策和创业型大学 [M]. 梁骁，黎丽，译. 北京:北京大学出版社，2008:8-10.

② 曾坤生. 市场化:知识经济时代大学发展的必然选择 [A]. 戴晓霞，莫家豪，谢安邦主编，高等教育市场化 [C]. 北京:北京大学出版社，2004:228-229.

③ 别敦荣，郭冬生. "象牙之塔"与"无形之手":大学市场化矛盾解析 [J]. 江苏高教，2001（5）:21-24.

追求学术真理的工具而非目的。大卫·科伯认为,大学应当懂得如何将学术与市场这两者的优势结合起来,从而成为高等教育市场中成功而又有原则的竞争者。① 众所周知,作为单一主体的决策模式,传统的高等教育管理并不能很好地平衡大学与市场的关系,而由大学内外的政府、企业、中介组织以及校长、管理人员、教师、学生等多元主体共同参与决策的高等教育治理机制不会单一地追求市场利益,因而更有利于平衡高等教育市场化的发展。

(三)高等教育治理协调大学与政府的矛盾关系

大学与政府的矛盾关系是高等教育的永恒问题之一。大学是一种具有学者行会性质,服务于人类知识传承与探索的独特组织,它具有自主自治的传统,但又不能自给自足地维持组织运行,因而,大学组织由谁提供经费便受谁的监督管理始终是它与外界的矛盾所在。如果说中世纪时期大学主要周旋于教会与政府之间,那么,近现代以来,随着教会势力在高等教育中式微,无论是私立大学还是公立大学,都无不受到政府在经费供给和政策监管方面的巨大影响,这就形成了大学自治与政府干预的矛盾关系。自治是大学的古老传统,也是其根本价值。大学自治可以通俗地理解为大学独立开展教学、研究与服务的自主权力与制度安排。理想地来看,大学自治具有天然的排斥外界干预的秉性,正如爱德华·希尔斯所说:"大学自治是指大学作为一个法人团体享有不受国家、教会及任何其他官方或非官方团体和个人,如统治者、政治家、政府官员、教派官员、宣传人员或企业主干预的自由。"② 然而,大学想要享有完全的自治是不可能的,它始终要面对来自政府与社会的需求,这种需求往往以法律的形式予以确认和保障。因而,大学自治与政府干预的矛盾就具体化为大学机构自治、自由分配资金、自由招收学生和聘任教师、自主决定课程设置、自主设定教育质量标准等与政府依法监管大学履行社会责任、审计资金分配和使用绩效、保障招生公平和教育平等、评估和认证高等教育质量等之间的冲突。这些冲突会因不同国家的高等教育管理体制、不同的高等教育传统价值、不同类型或层次的高校、不同的教育理念与目标等而变得十分复杂,呈现出多元化

---

① 〔美〕大卫·科伯. 高等教育市场化的底线 [M]. 晓征,译. 北京:北京大学出版社,2008:8-9.

② 陈学飞. 美国、德国、法国、日本当代高等教育思想研究 [M]. 上海:上海教育出版社,1998:87.

的利益矛盾冲突。但是,解决大学与政府的矛盾冲突,关键不在于是要大学自治还是要政府干预,不在于二者取舍其一,而在于协调和平衡二者之间的矛盾关系。[①] 传统的高等教育管理更有利于保障政府实现干预,导致大学自治在现代社会中日益衰微,但是这并不能达到解决大学与政府矛盾冲突的目的。高等教育治理主张协调和平衡大学内外利益相关者的矛盾冲突,强调大学与政府通过对话、协商、建立合作伙伴关系等实现各自的利益诉求,为协调大学自治与政府干预的矛盾关系提供了一种有效的机制安排。

二、高等教育治理的内涵

高等教育治理是一个具有多层次内涵的概念,从宏观到微观包括了高等教育的公共治理和大学组织治理。高等教育的公共治理主要论及政府、大学、社会之间的公共关系,以政治学或公共管理学中的公共治理理论为基础;大学组织治理除了建立在大学组织的独特属性之上,即松散的学术组织网络,以及科层结构与学术决策结构并存的二重组织属性[②],还借鉴了公司治理理论关于委托代理的法人治理结构观点,从而形成了大学组织治理的理念。

(一)高等教育治理与大学治理之辨

治理理论引入高等教育领域过程中产生了两个十分重要的概念——高等教育治理与大学治理,它们是高等教育借鉴和发展治理理论最核心的表征。大学治理,这一术语最早起源于美国,美国学者科恩撰写了第一本研究大学治理的著作——《大学和学院的治理》。美国大学教授协会、大学董事会协会和美国教育理事会曾于 1967 年发布了《学院与大学治理的声明》,初步提出了大学"共同治理"(shared governance)理念,将大学的治理视为大学内部董事会、行政人员、教师等人员之间基于特长的权力分工结构和共同参与的决策过程。从本质上说,"共同治理"理念实际上是一种大学内部不同群体之间的分权决策机制,其重点在于权力在不同群体之间的分配,而后各自运用自身能力做出决策,也就是所谓的"共同参与"和"首要能力首要责任"的决策原则。因此,1973 年,卡耐基高等教育委员会将大学治理定义为大学组织"作决策的结构

---

① 陈文干. 美国大学与政府的权力关系变迁史研究 [M]. 杭州:浙江大学出版社,2015:162.

② 〔美〕罗伯特·伯恩鲍姆. 大学运行模式:大学组织与领导的控制系统 [M]. 别敦荣,主译. 青岛:中国海洋大学出版社,2003:10-11.

和过程,从而区别于行政和管理"①。伯恩鲍姆在回顾和展望"共同治理"这一理念时,将大学治理看作学术机构在不同但完全平等的,对组织予以控制和影响的两种权力系统之间寻求有效平衡的结构和过程,其中一个系统基于合法权利,由董事和行政管理人员构成,另一个系统基于专业权力,主要由教师人员构成。② 不过,随着大学组织与外部社会的联系更加广泛,大学治理的概念也发生了一定的变化。21世纪初,美国一次关于大学治理的学术会议提出了一个广受认同的定义:大学治理是大学内外利益相关者参与大学重大事务决策的结构和过程。③ 在美国学者看来,所谓的大学利益相关者从外到内包括了高等教育协会、基金会组织、联邦教育部、认证机构、高等教育管理办公室、执政者、州教育委员会、州立法机构、校友、地方社区、董事会、校长等大学高级行政人员、教师及学生等。因此,随着治理理论的发展,以及大学内外环境的变化,大学治理形成了狭义和广义的两种不同理解。狭义的大学治理,即传统的"共同治理",指大学内部的董事会、管理人员、教师、学生群体之间决策权力的分配结构以及共同参与的决策过程,是一种大学内部的组织治理。而广义的大学治理,借鉴了利益相关者概念,将大学内外的利益相关者群体都包含在参与校务决策的治理主体之内,既包括了狭义的大学内部的共同治理,也包括了大学外部的治理,即大学与外部社会团体、政府、企业等组织之间的治理关系,从高等教育系统的角度来说,广义的大学治理事实上就是指高等教育治理。因此,高等教育治理由宏观和微观两部分构成,宏观部分主要指大学外部的政府、市场、社会与大学之间的高等教育公共事务治理,本书称之为高等教育公共治理;微观部分主要是指大学组织内部事务的治理,也称之为大学组织治理或者大学治理。

(二)高等教育公共治理

公共治理理论的发展,为各领域各行业的治理问题提供了理论依据,就教育事业而言,公共治理同样存在于教育公共利益的协调与平衡之中,从而形成了教育公共治理的理念。借鉴公共治理的一般认识,教育公共治理被认为是

① Carnegie Foundation for the Advancement of Teaching, Governance of Higher Education: six priority problem [M]. New York: McGraw- Hill, 1973.
② RobertBirnbaum. The End of Shared Governance: Looking ahead or looking back[J]. New Direction for Higher Education , No. 127, Fall, 2004, 5-22.
③ 郭卉. 反思与建构:我国大学治理研究评析 [J]. 现代大学教育,2006(3):29-33.

政府、社会组织、企业、公民个人等主体通过参与、对话、谈判、协商等集体选择行动，共同参与管理教育公共事务，共同提供教育公共服务的过程。[④]那么，高等教育公共治理又应当如何理解？部分学者从高校是走向社会中心的公益组织的角度提出应当改变高校传统的社会角色和职能，通过优化高校治理结构，促进公共利益的最大化，并提出了"高等学校公共治理"的概念。所谓高等学校公共治理是指，高校与其他第三部门组织在公共权力的支持下，以社会资本为基础，以公共道德为动力，以多元共治为原则，共同筹划高等教育资源分配和管理高等学校事务，从而弥补政府管制、市场竞争以及学校内部人管理的缺陷，促进政府、高校、社会之间的合作，实现高等教育资源效益和公共利益的最大化。[⑤]对此，有学者进一步指出，高等教育公共治理就是政府提供发展教育的服务机制，利益相关者表达利益诉求并参与监督，高等教育机构体系则履行人才培养、科学研究和社会服务等职能的过程。[⑥]总的来说，高等教育公共治理，本质是政府、大学、企业、社会团体、地方社区、社会公众等高等教育利益相关者在关涉各方利益的高等教育事务上的合作管理活动，其最终目的是实现高等教育公共利益最大化。高等教育公共治理在治理的主体、结构、组织、权力、方式等方面具有以下特征。

其一，治理主体多元化。公共治理强调政府不是唯一的权威主体，其他组织机构在社会共识下同样也可以成为某一事务中的权威主体之一。在高等教育公共治理中，政府垄断提供高等教育服务的地位被打破，这一方面是由于政府在现代高等教育管理中的失灵，另一方面也是高等教育的公共性赋予了市场组织、公民团体、地方社区、公民个人参与高等教育服务的机会和权力。因此，在政府与大学之间，多元组织机构通过市场或者非营利方式为公众提供多样化的高等教育服务，或者参与政府与大学之间的高等教育事务管理，完善政府与大学的不足。在高等教育公共治理中，政府、大学、社会团体、企业、家长、公民代表等都为了改善高等教育公共服务的绩效和质量而共同参与或影响高等教育事务决策，从而促进国家与公民社会、政府与非政府、公共机构与私立机构、强制与志愿的竞争与合作，形成多元主体共同治理高等教育的格局。

---

④ 姜美玲. 教育公共治理：内涵、特征与模式 [J]. 全球教育展望，2009（5）：39-46.

⑤ 彭江. "高等学校公共治理"概念的基础——理论、问题及规范的视角 [J]. 高教探索，2005（1）：43-46.

⑥ 范文曜. 高等教育治理的社会参与 [J]. 复旦教育论坛，2010（4）：15-18.

其二,治理权力分散化。高等教育治理的兴起,使得高等教育服务的主体多元化,这种变化也使政府由"全能型政府"向"有限能力政府"转变,从而形成了高等教育治理多元主体共同参与的横向分权趋势。所谓高等教育治理权力的分散化,既指高等教育在政府层级的授权或放权,也包括了国家与高校之间的权力委托,还包括所谓的彻底的分权形式——立法分权。① 因此,高等教育公共治理是高等教育权力在政府、公民社会、市场组织、大学、公民个人之间的大范围转移,是一种在不同主体之间合理分配权力的教育分权。②

其三,治理结构扁平化。多元化的治理主体和分散化的治理权力格局,也自然而然地促进了高等教育治理结构的扁平化。在政府组织层面,中央政府通过简政放权赋予地方政府和高校更多的自主权,但也承担更多的责任,中央与地方、高校之间的主从关系转变为伙伴关系;在社会层面,高等教育公共事务的决策,除了政府与大学是当然的决策主体之外,社会团体、地方社区、新闻媒体、企业、公众等享有充分的参与权、监督权和选择权,广泛参与议题的确定、方案的谈论和决策的实施等,促进高等教育公共决策的民主化。③ 扁平化的高等教育治理结构,有利于充分调动政府与大学之外的社会力量参与到高等教育公共服务中来,提高和完善高等教育公共服务体系,也有利于形成政府、大学、社会、市场之间的平等和信任的治理网络。

其四,治理组织网络化。多元治理主体和分散的治理权力,再加上扁平化的治理结构,使得高等教育中的各类组织机构形成一种合作治理网络。网络代表的是一种"多对多"的结构关系,与等级制的"一对多"关系不同,在"多对多"的网络关系中,组织之间的网络密度是稀薄的,关联的程度是松散的,所以,网络化治理的首要特点就是在权威或权力行使过程中,政府只是其中的一个主体,它与国际组织、地区组织、其他层级的政府、企业和公民社会等共同构成一种"多边关系"④。高等教育公共治理网络即是由中央政府、地方政府、各种类型高校、企业、社会团体、公民群体乃至跨国的高等教育公益组织等构成,

---

① Edward. B. Fiske. Decentralization of Education: Politics and Consensus [M]. Washington, D. C. : The World Bank, 1996, 11.

② 许杰 . 教育分权:公共教育体制范式的转变 [J]. 教育研究,2004(2):10-15。

③ 刘孙渊,马超 . 治理理论视野下的教育公共治理 [J]. 外国教育研究,2008(6):15-20.

④ 朱德米 . 网络状公共治理:合作与共治 [J]. 华中师范大学学报(人文社会科学版),2004(2):5-13.

并发展形成合作伙伴关系。纵横交错的网络治理结构,使得高等教育公共治理的方式也具有了多种选择性。

其五,治理方式多样化。高等教育公共治理,从利益相关者的角度来看,是大学与外部的利益相关者组织之间协调多元利益与目标冲突的制度安排与持续过程。他们的多元利益与目标冲突主要体现在大学办学经费筹措、招生就业政策、产学研合作、高等教育质量的评估、大学的地区服务等诸多高等教育公共事务的决策制定与贯彻实施中。多样化的利益目标决定了治理方式需要多样化。在国家治理中,公共治理方式一般被分为市场化工具、工商管理技术及社会化手段三类,市场化工具包括民营化、用者付费、管制与放松管制等,工商管理技术包括战略管理、绩效管理、目标管理等,社会化手段则有社区治理、志愿者组织、公私伙伴关系等。[①] 高等教育公共治理显然也需要选择利用这些治理方式协调和平衡多元主体之间的利益冲突,譬如推动高校后勤的民营化、制定大学发展战略规划、校企合作等。

总而言之,高等教育公共治理是大学与外部组织机构之间的治理关系,具体而言,即是政府、高校、社会组织就高等教育公共事务中的公共利益与多元利益的协调与平衡的机制和过程,它较少涉及大学组织内部的治理问题,因而,从大学治理的角度来说,大学外部治理即是高等教育公共治理。

(三)大学组织治理

大学组织治理,是指大学作为一个组织的治理,类似于公司治理,因此,也可称之为大学治理。大学治理最早可以追溯到美国大学的"共同治理"(shared governance)理念,以 1967 年美国大学教授协会(AAUP)、大学董事会协会(AGB)及美国教育理事会(ACE)联合发表的《大学与学院的治理声明》为标志。这一理念强调的是大学董事会与行政机构所拥有的法定权力与教师拥有的学术权力的平衡。在此理念影响下,美国大学的共同治理结构可以分为三种类型:其一是以权力主体,即大学内部各群体以独立的组织形式共同参与大学治理的结构安排,一般由大学治理委员会、教师评议会、职员评议会、行政管理者评议会以及学生治理联合会组成;其二是以治理对象为依据进行治理结构设置,一般由大学治理委员会与大学内部的学术事务部门、行政事务部门、教师事务部门和学生事务管理部门组成;其三是把参

① 陈振明主编. 公共管理学 [M]. 北京:中国人民大学出版社,2005:509.

与大学治理的主体和对象结合起来的治理结构,一般由学术委员会、执行委员会、学术事务委员会、行政部门、学术部门等机构组成。总的来说,美国大学治理结构主要由董事会、校长与大学共治委员会、学术评议会、教师评议会、学生评议会以及校友联合会等构成。[①] 大学治理结构的复杂多样性显然源于大学组织内部的多样性,詹姆斯·杜德斯达即将现代大学视为一个大规模的、复杂的、多维的组织,其内部存在着普遍的争议与歧见。[②] 克拉克·克尔也描述大学说,"它并不是一个群体,而是若干群体—— 本科生群体与研究生群体;人文学者群体,社会科学家群体,科学家群体,各专业学院群体;所有非学术人员群体;行政管理者群体。它的界线是模糊的—— 它延伸到校友、立法议员、农民、商人,他们都关联到一个或几个这些校内群体"[③]。因此,共同治理(Shared governance)是在大学内部各群体之间分配决策权力的结构和共同参与决策的过程,它既是大学内部的董事会、校长及行政管理人员、教师以及学生之间分配决策权力的制度安排,也是各群体通过有效的沟通、谈判、协商、合作等方式共同参与决策的过程。总体而言,共同治理是大学组织内部决策权力的一种分权原则,是使大学董事会、管理人员、教师以及学生各基于其权力与利益共同参与校务决策的一种大学内部治理机制。此外,随着高等教育环境的变化,大学共同治理借鉴公司治理的相关理念,仿效公司的产权结构将所有权与经营权分离的委托代理机制建构大学的法人治理结构,即建立举办者(国家和其他投资者,一般由董事会代表)与办学者(校长和管理人员)之间的委托—代理关系。事实上,作为独立法人实体的大学,其治理结构在某种程度上就是一种具有委托代理特点的决策权结构,以满足大学在面向社会和市场自主办学的过程中应对多元利益冲突的治理需要。[④] 因此,大学组织治理,是以大学内部利益相关群体为决策主体,共同参与校务决策的结构安排和持续过程。

综合来说,高等教育公共治理是大学与外部政府、企业、社会团体、地方社

---

① 于杨. 现代美国大学共同治理理念与实践 [M]. 北京:中国社会科学出版社,2010:84-90.

② 〔美〕詹姆斯·杜德斯达. 21 世纪的大学 [M]. 刘彤译. 北京:北京大学出版社,2005:215.

③ 〔美〕克拉克·克尔. 大学之用 [M]. 高铦,高戈,汐汐译. 北京:北京大学出版社,2008:10.

④ 龚怡祖. 大学治理结构:现代大学制度的基石 [J]. 教育研究,2009(6):22-26.

区等组织或机构就高等教育公共利益与组织利益的协调与平衡,是一种组织与组织之间的治理关系;大学组织治理则是在外部利益相关者的委托和监督下,大学内部群体共同参与校务决策的结构和过程,主要是大学内部多元群体之间的权力与利益的协调与分配关系。因此,高等教育公共治理与大学组织治理共同构成了高等教育治理宏观到微观层面的内涵,高等教育治理是协调高等教育利益相关组织与大学之间以及大学内部多元群体之间的利益矛盾与权力冲突的结构安排与持续过程。

三、高等教育治理的价值追求

治理,从其广泛的适用领域来看,它追求自由平等、多元分权、独立自主、共同参与、合作协调、均衡共享、承担社会责任、扩大共同利益等普遍的价值属性,体现了治理超越管理的价值追求。高等教育治理,是治理理论在高等教育领域的实践与发展,是一种行业领域的治理,跨越了公共治理与组织治理,具体表现为高等教育公共治理与大学组织治理,而从高等教育国际化的角度来说,国际高等教育治理也是全球治理的一种表现形式。那么,从善治的角度来说,什么是好的高等教育治理,它的价值目标是什么,它追求什么价值?根据价值的定义,价值是客体满足主体需要的关系属性,而作为价值主体的人或组织,其需要一般可以分为目的性需要和工具(手段)性需要,满足目的性需要的价值称之为"目的性价值",满足工具性需要的价值称之为"工具性价值"。① 事实上,某一事物对人的价值并不是一开始就具有"目的与手段"之分,都是价值客体满足价值主体某种目的需要的价值,本质上都是目的性价值,只有当两种不同的价值进行比较的时候,满足主体更高层次的或最本质的需要,达成主体最根本的目的的价值才被认为是目的性价值,而作为实现这种更高层次的最本质的需要,促进达成最根本目的的条件和方法的价值则被称为工具性价值。目的性价值与工具性价值是相对的,在主体需要发生改变的时候,二者可能互换价值地位。因此,关于高等教育治理的价值,我们只能对其一般的、普遍的价值追求进行解析,至于何为其目的性价值、何为其工具性价值是一个无法就价值本身进行分类的问题,而需要放在具体的高等教育治理活动中进行讨论。依照高等教育治理的内涵,从宏观到微观,高等教育治理包括高等教育公共治理和大学组织治理,对于前者而言,公共利益与社会责任

① 李德顺. 价值论(第2版)[M]. 北京:中国人民大学出版社,2007:125.

是其首要价值追求,对于后者来说,大学自治与学术自由是大学组织治理的核心价值;高等教育治理还强调多元治理主体独立自主与共同参与,因此,独立自主与共同参与也是高等教育治理追求的重要价值属性;在效率、效益的价值追求上,高等教育治理与高等教育管理是一样的,只是方式不同而已,前者主要通过多元的治理结构和治理方式实现,而后者则通过单一的自上而下的官僚制和管制方式实现,从而使得高等教育治理在效率和效益追求上更胜一筹。因此,我们可以认为,高等教育治理的普遍价值追求包括了高等教育的公共利益与社会责任、大学自治与学术自由、独立自主与共同参与以及效率与效益等。

(一)公共利益与社会责任

公共治理的本质目的是实现公共利益最大化,履行社会责任,高等教育治理作为高等教育领域内的公共治理,其本质目的也应当是实现高等教育的公共利益与社会责任。在公共治理中,公共利益一般被认为是政府与其他公共利益相关者在个体利益或群体利益的追求和分配上达成的共识,这种共识保障了从个体到国家的多元利益。因而,公共利益是一个特定社会群体存在和发展所必需的、该社会群体中不确定的个人都可以享有的社会价值。[①]那么,高等教育的公共利益与社会责任是什么?从高等教育的基本功能的角度来说,这或许是一个关于"高等教育为谁服务"的问题[②],高等教育是少数人的特权还是多数人的权利的问题,显然,在现代高等教育中,高等教育不仅仅只是为少数精英学生服务,还为多数普通学生服务,高等教育应当确保多样性,高等教育机会对每一个人都是平等公正的。放而大之,大学内外所有利益相关者的高等教育利益诉求都应平等公正地对待。因此,高等教育的公共利益和社会责任在于保障和促进大学内外利益相关者的多元利益的实现与发展。多元利益显然是多样而具体的,正如德里克·博克所说:"在履行此项责任时,任何相关人士都必须设法考虑到诸多不同的价值理念——学术自由权利的维护,高学术水平的维持,学术事业免受外界的干涉,受大学影响的个人权利、合法利益不遭损害,以及满足从充满活力的大学所提供的知识服务中获益的那些人的需求等。因此,所有大学领导者们所面临的一项艰巨任务是,决定他们的大学应该怎样才能以一种尊重上述各方重大利益的方式对重要的社会问题

---

① 麻宝斌. 公共利益与政府职能 [J]. 公共管理学报,2004(1):86-93.
② 〔美〕约翰·S·布鲁贝克. 高等教育哲学 [M]. 杭州:浙江教育出版社,2001:65.

做出反应。"① 现在看来,博克所苦苦寻觅的那种"方式",某种意义上说应该就是高等教育治理。

(二)大学自治与学术自由

高等教育治理不同于国家公共治理或是公司治理,它的合法性基础是建立在高等教育机构的教育性和学术性基本属性之上的,而这种教育性和学术性最根本的体现就是大学自治与学术自由,它们是大学治理的核心价值理念。不同于高等教育管理中大学内部利益相关者与大学外部的利益相关者总是会为到底是坚守还是打破大学自治和学术自由而对立,高等教育治理则追求建立在大学内外利益相关者共识之上的大学自治与学术自由。学术自由是指言论自由、研究自由、写作自由的等一系列自由探究和表达的权利。但是,基于多元利益的均衡与发展,高等教育治理保障下的学术自由是有限度的,尽管不能由政府直接审查,但它不应当回避社会道德责任。一方面,应当由其他学者同行对学术言论与观点进行评价与质疑;另一方面,学者秉持学术自由也是为了实现大学所追求的公共利益和社会责任,不应当回避大学内外利益相关者的正当诉求。大学自治是保障学术自由的重要机制安排,但它并不是内容清晰且由法律明确规定的大学制度,而更多的是一种传统理念,如阿什比将大学自治的内容归纳为四个方面:大学对经常性拨款的支配权、对新生考试和录取的掌握权、对课程的控制权以及对教职员的任用和对教师任期的确定权等。②不过,这种传统的大学自治过于强调不受外界干预,实际上是一种封闭自治,尤其是当每一所大学固守这种传统时,就会因受内部人控制而散漫、保守、排斥改革。因此,阿什比指出,这些享有自治地位的大学如果是一盘散沙,它们的自治权就没有保障,它们需要集体的自主权,它们需要来自外界必要的干预,甚至干预大学的手多些比少些好,只是干预者要以学者为主,另外至关重要的一点即是所有干预大学的手应当联合成一体。③这是高等教育治理追求的大学自治的新内涵,即大学自治不应该是中世纪大学的封闭自治,而是处于

① 〔美〕德里克•博克.走出象牙塔——现代大学的社会责任 [M].徐小洲,陈军,译.杭州:浙江教育出版社,2001:101.

② 〔英〕阿什比.科技发达时代的大学教育 [M].滕大春,滕大生,译.北京:人民教育出版社,1983:56.

③ 〔英〕阿什比.科技发达时代的大学教育 [M].滕大春,滕大生,译.北京:人民教育出版社,1983:61.

55

高等教育利益相关者共同参与治理结构与过程中的开放自治。在现代高等教育治理体系下,这种开放自治表现为大学依据法律或章程独立自主地开展内部治理,并在政府部门、社会组织等外部利益相关者的参与下进行外部治理,共同促进高等教育发展。

(三)独立自主与共同参与

高等教育治理强调大学内外利益相关者共同参与高等教育事务的决策、评价、监督、建议与批评等治理过程。不过,值得首先指出的是,共同参与是以独立自主为前提的,即大学内外利益相关者是平等独立的治理主体,享有不受其他利益相关者支配的自主决策权,因此,某种意义上说,独立自主是一种类似于大学自治但又将主体扩大至大学以外的其他利益相关者的高等教育治理价值理念。而高等教育治理的共同参与价值主要包含两方面的重要内容,其一,可供多元利益相关者参与高等教育治理的公开信息;其二,完善的多元利益相关者参与治理的机制安排。在高等教育治理中,大学内外利益相关者尽管可以通过治理结构安排让部分利益相关者代表直接参与治理决策,但是,如果所有涉及利益相关者多元利益的政策、决策等信息不能及时公开,那么,这样的治理有可能会演变为少数精英代表之间的权力游戏,一般利益相关者既不能知悉治理决策的问题,也无法监督治理的决策过程,更谈不上参与其中。因此,公开信息是要求有关高等教育的立法活动、政策制定、实施程序、经费预算、评估问责等各类信息均应准确及时地向公众公开。就大学而言,大学校、院两级的各类规章、政策、决策也应该及时向校内外公布,以便大学内外利益相关者知悉、参与和监督治理过程。共同参与治理机制是建立在高等教育信息公开透明基础之上的,没有治理过程相关信息的及时公开,政府或高校之外的利益相关者参与治理就无从谈起。一般来说,在参与高等教育公共治理方面,如参与国家高等教育决策,公众可以通过选举民意代表参与其中,如西方国家享有立法权的议会,我国的人民代表大会和政治协商会议等;在参与大学内部治理方面,如董事会、理事会、各种专门委员会等以及通过网络公共平台直接反馈群体或个体意见的形式都是利益相关者共同参与高等教育治理的机制安排。

(四)效率与效益

治理过程的关键是决策,由于多元主体构成的治理结构以及大学内部固有的学者行会"一人一票"的学术决策传统,高等教育治理决策可能会因为牵涉治理主体众多而议而不决,迁延日久。因而,决策效率是高等教育治理追求的重要价值目标。在高等教育治理过程中,政府或董事会是高等教育公共治理或大学组织治理决策的"召集人",只有政府或董事会能够充分尊重利益相关者的利益诉求,在公共利益与多元利益的平衡兼顾中得到大多数人的支持,做出有利于各方利益相关者的决策,才能提高高等教育的决策效率。其次,利益相关者的治理能力是影响治理效率,并最终决定治理绩效高低的关键因素。显然,治理能力与大学内外利益相关者在高等教育治理中扮演的角色与发挥的功能有关,政府部门、社会组织、市场企业、大学及大学内部构成人员都因其各自能力与地位相应享有一定的权力,政府是执政者,其执政能力高低某种程度上也是它的高等教育治理能力的体现,主要是在高等教育立法、高等教育政策制定、高等教育发展评估与监督、现代大学制度建设中能否做到依法执政以及尊重高等教育发展规律与大学办学传统等。社会组织参与治理的能力则主要体现在它们作为中介组织能否客观公正地对政府与大学实施的高等教育治理进行客观公正地监督、评价与批评建议等。高等教育治理追求更好的办学效益,因为高等教育治理的兴起本就是为了纾解传统高等教育管理体制下形成的多元利益矛盾冲突,提高办学效益,满足更多利益相关者的需求。因此,高等教育治理追求办学效益,主要是指综合运用大学内外利益相关者的资源与条件,提高办学质量,促进研究创新,满足社会各界的知识、技术与教育需求。高等教育治理追求效率、效益的普遍价值也说明高等教育已经成为现代社会中多元利益相关者的核心利益。

此外,值得指出的是,在普遍意义上,高等教育治理追求公共利益与社会责任、大学自治与学术自由、独立自主与共同参与、效率与效益等基本价值,但是,在各国高等教育治理改革实践中,由于高等教育管理传统和发展目标不同,各国所确立的价值目标或价值取向也会不同,而且可能更富有国别特色。

本章小结

本章主要内容是阐明治理及高等教育治理兴起的原因、基本内涵以及价值追求。治理兴起的原因主要是政府失灵引发的国家统治危机、公民社会参与公共管理的发展、全球化问题日益增多等促进了由单一主体的管理向多元利益主体的治理转变,形成了公共治理、全球治理、公司治理及善治等多种治理理论,揭示了治理的本质在于通过平等的共同参与、合作共享等机制实现多元主体多元利益的均衡和共同利益的发展。治理理论的丰富内涵体现了治理追求自由平等、多元分权、独立自主、共同参与、合作协调、均衡共享、社会责任、公共利益等基本价值,说明治理的兴起正是人们从管理到治理发展过程中做出的价值选择。高等教育治理是治理理论在高等教育领域的实践与发展,是高等教育管理范式的一次重大转变。高等教育大众化、普及化促进了高等教育利益的多样性,高等教育市场化走向学术资本主义,以及大学自治与政府干预之间的永恒矛盾,都表明了高等教育治理比高等教育管理更适用于应对这些矛盾冲突。高等教育治理是一个具有多层次内涵的概念,从宏观到微观包括了高等教育公共治理和大学组织治理,是协调高等教育利益相关组织与大学之间以及大学内部群体之间的多元利益与冲突的结构与过程。从高等教育管理到高等教育治理,体现了高等教育治理对公共利益与社会责任、大学自治与学术自由、独立自主与共同参与,以及高等教育的决策效率与发展效益等价值理念的追求。

第三章

外国高等教育治理改革的价值取向及其治理模式

　　从高等教育管理到高等教育治理，从理念上看，是高等教育管理发展的一种范式嬗变，从实践上看，则是一种高等教育管理模式的转变——从高等教育管理模式到高等教育治理模式。那么，这种变迁始于何时，各国高等教育治理变革的价值取向或者价值目标是什么，是否形成了新的高等教育治理模式？这些疑问显然只有系统地梳理各国高等教育治理兴起的历史背景和改革历程才能解答。一般而言，高等教育治理随同"治理"兴起于20世纪80年代，而在此之前，伯顿·克拉克等学者对世界主要国家的高等教育管理体制进行了考察，并总结了四种主要的高等教育管理模式：欧洲模式、英国模式、美国模式和日本模式。[①] 然而，恰如他们在研究过程中意识到的，对20世纪70年代之前的各国政策决策过程的研究表明，几乎在所有国家，决策权力都开始从基层向上移动到较高的层次，政府的作用越来越重要了，与此同时，大学基层事务的决策过程显现出实际决策地点往上移，而负责具体决策和实施的机构往下移的趋势。高等教育政策决策过程日益正规化，初级教学人员逐步参与进来，学生影响决策的作用开始变化，社会其他成员不断介入决策过程等。因此，世界各国的高等教育管理模式开始发生变革，伯顿·克拉克预言，各国权力结构的改革方向由它们各自模式的基本弱点决定，欧洲大陆模式的改革方向应当是从上层和基层的权力中拿出一部分来加强中间行政管理层；英国模式则需要发展一个能够决定高等教育政策的中央上层结构，以加强对政府部门与自治院校之间的高层次协调；美国模式的改革在于"建立行政秩序"，以加强对庞大

---

① 转引自〔加〕约翰·范德格拉夫. 学术权力——七国高等教育管理体制比较 [M]. 王承绪，张维平，徐辉，等，译. 杭州：浙江教育出版社，2001：198-199.

的最接近自由放任的体制的协调;日本模式中的权力需要进一步上移到中央政府。① 从当今世界各国的高等教育治理改革来看,伯顿·克拉克的一些预言得到了验证,但也出现了新的变化。正如另一些研究者所总结的,"发生在整个 20 世纪 80 年代的几乎全球范围的政府对高等教育系统的改革,并非像一般人常常认为的那样,是因为对高等教育普遍的不满造成的,而实际上却是对高等教育重要性认识的结果"②。这种深刻的认识使世界各国不断明确本国高等教育治理改革的价值目标,并在这些价值取向的引导下逐渐形成适应本国需要的高等教育治理模式。所谓价值取向,是指人们在一定场合以一定的方式采取一定行动的价值倾向,它来自于行为主体的价值关系、价值意识,表现为政治取向、功利取向、审美取向、道德取向等不同方面。③ 因此,在这一章中笔者以英、美、法、日四国为例,探讨其高等教育治理改革的价值取向及由此塑造的高等教育治理模式。从某种意义来说,这也是对伯顿·克拉克所概括的世界高等教育管理模式历经变革后的再考察。

第一节　英国高等教育治理改革的价值取向及其治理模式

20 世纪 70 年代,英国政治、经济、教育遭遇"第二次世界大战"之后最严重的危机,尤其是 1971 ～ 1972 年、1973 ～ 1975 年和 1979 年接连爆发的三次经济危机使政府几近失灵,经济陷入"滞胀",社会出现动荡,高等教育发展也处于停滞状态。为了摆脱危机,1979 年新当选的撒切尔政府推动公共部门推行新公共管理改革,追求"市场化""效率""效益"的价值目标,实行国有企业私有化,削减福利开支,推动教育改革等。就高等教育而言,新公共管理运动促进了高等教育领域引入治理的新理念与新机制,传统的高等教育管理模式向新的治理模式转变,标志着英国高等教育治理时代的来临。

一、英国高等教育治理改革的起因

"第二次世界大战"之后,经济繁荣和社会稳定给英国高等教育发展创造

---

① 转引自〔加〕约翰·范德格拉夫.学术权力——七国高等教育管理体制比较 [M].王承绪,张维平,徐辉,等,译.杭州:浙江教育出版社,2001:206-207.

② 〔荷〕弗兰斯·F·范富格特.国际高等教育政策比较研究 [M].王承绪,等,译.杭州:浙江教育出版社,2001:438.

③ 袁贵仁.价值学引论 [M].北京:北京师范大学出版社,1991:350.

了契机,1963年,以伦敦大学经济学家罗宾斯为首的英国高等教育调查委员发布了《罗宾斯报告》(The Robbins Report),这份拟定到20世纪80年代的英国高等教育发展规划的调查报告提出了著名的罗宾斯原则——高等教育课程应向所有能力和成绩合格并希望接受高等教育的青年开放。在这一理念的影响下,英国高等教育规模迅速扩大,高等教育毛入学率从1962～1963年的8%增长到198～1981年的17%,并在1969～1973年陆续建立了30所多科技术学院。[①] 如此快速增长的学生规模和高校规模,其实是在政府巨大的公共资金投入下形成的,但是,随着公共资金在高校的经费收入里的比例越来越大,高校对政府财政拨款的依赖也越来越严重,到70年代中期,高校80%的办学经费来自于中央政府的财政拨款。[②] 这说明一旦国家遭遇经济危机,政府缩减经费,高等教育将受到严重打击。事实上也确实如此,20世纪70年代,英国爆发经济危机,国家财政收入急剧减少,政府将削减教育经费作为紧缩公共支出的重要策略。撒切尔夫人在担任保守党政府教育和科学国务大臣期间,迫于财政压力曾削减教育经费2亿英镑,而当她1979年就任首相伊始再度将大学经费预算削减1亿英镑,并要求从1981～1982年度到1983～1984年度的大学经费总预算应削减11%～15%,最终削减了13%,还要求从1985年起大学预算每年减少2%。[③] 因此,撒切尔政府制定的到1990年的大学经费预算虽然在总数上有所增长,但考虑到经济危机下的通货膨胀因素,实际上大学的办学经费每年还要减少5%。高等教育经费削减产生了一系列严重后果,大学招生规模受到严格限制,人文社会科学的师资被裁减,年龄较大的教师被提前退休,而为了保障大学对经济复苏所需的工程和技术领域的人才培养和知识发展,又对这些领域增加了经费和师资。伯顿•克拉克对此总结道,从20世纪60年代中期到80年代中期的20年里,英国高等教育的管理从"自下而上,不干涉"的政策走向政府全面管制的"自上而下,干涉"的政策,高等教育系统在政府的积极干预之下制订招生计划,停办或合并学校,对某些学科领域增拨资源而对其他领域减少经费,甚至通过指定学科分配和鼓励提前退休来影响

---

① 王承绪,徐辉. 战后英国教育研究 [M]. 南昌:江西教育出版社,1992:282.

② 〔美〕伯顿•克拉克. 高等教育新论——多学科的研究 [C]. 杭州:浙江教育出版社,2001:88.

③ 易红郡. 战后英国高等教育政策研究 [M]. 长沙:湖南师范大学出版社,2012:130-133.

第三章 外国高等教育治理改革的价值取向及其治理模式

学校的人事政策。① 然而,撒切尔政府对高等教育的干预不仅仅是在大幅削减经费方面,其更希望能够直接决定高等学校如何使用经费,因此,大学拨款委员会为大学分配拨款经费、保障大学自治地位的职能与角色受到严重挑战。

在传统上,那些获得特许状、享有自治权的英国大学是从来不受政府干预的,政府也很少会介入大学的内部事务,政府与大学之间通过拨款委员会达成一个默契的不成文的君子协定,即大学自治的程度应当能够保证国家获得维持其核心制度和传统文化、保持经济实力和军事实力所需的先进知识和教育质量。② 但是,政府突然大幅削减拨款,使得大学拨款委员会左右为难。要知道,在 1975 年之前,大学可无条件获得政府的财政拨款,大学拨款委员会只是每五年为各大学分配一次经费,之后大学自由支配经费。然而在撒切尔改革以后,大学拨款委员会在政府要求下不仅大幅缩减预算,而且开始对大学如何使用经费进行干预。拨款委员会通过下属的各类学科小组委员会,综合评判大学各系的优势和弱点,采取不均衡的削减方式,选择性地缩减不同大学和学科的拨款数额。1986 年起,拨款委员会把对大学的经常性拨款分为教学拨款和科研拨款两部分,分别根据各校在这两方面的表现进行拨款,同时在核定经费方面,采用公式拨款模式(formula-based funding model),将拨款分为教学拨款、科研拨款以及特别拨款三部分,其中在科研拨款方面还采用评定性拨款模式,以推动大学之间的科研竞争,提高研究人员的责任意识,保障科研经费发挥最大效益。③ 显然,这一时期的大学拨款委员会越来越多地介入高校管理,其角色在政府的压力下开始转变,由保护大学自治的"缓冲器"变为政府政策的执行者,受到大学界的强烈谴责,人们抱怨大学拨款委员会不再是一个独立自主的机构,而是政府的工具。不过,即便如此,政府仍然认为它没有很好地领导大学应对经济危机,也不能及时有效地干预大学不够配合政府的"错误"。④ 因此,无论从大学还是从政府的角度来看,大学拨款委员会已经无法适应新时期的中介角色。

---

① 〔美〕伯顿·克拉克. 探究的场所——现代大学的科研和研究生教育 [M]. 王承绪译. 杭州:浙江教育出版社,2001:73.

② 孙贵聪. 西方高等教育管理中的管理主义述评 [J]. 比较教育研究,2003(10):67-71.

③ 骆栋岩. 英国大学拨款委员会历史研究 [D]. 上海:华东师范大学,2011:37.

④ 崔艳丽. 20 世纪 80 年代以来英国高等教育治理研究 [D]. 南京:南京师范大学,2014:95.

如果说经济危机导致高等教育经费缩减和大学拨款委员会无法领导大学只是英国进行高等教育治理改革的外部原因,那么,英国高等教育的传统体制难以适应政治、经济、社会的发展变化则是英国进行高等教育治理改革的内部原因。"第二次世界大战"之后,英国最具特色的高等教育特征就是它的二元结构体制。所谓二元制是指 20 世纪 60 年代末英国把高等教育分为"自治"的大学和"公共控制"的非大学两部分,前者是以大学为名,享有自治地位的高等教育机构,后者主要包括 30 所多科技术学院以及其他高等教育学院和继续教育学院等,因此,这两部分结构共同构成了英国的高等教育体制。[①] 根据时任教育与科学国务大臣克罗斯兰德的设想,英国高等教育二元体制不应当按照阶梯原则(ladder principle)进行分层,大学与非大学应该是平等的,大学保持现行机制继续做出自己的贡献,公共控制部分也可以做出应有的非凡的贡献,二者在平等互动中相互了解,进而形成良性竞争。[②]1966 年,英国教育与科学部颁布了《关于多科技术学院与其他学院的计划》,正式推动高等教育二元结构体制计划,这个方案一定程度上促进了英国高等教育入学机会的均等,实现了从精英高等教育向"精英—大众"高等教育的发展。不过,二元制的初衷是反对"阶梯原则",使多科技术学院不再是大学的候补者,从而实现多科技术学院与大学处于平等地位,但是,实际上它却仍然将大学置于顶端,而其他机构在下的阶层化安排,制造了高等教育中更为明显的不可逾越的人为界限,受到当时诸多政界和高等教育界人士的严重批评,纷纷表示对这种"蛮横的、具有分裂性质的高等教育政策感到震惊"。到了 20 世纪 80 年代,随着多科技术学院办学水平的提高,二元制极大地阻碍了英国高等教育的多样化发展,显然,对高等教育结构的重组与改造只是需要一个适当的时机。

二、英国高等教育治理改革的价值取向

高等教育财政负担不堪重负,大学拨款委员会无法维持高校与政府的传统关系,二元体制限制高等教育多样化发展……这一系列危机促使英国政府与高等教育界开始寻求改革。那么,英国高等教育应当如何改革?撒切尔政府将在公共部门推行的新公共管理引入了高等教育领域,开启了英国高

---

① 张建新 . 高等教育体制变迁研究——英国高等教育从二元制向一元制转变探析 [M].
北京:教育科学出版社,2006:89-90.
② 张建新 . 高等教育体制变迁研究——英国高等教育从二元制向一元制转变探析 [M].
北京:教育科学出版社,2006:96-97.

等教育治理改革的序幕。所谓新公共管理,是指政府以"经济、效率和效益"(即所谓的 3E, Economy、Efficiency、Effectiveness)为价值目标,在公共领域实施类似市场组织的管理模式的公共管理改革运动。简单来说,新公共管理就是要在公共部门建立一种准市场机制,以可控制的市场竞争取代传统的公共计划分配,提高公共资源的利用效率和产出效益。具体来说,"推行新管理主义的第一步是加强控制、削减预算、冻结新职位、反对浪费并精简制度,第二步是走向市场、营造内部竞争和重建制度,第三步是引入监控机制、关键行为指南及规则"。① 就高等教育领域而言,主要通过以下举措来实现:① 限制公共资金投入,创造一个资源稀缺的高等教育市场环境,刺激大学进行竞争,从而提高高等教育办学效益;② 赋予大学更多的自治权,提高大学独立自主决策的能力,使它们成为真正能够承担社会责任的法人团体;③ 建立严格的以绩效高低为拨款标准的问责制度。② 从这些改革举措来看,英国高等教育治理改革的价值目标显然也是指向"效率和效益"的。因此,我们不难从新公共管理改革运动以来的高等教育改革政策及其实施过程中揭示出英国高等教育治理改革的价值取向。

(一)英国高等教育治理改革的"效率、效益"价值取向

对于撒切尔政府奉行的新公共管理改革理念,有学者评价说:"这个政府的施政纲领可以概括为'市场''花钱值得''节约、效率、效益''私有化'和'减少政府预算'等。"③ 这些理念也被引入了高等教育领域,1984 年 4 月,大学校长委员会成立了专门的"大学效率研究指导委员会",委员会的主要任务是调查大学行政管理的效率问题以及财务管理、日常耐用品的采购和校舍的维修、使用与分配等专项问题。翌年 3 月,以伯明翰大学校长贾勒特为首的委员会发布了《大学效率研究指导委员会报告》,通称《贾勒特报告(The Jarratt Report)。这份报告分别向政府、大学拨款委员会、大学校长委员会和大学提出了若干建议,如建议政府应该放弃具体的高等教育事务性管理,回到为大学

---

① Michael Shattock. The Change from Private to Public Governance of British Higher Education: Its Consequences for Higher Education Policy Making 1980-2006[J]. Higher Education Quarterly, Vol. 62, No. 3, 2008, P. 191.

② 孙贵聪. 西方高等教育管理中的管理主义述评[J]. 比较教育研究,2003(10):67-71.

③ (荷)弗兰斯•F•范富格特. 国际高等教育政策比较研究[M]. 王承绪,等,译. 杭州:浙江教育出版社,2001:379.

拨款委员会提供政策指南上来,赋予大学拨款委员会和大学自主制定长期发展战略的权力,政府只需监督和指导大学拨款委员会的组织结构、人事安排和职能履行就可以了。报告还指出,大学的管理结构要更企业化,大学校长应当同时肩负起领导行政和学术的责任,大学委员会最好以董事会的形式在大学的经营上扮演更重要的角色,大学应该建立绩效指标,并引入评估及绩效责任等。① 从《贾勒特报告》的主要内容来看,"市场化""效率""效益"等是其改革的核心目标,但也明确地向政府宣示,在大学拨款委员会和大学校长委员会的帮助下,大学应当而且能够自己管理自己的事务,并不需要一个集权的管理组织。② 因此,就大学校长委员会来说,大学确实应当市场化,提高效率与效益,但仍然希望维持英国的大学自治传统。总的来说,《贾勒特报告》是英国以"关注效率为核心"进行高等教育治理改革的指导性文件,对英国大学的管理模式产生了深远的影响,被认为"是未来大学行政管理的基础"③。

1987 年,教育与科学部和威尔士、苏格兰、北爱尔兰国务大臣联合发表了《高等教育——迎接挑战》(Higher Education——Meeting the Challenge)白皮书,就英国高等教育的目标、就学机会、质量与效率、高等教育的结构改革以及拨款体制改革提出了相关建议。其中关于高等教育的目标提出:"高等教育必须更有效地为经济发展服务;进行科学研究与增进人文学科的学术成就;同工商界建立更密切的联系,并促进各项事业"。④ 关于就学机会,除了坚持扩大高等教育入学机会以外,为了满足社会经济建设需求,白皮书还指出,政府"必须采取积极步骤增加曾获得如商业与技术员等职业教育文凭的新生人数"。⑤ 关于质量与效率,白皮书强调,政府投入巨额资金应该获得更大的收益,而"要使所用的钱产生更大的收益就意味着既追求质量,又追求效率","政府既关心每所高等院校的效率,又关心国家整个高等教育系统的效率",尽管高等教育的质量主要靠高校自身进行监控与维护,"外界既不能直接提高质量,也不能强

① Michael Shattock. Re-Balancing Modern Concepts of University Governance [J]. Higher Education Quarterly, 2002, volume 56, No. 3, p. 235-244.

② 朱镜人. 80 年代以来英国高等教育政策背景及其走向 [J]. 教育与现代化,2004(3):69-74.

③ W. A. C. Stewart. Higher Education in Postwar Britain. The Macmillan Press LTD. 1989, p. 80.

④ 黄福涛. 外国高等教育史 [M]. 上海:上海教育出版社,2003:396.

⑤ 黄福涛. 外国高等教育史 [M]. 上海:上海教育出版社,2003:397.

使高等院校提高质量"但是政府可以"建立适当体制以促使高校负起提高教育标准的责任,并对其进行监督"。① 关于体制结构,白皮书认为,二元结构中的"公共高等教育系统",即多科技术学院和地方学院应当脱离地方政府,因为这些学院已经不局限于为地方服务和在地方招生,地方政府过于烦琐的管理也妨碍了学院的发展,脱离地方政府的学院由中央政府提供公共资金,但学院有义务说明这些资金的用途及其效益。关于拨款机制,白皮书建议,为了明确职责,加强合理使用经费的责任及提高效益,应当成立新的"大学基金委员会"取代原来的"大学拨款委员会",建立"多科技术学院与其他学院基金委员会"取代"全国地方当局高等教育咨询委员会"。这两个机构将是独立的法人团体,大学与学院应当通过与基金委员会签订合同的方式获得拨款。总的来说,《高等教育——迎接挑战》白皮书全面确立了英国高等教育治理改革"效率""效益"的价值目标。尽管它并不是一部法规,但是《1988年教育改革法》却几乎完全是建立在这一文件之上的,彻底吸收了白皮书所提出的价值理念,而且,《1988年教育改革法》的颁布也被认为是英国高等教育管理体制改革的转折点,"标志着所谓的'自治的'大学部门和地方控制的多科技术学院和学院部门在教育和科学部的总的职责的一次重大集中"。② 1992年,英国政府颁布《继续教育和高等教育法》,进一步完善了《1988年教育改革法》的主要政策,如解散全国学位委员会,授予多科技术学院大学地位,废除了实施20多年的高等教育二元制结构;将"大学基金委员会"和"多科技术学院与其他学院基金委员会"整合为"高等教育基金委员会",并下设质量评估委员会,负责所有高等教育机构的质量评估和财政拨款;成立继续教育基金委员会和继续教育法人团体,保障超过义务教育年龄而未满19岁的青年所要求的全日制教育等。

(二)"效率、效益"与"大学自治"传统价值的平衡

显然,英国高等教育治理改革选择"效率、效益"为价值目标,满足了政府、工商界、社会公众等对高等教育系统节约公共开支,促进经济复苏,提高教育质量和科研创新效益,增加入学机会等多元需要。而且,这些价值理念也一直影响甚至指引着此后的英国高等教育治理改革,而不管是哪个党派上台执政。例如,1997年新当选的布莱尔政府对同年发布的《学习社会中的高等

① 黄福涛. 外国高等教育史 [M]. 上海:上海教育出版社,2003:397.
② 〔荷〕弗兰斯·F·范富格特. 国际高等教育政策比较研究 [M]. 王承绪,等,译. 杭州:浙江教育出版社,2001:373.

教育》——也称《迪尔英报告》（The Dearing Report）——提出的建议表示赞同。而报告建议全面向学生收取学费；责成新成立的高等教育质量保障署（QAA）开展质量保障并提供公共信息，制定标准，维护资格框架，以作为拨款的条件；通过引进绩效评估提高大学机构有效治理，尊重高校自治、学术自由和多样化的基本原则等。2003 年的《高等教育的未来》白皮书以迄于卡梅伦政府的《确保英国高等教育可持续发展的未来》也都一如既往地坚持高等教育治理改革的"效率、效益"价值目标。不可否认，这是由其改革面对的现实问题——经济危机决定的，但同时也是顺应高等教育发展规律使然。传统的英国大学几乎享有完全的自治权，以至于脱离社会而难以及时地响应国家政治、经济、文化的发展需要，而同时又严重依赖国家拨款，因此，提高效益就成为改革的必然目标，当然，英国高等教育治理改革并没有就此抛弃大学自治的传统价值，而只是使其从完全的自治权转变为行使有条件的自治权[①]，不过，这种有条件的限制仍然是有限的。据欧洲大学协会（EUA）近年开展的欧洲大学自治 II——EUA 自治记分卡调查显示，英国大学自治程度位列被调查的欧洲29 个国家之首。这一调查项目中的大学自治包含四个维度：组织自治（包括学术的、行政的结构、领导和治理）、财政自治（包括筹集资金的能力、拥有建筑物和借债）、人事自治（包括独立聘任的能力、提升和发展学术和非学术人员）和学术自治（包括研究领域、学生人数、学生选举及学位结构和内容）。在组织自治方面，"英国高等教育系统在所有指标上得分 100%，意味着它能在自治领域的所有方面不受国家干预进行决策"，排名第 1；在财政自治方面，"政府机关仅批准它们可以一定程度（而不是大量）的借贷，英国的大学必须确定本科层次学费的上限，在欧洲背景下，这很难被认为是限制性的"，排名第 3；在人事自治方面，"唯一的限制是关于高级学术人员的薪酬，一般是与工会商定的"，排名第 2；在学术自治方面，"总体学生数量是与外部权威商定的，大学不能决定质量保障机制和供应者，因为他们应该执行国家质量保障机构的院校认证，教学语言能够自由地选择"，排名第 3。[②] 因此，从整个欧洲的大学自治水平来看，英国高等教育治理改革不仅成功地提高了高等教育办学效益，而且改造了传统的具有封闭性的自治理念，使其更具开放性，从而实现了"大学自治"与"效

---

① 郑文．英国大学自治的理论基础和发展现状 [J]．现代大学教育，2006（4）：69-72.
② 〔比利时〕Thomas Estermann．欧洲大学自治 [J]．韩梦洁译．中国高教研究，2016（4）：77-84.

率、效益"价值之间的平衡。当然,这与英国政府的"守夜人"角色传统、英国大学自治的深厚传统以及高等教育基金委员会和高等教育质量保障署发挥的"缓冲器"和"联接器"作用是密不可分的,从而也形成了英国不同于其他国家的高等教育治理模式。

三、英国高等教育治理模式

20 世纪 70 年代,约翰·范德格拉夫和伯顿·克拉克对英国高等教育管理体制进行了深入考察,并将其权力结构模式总结为英国模式,"是把教授行会与院校董事及行政管理人员的适度影响结合起来的模式"[①]。在这种模式下,大学因获颁特许状而成为一个自治团体,主要由教授及其他非教授人员的代表组成评议会管理校务,形成了一种教授行会治校的传统;政府并不直接干预大学管理,政府与大学的关系主要通过大学拨款委员会维持,而大学拨款委员会的主要作用是为了缓冲政府干预,帮助大学维护自主权,因而,伯顿·克拉克说,"政府部门处于从属地位是英国模式的核心特点"[②]。然而,随着经济危机爆发,国家公共财政紧缩,新政府在"效率、效益"等价值目标的指引下,开始对传统的高等教育管理模式进行大刀阔斧的改革,而改革的关键就是转变大学拨款委员会的角色与职能。因此,如果说所谓的"英国模式"是建立在大学拨款委员会对政府干预的缓冲与对大学自治的保护基础之上的;那么,政府对大学拨款委员会的改革也必然将促使新的"英国模式"诞生。

在 20 世纪 80 年代的新公共管理改革过程中,尽管大学拨款委员会努力配合政府缩减大学经费,但总体上还是站在维护大学整体利益的立场之上的。这从大学拨款委员会的人员构成就可以看出,在约 20 人的委员会中,3/4 的成员来自大学,其余 1/4 的成员一半来自其他类型院校,另一半来自工业界,除了主席是专职的外,其余委员全都是兼职的,而且有一个不成文的规矩,在大学拨款委员会任职常常能走向大学校长职位,甚至是通往校长职位的唯一途径。[③] 由此可想而知,让来自大学的校长候选人监督大学校长提高经费使用

---

① 〔加〕约翰·范德格拉夫. 学术权力——七国高等教育管理体制比较 [M]. 王承绪,张维平,徐辉,等,译. 杭州:浙江教育出版社,2001:201.

② 〔加〕约翰·范德格拉夫. 学术权力——七国高等教育管理体制比较 [M]. 王承绪,张维平,徐辉,等,译. 杭州:浙江教育出版社,2001:202.

③ 〔加〕约翰·范德格拉夫. 学术权力——七国高等教育管理体制比较 [M]. 王承绪,张维平,徐辉,等,译. 杭州:浙江教育出版社,2001:100.

效率,提高大学办学效益,这几乎是不可能的。因此,政府对大学拨款委员会日益不信任并决定撤销它,而"一个新的大学基金委员会的建立,伴随着扩展的角色、更主动的委托权、更大的权力和责任"①。1988年,教育改革法规定设立"大学基金会"取代"大学拨款委员会",设立"多科技术学院与其他学院基金委员会"取代原来的地方管理机构"全国地方当局高等教育咨询委员会",分别负责向大学和多科技术学院分配经费。两个基金委员会的人员构成类似,都由国务大臣委任15名成员构成,其中1人为主席,6~9名成员应来自高等教育界并富有从事高等教育工作的经验,其他成员则应来自工商界或其他领域。显然,从人员构成来说,相比于大学拨款委员会,极大地扩大了社会各界人士参与的比例。基金会都向教育与科学部负责,教育与科学部有权要求基金会提供检查大学与学院是否符合拨款条件的相关信息与咨询。如1988年10月,教育与科学部国务大臣写信给多科技术学院与其他学院基金会说:"我将期待着基金会为学院提供基金做出的安排必须承认下列原则:公共基金拨给各学院,以换取各学院教学与科研的成果;这种拨款是有条件的……基金会要制定向学院分拨经费的合适办法。不过,我要提出两点关键的意见:第一,获得经费后各学院将做什么样的工作,这一点必须明确具体地说明;第二,对学校的表现监督要有系统的办法。"②显然,基金委员会的角色已由大学拨款委员会的大学自治守护者转变为政府职能代理人,不过,在法律意义上基金会仍然是一个独立法人,政府与大学通过它避免直接冲突,尤其是防止政府直接干预大学,是政府与大学之间的中介组织。1992年,英国政府颁布《继续教育和高等教育法》,将此前已不适应高等教育发展趋势的二元制结构重新复归于一元制,所有的多科技术学院升格为大学,具有与大学同等的地位,享有颁授学位的自主权。为了顺应这一变革,大学基金委员会和多科技术学院与其他学院基金委员会整合为"高等教育基金委员会",负责向所有的大学提供拨款,值得着重指出的是,与此同时在委员会下成立"质量评估委员会",对获得拨款的高等教育机构进行教育质量评估,1997年,"高等教育质量保障署"继承这一职能而成为负责对高校进行质量评估的专门机构。21世纪初,英国构建了以高校内部质量保障为主,高等教育质量保障署外部监督为辅的高等教育质量

---

① Ted Tapper. The governance of British higher education [M]. Dordrech: Springer, 2007: 30–31.

② 张泰金. 英国高等教育:历史·现状 [M]. 上海:上海外语教育出版社,1995:123.

内外部保障体系。这一体系强调高等教育质量保障是高校自己的责任,保障署进行院校审查的重点不是直接评估高校的教育质量,而是监督和评估高校内部质量保障机制的标准与运行的合理性与有效性,从而既能实现有效的社会监督,也能尊重大学自治的传统。① 显然,在高等教育公共治理中,英国政府不再是"从属地位",政府通过不断完善高等教育的公共拨款机制和质量保障机制,塑造了政府"控制但是不直接参加管理"(steer but not row)的高等教育元治理者角色。②

那么,在高等教育微观治理或大学内部治理方面,英国大学又是什么样的治理模式呢?一般来说,1992年英国高等教育一元制改革以后,英国大学内部治理模式主要有四种模式:牛桥模式、苏格兰大学模式、城市大学模式和"92后"大学模式。③ 牛桥模式是指牛津大学和剑桥大学早在中世纪时期即获得了女王授予的自治特权,确立了独立自治的法人地位,从而形成了学者自治型治理模式;苏格兰大学治理模式与牛桥模式一样历史悠久,根据1966年的《苏格兰教育法案》,现代苏格兰大学的内部治理结构主要由参议会(Senate)、全体理事会(General Council)和学术委员会(Academic Council)组成,参议会是学校法人和最高权力机构;城市大学是指创建于工业革命时期及"第二次世界大战"之后的为城市经济发展培养各类人才的高校,这类高校的治理模式的典型代表是曼彻斯特大学,它于1870年创立了一个由校外人士和本校学者共同参与管理的治理模式,设立了董事会、全体理事会和学术评议会,董事会是最高权力机构,由超过一半的校外人士以及校长、副校长、学术人员代表和学生代表共同组成,全体理事会的人员构成差不多也是如此,其职责主要在于作为大学与社会沟通的桥梁,向外界展示成就,接收外界反馈与建议等④;"92后"大学是指1992年以后由多科技术学院升格的大学,这一类大学的治理模式也被称为高等教育法人组织模式或高等教育公司模式,理事会是法人主体并独

---

① 杨继霞. 英国高等教育质量保障体系的发展历程及思考 [J]. 国家教育行政学院学报,2005(8):91-94.

② 杨贺盈,欧阳建平,陈滔伟. 解析英国高等教育治理的变革 [J]. 中国高等教育,2009(22):60-62.

③ 刘绪. 英国高等教育内部治理的模式及标准 [J]. 湖南师范大学教育科学学报,2014(5):90-95.

④ 吴云香,熊庆年. 英国大学治理模式的多样性及其存在基础 [J]. 重庆高教研究,2013(6):77-83.

立承担内部治理责任,其职权涵盖大学内部治理的各个方面,学术委员会只能通过校长或其他渠道就学术事务向理事会提出建议。尽管英国大学内部治理模式多元多样,但并不是没有共同的标准与特征。1995年,英国高等教育基金委员会发布了由英国大学理事会联合会编制的《英国高等教育理事会成员指南》,这份指南是各高校内部治理的主要依据,对学校的理事会、参议会和校长的权力与责任等进行了统一规定。其最新修订版发布于2009年,主要内容包括:其一,指南要求各高校实行理事会责任首问制度,大学理事会作为学校最高权力机构,实行集体决议和主席首问责任制度;其二,实行执行教育财政拨款责任人制度,指南规定了理事会主席和校长不同的工作职责,明确指出理事会主席不能干预学校的日常事务工作,理事会关于学校内部各项事务的决议由校长负责落实,校长是高等教育基金委员会公共拨款资金的指定责任人;其三,设立专门的理事会秘书作为理事会主席与校长工作的协调人制度,一方面,理事会秘书为理事会提供法律咨询,确保理事会依照法定程序运行,另一方面,秘书担任学校行政管理重要职务,熟悉校务管理过程,以利于协调理事会与校长的矛盾冲突;其四,建立大学内部风险管理机制,指南要求各校设立审计委员会,在学校理事会代表的监督下,负责对大学财务进行审计和对学校风险管理机制进行监测等。① 从《英国高等教育理事会成员指南》的主要内容来看,英国大学内部治理模式的共同特征是一种外部监管、内部自主的程序性自治模式。

总的来说,英国高等教育治理的独特特征在于设立了高等教育基金委员会和高等教育质量保障署等中介组织作为"联接器"和"缓冲器",从而形成了政府控制而不直接参与管理,中介组织监督而不控制,大学受监督而能自治的高等教育治理模式。

第二节 美国高等教育治理改革的价值取向及其治理模式

美国高等教育管理体制深受其联邦政治体制影响。美国联邦宪法规定,教育是各州与家庭的权利与责任,联邦政府没有权力直接干预各州管理高等教育,因而,在20世纪80年代以前,与其他发达国家的高等教育系统相比,美

---

① 刘绪. 英国高等教育内部治理的模式及标准 [J]. 湖南师范大学教育科学学报,2014 (5):90-95.

国高等教育系统"简直称不上是什么系统",私立大学自治独立且享有盛名,公立大学由 50 个州的公立大学和学院组成,各州政府分别控制各州的公立大学和学院,而各院校之间,无论公立私立,还是州内州外,都激烈地竞争着师资与生源。以伯顿•克拉克的话来说,"美国的系统是最缺乏组织的,几乎完全是一种相互之间自由竞争的市场"。① 不过,正是由于"美国模式"的地方化与多样化,才使得美国不需要像其他国家一样进行自上而下的高等教育治理改革,而主要是在"分权自治"和大学"共同治理"理念影响下,形成了包括联邦政府、州政府及社会中介组织等在内的大学内外利益相关者共同参与的高等教育治理模式。

一、美国大学"共同治理"理念的形成

美国高等教育系统肇始于殖民地学院,它们自发形成了一种不同于欧洲国家的大学管理体制,即"法人—董事会制度结构",这是一种基于法人制度的外行董事会管理模式。② 在美国的大学董事会制度发展过程中,形成了两种不同的董事会模式,一种是由哈佛学院创始的双董事会制度,另一种则是由耶鲁学院创始的单一董事会制度。所谓双董事会,是指哈佛学院最初在 1642年获得马萨诸塞议会特许状,成立了由总督、副总督、校长、九名议会助理和九名邻镇牧师组成的监事会(Board of Overseers),以信托的方式监管哈佛的财产,并接受议会的监督,但监事会还不是法人。1650 年,哈佛再度获得新的特许状,成立了由校长、司库和五名评议员(Fellows)组成的董事会(Harvard Corporation),正式确立了哈佛的法人地位,不过,新特许状并没有授予董事会完全的托管权,而是依旧保留了监事会对哈佛财产与事务的监督权,从而形成了监事会监督董事会的"双董事会"制度。单一董事会制度由耶鲁学院于1745 年确立,名为"耶鲁学院校长和评议员"(ThePresident and Fellows of Yale College),实行多数人决策制度,如果赞成与反对的评议员人数相当,则校长享有最终的决策权。③ 单一董事会制度受到美国后续成立的公私院校的效仿,逐

① 〔加〕约翰•范德格拉夫. 学术权力——七国高等教育管理体制比较 [M]. 王承绪,张维平,徐辉,等,译. 杭州:浙江教育出版社,2001:124.
② 和震. 美国大学自治制度的形成与发展 [M]. 北京:北京师范大学出版社,2008:11-12.
③ 欧阳光华. 从法人治理到共同治理——美国大学治理的历史演进与结构转换 [J]. 教育研究与实验,2015(2):53-58.

渐成为美国大学最主要的董事会制度模式。无论是双董事会制度还是单一董事会制度，都是外行董事会控制模式，尽管"外行"并没有贬抑之义，只是强调董事会是由非学术的、非专业的校外人士组成的特征①，但是，这也说明了美国大学一开始就不是由校内学术的、专业的教授控制的，欧洲大学学者行会自治的管理模式在美国没有发展的土壤。从大学发展史来看，教授不能参与或掌管大学校务，尤其是不能掌握学术事务的决策权是不符合学术组织发展规律的。因而，如果说美国殖民地学院时期是因为没有教授、只有少数助教而无法形成学者行会，那么，随着美国的独立，学院初具规模，开始设立教授职位，教师地位不断提高，再加上 19 世纪大批留德学者归来，德国大学教授治校的理念对美国大学产生了重要影响，教师尤其是教授参与校务决策成为可能。耶鲁学院单一董事会制度建立初期，董事会成员分散于不同城市，又常常忙于世俗与教会公务，无法住校参与校务，因而在 18 世纪末，耶鲁学院形成了董事会不参与具体校务管理的法定政策，德怀特校长任命三名教授组成教授会，为教授参与校务决策奠定了制度基础。此后，继任校长杰里迈耶·戴在执掌耶鲁的 30 年中形成了校长与教授会共商校务的惯例，并最终在他的继任者伍尔西校长任职期间得到了董事会的认可，成为耶鲁的一项法则，甚至形成了"教授会立法，校长同意，董事会认可"的耶鲁治校格言。②耶鲁的教授会制度像它的单一董事会制度一样，对美国其他大学产生了示范效应。比如，康奈尔大学在 1891 年颁布新章程，规定学术评议会（Academic Senate）是大学教师的立法团体，由校长和所有正教授组成，对大学教育与研究事务具有决策权，此后，芝加哥大学、斯坦福大学等校也纷纷设立由教授、副教授组成甚至包括所有教师在内的评议会或学术理事会，对大学校务享有评议权或决策权等。事实上，教授会与学术评议会出现并成为大学校务决策的重要机构之一，从某种意义上说，作为"内行"的教授会参与大学校务决策的机制弥补了"外行"董事会不能参与具体校务管理的不足，创造了大学"内行"与"外行"共同管理大学的新模式，而这恰好也成为美国大学共同治理理念萌发的土壤。

1967 年，美国大学教授协会（AAUP）、大学董事会协会（AGB）及美国教育理事会（ACE）联合发表了《大学与学院的治理声明》（Statement

---

① 王绽蕊 . 美国高校董事会制度：结构、功能与效率研究［M］. 北京：高等教育出版社，2010：30-31.

② 和震 . 美国大学自治制度的形成与发展［M］. 北京：北京师范大学出版社，2008：82.

on Government of Colleges and Universities），提出了"共同治理"（shared governance）理念，即"教师和行政部门基于双方特长的权力和决策的责任分工，以代表教师和行政人员共同工作的承诺"①。尽管主要是指行政部门与教师的分工与合作，但总体上是指大学董事会、行政管理部门、教师、学生等大学各类成员共同参与大学重大校务的决策。与此同时，其还提出了大学各类成员参与共同治理的两项基本原则：其一，大学组织重大事情的决策既需要首创能力，也需要全体人员的参与，也就是共同参与的原则；其二，大学各组成群体在决策中的地位有所不同，谁对具体事务负有首要责任，谁就最有发言权，即所谓的"首要能力首要责任"的原则。因此，在大学共同治理过程中，大学董事会、校长等行政人员、教师、学生等不同群体都能依据各自不同的专长与责任参与校务决策。具体而言，在有关大学使命、战略规划、院系设置、预算和资金分配以及选举和评价校长与院长等方面的决策，董事会和以校长为首的行政机构负有首要责任，但同时也要与教师代表协商；在招生政策、学生能力标准、学生培养过程、课程设置与安排、教师能力标准和伦理行为等方面，教师拥有首要决策权力，董事会和行政机构可以要求教师对可能具有争议的事项给予详细的说明。学生并没有被赋予直接参与校务决策的权力，但是，该声明还是提出了学生在大学里至少应当拥有四方面的权益：能够在教室里畅所欲言，而不必因见解粗浅而担忧受到学院的惩罚；可以自由讨论与批评学院的政策与工作；当被指控严重违反学院规章制度时有正当的学术程序权利；有权享有像大学其他群体一样拥有反映自己声音的学生代表等。总的来说，《大学与学院的治理声明》由大学教授协会、大学董事会协会以及教育理事会联合发布，说明美国大学由董事会、管理人员、教师与学生共同治理的理念是大学各方利益相关者的共识，也说明了美国大学由外行董事会控制到董事会监督下的校长管理，再到董事会、校长、师生等多元主体共同参与大学治理的发展与变革，是美国高等教育管理体制的重大转变，标志着由大学内外利益相关者共同参与校务决策的高等教育共同治理理念的初步形成。

二、美国高等教育治理改革的价值取向

美国是一个联邦制国家，联邦制的首要特征之一是地方分权，即各州在联邦

---

① American Association of University Professors（AAUP），Statement on Government of Colleges and Universities［EB/OL］. http://www. aaup. org/statements/Redbook/ Govern. htm, 2016-06-01.

宪法的规定下享有特定的自治权力。就教育而言,美国宪法并未授予联邦政府直接管辖权,因而,根据宪法修正案第十条规定,"宪法未授予合众国,也未禁止各州行使的权力,分别由各州或人民保留",管理教育成为各州政府与人民的自治权,奠定了美国高等教育管理分权体制的法律基础,由此,分权也就成为美国高等教育治理改革自然而然的价值选择之一。不过,分权虽然保障了州政府、大学、中介组织、企业、个人等高等教育利益相关者的分立与自主,但它们并不能独立完成对高等教育的管理,就像联邦各州分立自治却依然需要联合起来才能更好地维护共同利益。因此,随着大学共同治理理念的发展,高等教育共同治理的理念日益成为美国高等教育治理改革的另一种价值追求,而分权与共治也被认为是美国高等教育管理的特色理念。①

(一)美国高等教育治理改革的分权价值取向

高等教育分权是指高等教育的立法、管理、举办、监督等权力由不同的利益相关者共同分享,从而使利益相关者分立而制衡。美国高等教育分权主要体现在联邦政府、州政府、州立大学、私立大学、社会公众(中介组织)以及大学组织内部董事会、管理人员、教师、学生等各自享有不同的权力与利益,对政府之外的公私立大学与中介组织来说,分权更意味着自治。

根据美国联邦宪法规定,联邦政府不享有教育管理权,举办和管理教育的权力归属于各州政府,因而,美国高等教育系统实际上是由 50 个州的高等教育系统组成的,形成了各州政府管理高等教育的分权体制。一定意义上说,美国高等教育管理的分权体制也是联邦政治分权体制在高等教育领域的体现,由此也导致联邦政府一度没有统一管理全国教育事务的行政部门,直到 1979 年才正式设立联邦教育部。但《教育部组织法》对其职权进行了严格限定,"教育部的设立并不增加联邦政府对教育的权力,也不减少州、地方及州其他机关所保留的教育职责",禁止教育部"任何对课程、教育计划、行政或任何教育机构的人力资源进行指导、监督或控制",教育部的职能主要在于经费补助、教育研究和教育报道。② 显然,在宪法蕴含的分权价值理念指导下,联邦政府与州政府建立了教育分权管理体制。教育管理权属于州政府而不是联邦政府,不过,但这并不说明州政府就有权将本州范围内的所有院校都纳入政府的统一

---

① 左崇良,胡劲松.美国高等教育的分权与共治[J].国家教育行政学院学报,2013(8):90-95.

② 余承海.美国州立大学治理结构研究[M].南京:南京师范大学,2014:36-39.

管理中,美国高等教育史上的一件公案——达特茅斯学院案树立了州政府与私立大学之间分权自治关系的典范。1819 年,联邦最高法院判决了达特茅斯学院董事会诉新罕布什尔州政府一案。最高法院认为,达特茅斯学院所获颁的英国王室特许状是一份契约,确立了学院是一个私人团体而非一家公共机构,新罕布什尔州议会通过修改达特茅斯学院特许状的法律,将其由私人团体变为公共机构是损害契约义务的行为,是违背美国宪法的。此外,最高法院指出,虽然这个学院是公法人,但是,任何给予学院的捐赠,同样应当被契约义务所保护。联邦法院的这一判决以宪法赋予的权威为州政府与大学法人的关系确立了一个重要的先例法则,即大学在具有契约约束力的特许状保障下享有独立于州政府的高度自治权。从联邦分权的角度来说,州政府确实拥有管理本州教育事务的一切权力,但是,如果州政府以特许状的契约形式将大学管理权让渡给了大学法人——董事会,那么,州政府要想修改特许状必须征得大学董事会的同意,要么就在特许状中保留修改权。可以说,达特茅斯学院案确立了私立大学法人与州政府之间的分权自治关系,而随着"法人—董事会制度"不断引入州立大学,州立大学也逐渐作为公法人与州政府确立了分权自治的关系,州立大学成为相对独立于州政府的法人实体而非政府部门。一位州立大学的历史教授为维护这种关系甚至表示,"如果州官员或议员敢妄言我们的州立大学是州政府的机构且应该如何被管理云云,我们这些在州立大学教书的教师会立即起来反击那种妄言的"[1]。可见,美国高等教育的分权化不仅体现在联邦政府与州政府的分权上,还体现在联邦与州政府依法尊重私立大学和州立大学的自治权上。[2] 此外,如果把高等教育中介组织作为美国各州人民的社会团体的话,那么,中介组织也是宪法赋予"人民保留"教育相关权力的分权主体。一般来说,美国高等教育中介组织是独立于政府和高等院校之外的参与高等教育各项活动的非营利性社会组织。还值得指出的是,在大学组织内部实际上也存在分权价值取向,如董事会与校长、评议会等之间依据"共同参与"和"首要能力首要责任"原则的大学治理分权。总的来说,由于美国宪法的分权条款、大学董事会制度的法人自治传统以及公私分立的高等教育系统的影响,美国联邦政府、州政府、州立大学、私立大学、中介组织以及大学

---

① 和震. 美国大学自治制度的形成与发展 [M]. 北京:北京师范大学出版社,2008:141.
② "高校领导海外培训项目" 2009 年赴美国培训考察团. 美国高等教育治理模式考察报告 [J]. 国家教育行政学院学报,2010(2):75-82.

组织内部的董事会、校长、教师评议会等之间形成了一个高等教育分权网络结构，共同分享高等教育治理的各项权力。

（二）美国高等教育治理改革的共治价值取向

美国高等教育的分权理念并不仅仅是使不同的利益相关者分立制衡，更重要的是为了保障他们在享有自主权的条件下，共同参与高等教育决策，促进高等教育发展。因此，高等教育共同治理的理念顺势而生，高等教育共治是大学"共同治理"（shared governance）理念的扩展和深化，后者主要强调大学组织内部的董事会、管理人员、教师、学生等成员共同参与校务决策，而高等教育共治是在此基础上，将共同参与者扩展至大学外部利益相关者，将决策事项扩展到宏观的高等教育事务，使高等教育共治成为大学内外利益相关者共同行使决策权力，协调多元利益冲突，共享高等教育发展的治理过程。一般来说，1967 年美国教授协会、大学董事会协会、教育理事会联合发布的《大学与学院的汉理声明》是美国高等教育共治理念萌发的标志性文件，此后，共治理念得以迅速发展，成为美国高等教育治理改革的重要价值取向。

20 世纪 60～80 年代，美国大学陆续受到共同治理理念的影响，成为许多大学进行治理改革的重要理论依据。1988 年，加利福尼亚州颁布《AB1725 法案》作为《加州高等教育规划》的补充法案，以立法的形式在全州所有社区学院推行共同治理，开创了社区学院作为州高等教育系统一部分的先例。该法案确立了"首要依赖于学术委员会的建议和判断"和建立"学区董事会和学术委员会的相互协商"的社区学院共同治理原则[1]，提高了教师、学生以及其利益相关者在社区学院共同治理中的地位与影响。90 年代以后，其他各州开始纷纷效仿，因此，通过《AB1725 法案》，除了加州将共同治理理念法制化外，其他各州也在州立高等教育系统中确立了共同治理模式。不过，随着美国高等教育进入大众化与普及化阶段，大学已经发展成为大学内外利益相关者多样化利益诉求交织的高等教育机构，传统的共同治理理念被认为已经过时，需要重新界定，共同治理应当由所有主要的利益相关者共享，而不是仅仅局限在董事会、行政人员、教师以及学生之中，而且原有的大学治理结构已经无法准确地反映所有利益相关者的权力、利益和责任，治理结构的职能划分也过于模糊。[2] 因此，1990 年，美国大学教授协会（AAUP）率先对 1967 年发布的《大

第三章 外国高等教育治理改革的价值取向及其治理模式

---

① 甘永涛. 美国大学共同治理制度的演进 [J]. 清华大学教育研究, 2009（3）: 25-30.

② 于杨, 张贵新. 美国大学"共治"的两难处境及发展趋势 [J]. 高等教育研究, 2007（8）: 99-105.

学与学院的治理声明》进行修订,郑重指出:"声明指引董事会成员、行政管理人员、教师、学生以及其他人员,使他们相信美国大学已经进入倡导大学各群体适当分担责任和采取合作行动的阶段。"① 大学董事会协会(AGB)批评传统共同治理机制的不适应性,指出:"现在高等教育需要高度警觉和灵敏,但却被低效和谨慎取代,治理机制与传统阻碍了这一时期对外界的回应和决策的明确性。"② 大学董事会协会主张改革共同治理制度的弊端,重建大学共同治理模式。1998 年,大学董事会协会发布《院校治理声明》(Statement on Institutional Governance),对"联合声明"做了大幅度的修订,设置了新的标准,重新分配治理结构中的权力,以期改革传统的共同治理模式。具体而言,新《声明》使得参与共同治理各群体的决策责任更加细化,提高了董事会的决策权力和地位,相对降低了教师的学术自由权力,在利益相关者理论影响下,将大学内的非学术员工、非终身轨教师、兼职教师、助教、学生以及校外的顾客、捐赠者以及所在社区等也纳入了参与决策的共同治理结构之中。③ 从思想发展演进的角度来看,这是大学共同治理理念的重大突破,由仅仅局限于大学内部主要群体的共同治理扩展到大学内外部利益相关者的"共同治理",形成了一种更广泛的高等教育共同治理理念。2010 年,大学董事会协会(AGB)再度发布《董事会在大学治理中的责任声明》(Statement on Board Responsibility for Institutional Governance),对共同治理理念进行反思和修正,强调董事会在高等教育治理中的重要作用。其篇首语宣称:"这些原则是为了指导大学董事会明确他们的角色和责任,理清他们与校长、行政管理人员、教师以及参与治理过程的其他人员的关系。"④ 在声明中大学董事会协会提出了八项治理原则来阐发这一目标:大学治理的终极责任有赖于董事会;在尊重大学决策的传统文化的同时,董事会应当寻求有效方式实现治理;董事会应当为反映战略重点的

---

① American Association of University Professors (AAUP), Statement on Government of Colleges and Universities[EB/OL]. http://www. aaup. org/statements/Redbook/ Govern. htm, 2015-5-7.

② 甘永涛. 美国大学共同治理界说及制度演进 [J]. 外国教育研究, 2008(6):20-24.

③ Association of Governing Boards of Universities and Colleges (AGB), Statement on Institutional Governance (1998) [EB/OL]. http://www. agb. org/governance. cfm, 2016-06-07.

④ AGB, Statement on Board Responsibility for Institutional Governance, March26, 2010. [EB/OL]. http://agb. org/statements/2010/agb-statement-on-institutional- governance, 2016-06-07.

资源分配批准预算并设立指导方针;董事会应当确保与校园内其他群体保持开放的沟通,因为教师、职员、学生在院校中具有至关重要的地位,他们有权知悉重大问题并参与治理过程;董事会应当在责任和公开性方面恪守承诺,并确保参与治理过程的其他人员的行为也是如此;董事会在校长任命和评价其表现方面负有最终的责任;董事会应当阐明总校长、分校长以及任何院校准治理或咨询委员会的权威与责任;无论是公立还是私立的大学董事会,都应当为院校所服务的社区发挥重要的作用。[①] 显然,共治已经成为美国高等教育治理改革追求的核心价值之一。

三、美国高等教育治理模式

20世纪70年代,伯顿·克拉克等学者将美国高等教育管理体制总结为"美国模式",它的主要特征是院校董事会与院校行政管理当局及教授行会相结合,其中董事会作为获得特许状的独立法人,对大学全面负责,院校行政官员则受董事会委托掌管大学的组织管理权力,教授的势力发展较晚,而且只能在董事会和行政官员授权的学术事务范围内发展,因而,教授会的影响相对较小。伯顿·克拉克认为,由于美国高等教育的分权体制,形成了多样化的高等教育系统,改革的方向是使它变得更有行政秩序,加强院校行政领导,加强上层结构如联合大学的行政管理,以使联邦政府、各州最高委员会、各州政府能够更加系统而持续地干预高等教育。[②] 应该说,伯顿·克拉克的判断预见到了美国大学外部干预会增强的改革趋势,但是,在高等教育分权体制和共同治理理念的影响下,无论是联邦政府还是州政府都无法像其他高等教育发达国家一样制定强有力的政府控制大学的法案。所以,美国高等教育治理改革并不是单一地加强行政控制与干预,而是促进大学内外利益相关者共同参与高等教育事务决策,从而逐渐发展成为一种新的"美国模式"——高等教育共同治理模式。

那么,美国高等教育共同治理模式是如何形成与运行的呢?总的来说,美国高等教育治理是由联邦政府、州政府、私立大学、州立大学、中介组织等之

---

① AGB, Statement on Board Responsibility for Institutional Governance, March26, 2010. [EB/OL]. http://agb. org/statements/2010/agb-statement-on-institutional-governance, 2016-06-07.

② 〔加〕约翰·范德格拉夫. 学术权力——七国高等教育管理体制比较 [M]. 王承绪,张维平,徐辉,等,译. 杭州:浙江教育出版社,2001:203-205.

间的宏观共治,以及大学董事会、校长、教师、学生等之间的微观共治共同构成的。但是,需要着重指出的是,宏观共治与微观共治并不是截然分开的,而是以董事会为核心和纽带形成了大学内外利益相关者共同参与的高等教育治理模式。

从宏观共治来看,政府、大学、市场等共同构成了一个伯顿·克拉克所谓的"三角协调模型",各依职权与利益,相互协调,共同参与高等教育事务。联邦政府与州政府参与高等教育事务一般遵循宪法规定和传统惯例。就联邦政府来说,尽管宪法并未授予其直接管理教育的权力,但相关条款规定国会具有为公共福利课税等权力,因而,联邦政府常常以高等教育与国家利益和公共福利相联系为由制定影响各州高等教育的资助法案,如 1785 年颁布的《土地法令》,开创了联邦资助州立教育事业发展的先例,此后 1862 年的《莫里尔法案》资助赠地学院,再到 1944 年的《退伍军人适应法》、1958 年的《国防教育法》、1963 年的《高等教育设施法案》、1965 年的《高等教育法》以及 2010 年奥巴马政府颁布的《卫生保健与教育协调法案》,都是以资助大学发展和提升学生福利的形式通过的一系列法案,以至于 20 世纪六七十年代还催生了一批被称之为"联邦拨款大学"的研究型大学。因此,联邦政府是以公共立法、财政资助以及信息服务等方式参与高等教育治理的。许多学者从大学自治的角度出发,认为联邦政府的这一系列行为是对高等教育的干预,然而,从更广阔的高等教育治理视角来看,这不过是联邦政府运用宪法赋予它的权力参与和影响高等教育的发展,而且这对各州和大学并不具有强制性,它们可以选择接受或拒绝,联邦政府与其他利益相关者一样,都只是利用自身享有的法定权力和特定资源共同参与高等教育治理。州政府享有宪法赋予的教育管理权,但是,由于私立大学在"法人—董事会制度"的保护下坚守大学自治的传统,使得州政府几乎难以参与私立大学的治理。而州立大学的政府治理则由于各州分权自治,50 个州几乎有 50 种治理模式,显然,分权化的必然结果自然就是多样化。各州设立的高等教育治理机构没有统一的名称,一般被称为高等教育管理董事会、高等教育协调董事会、教育财政委员会、管理者董事会等,它们通过履行治理职能实现对州立大学的治理,如任命州立大学的校长、制定州立大学的发展政策、审批与州立大学教师或其他人事相关的文件、确保州立大学的财政运转正常、实施各种政策和管理措施等。① 不过,总体上各州立大学政府治理模

---

① 余承海. 美国州立大学治理结构研究 [M]. 南京:南京师范大学,2014:46-47.

式可以分为三类：分割治理模式，即多个州一级的高等教育治理董事会并存，分别治理不同部分的高等教育事务；统一治理模式，即仅设置一个州一级的高等教育治理董事会负责全州的高等教育事务；联邦治理模式，是指设置一个州一级的协调董事会，协调各个独立高校系统董事会之间的高教事务。① 美国高等教育系统还是一个受市场竞争机制协调的共治体系，在这个所谓的高等教育"市场"中，中介组织发挥着"市场准入与监管"的作用，按照职能划分，中介组织主要有三种类型：其一是评估认证型，指全国性、地区性和专业性认证组织，如中部学校和学院认证协会、新英格兰学校和学院认证协会、南部学校和学院认证协会等；② 其二是研究和咨询型，指专门从事高等教育问题研究和咨询的组织，其中影响最大的是卡内基教学促进基金会；其三是自律互益型，指学会、协会等行业团体，如美国高等教育协会、大学和学院联合会、大学教授协会等。③ 高校通过中介组织实施的评估、认证、监督、协调等功能在高等教育的"消费者市场""劳动力市场"及"院校市场"中相互竞争④，从而使高校与政府、社会联结在一起。

　　微观共治主要是指大学内部的共同治理，在大学"法人—董事会制度"下，董事会作为"外行"必然需要"内行"的协助，从而形成一种委托代理的治理结构，只是由于现代大学作为一种兼具学术性与科层性的组织，它的"内行"既有以学术为职业的教师，也有从事科层管理的管理人员，因而，董事会委托的代理者由大学教师和管理人员共同组成，其中校长一般作为两类专业人员的共同代表，但更多的时候是行政管理总负责人。如此，就形成了由董事会与校长为首的管理人员、教师组成的教授会或评议会以及权利意识觉醒的学生共同构成的一个纵贯校、院、系的完整的共同治理结构。需要着重指出的是，在这之中，董事会的角色与职能并不仅仅局限于大学的内部治理，事实上，它是美国高等教育微观共治与宏观共治的桥梁与纽带，正如卡内基教学促进基金会于 1982 年在《校园的控制：关于高等教育管理的报告》中指出的："董事

---

① 余承海．美国州立大学治理结构研究［M］．南京：南京师范大学，2014：48-49．

② 宣葵葵．美国认证机构参与高等教育治理探析［J］．浙江万里学院学报，2012（3）：89-93．

③ 杨凤英，毛祖桓．美国高等教育中介组织的功能及其启示［J］．比较教育研究，2006（1）：66-71．

④ ［美］伯顿·R·克拉克．高等教育系统——学术组织的跨国研究［M］．王承绪，徐辉，殷企平，蒋恒，译．杭州：杭州大学出版社，1994：178．

会构成了(美国)高等教育管理结构的基石。"①无论是私立大学还是公立大学,董事会都是美国大多数高校的法人代表机构和最高权力机构,它主要由校外人士组成。作为"外行",一方面,董事会一般代表公众利益与教育消费者的立场,确保高校不会困守于学术象牙塔内而忽视社会的需求;另一方面,外行的董事会只负责学校发展的大政方针,而不会以专家自居直接干预日常校务。②因此,董事会联结大学内外的双重角色与功能确保大学既与社会需求保持适当联系,又能保持大学的相对独立性,从而形成了以法人董事会为核心和纽带的大学内外利益相关者共同参与的高等教育共同治理模式。

第三节　法国高等教育治理改革的价值取向及其治理模式

法国现代高等教育管理体制以中央集权著称,这源自于法国大革命和拿破仑帝国时期对高等教育进行的集权化改革。"第二次世界大战"以后,法国高等教育迅速发展,传统的管理体制因为过于集权日益僵化,难以适应高等教育现代化、民主化、大众化的需要。1968年,法国政府为平息"五月学潮",迅速通过了《高等教育方向法》,将集权化的管理体制作为改革重点,力图通过下放权力、解除管制,促进广泛参与和大学自治,提高高等教育管理效率,革除传统体制过于集权的弊端,由此开启了法国高等教育治理改革的序幕。20世纪80年代以后,法国高等教育治理改革继续以"大学自治"为价值目标,不断地出台新的高等教育法案,推进改革进程,并逐渐形成了新的法国高等教育治理模式。

一、法国高等教育治理改革的历史背景

法国大革命时期,推翻了君主专制的资产阶级新政府通过了"公共教育组织法",宣布取缔各种形式的行会,源自于中世纪学者行会的大学全部停办,只有专门化的专业学校得以继续办学,并创建了如今久负盛名的巴黎理工学校、巴黎高等师范学校等专门学院。此后,拿破仑攫取革命领导权,建立了中央集权的帝国政治体制,在教育方面,颁布《帝国大学法》,创立了以帝国大学为中心的新教育体系,将全法国划分为若干学区,实行学区管理;但没有恢复大学

---

① 张斌贤,张弛. 美国大学与学院董事会成员的职业构成——10所著名大学的"案例"[J]. 比较教育研究,2002(12):23-27.

② 郭为藩. 转变中的大学:传统、议题与前景[M]. 北京:北京大学出版社,2006:82.

体制,而是将原大学中的学部(或译称学院)作为各学区的高等教育机构,直到1896年大学才重新作为高等教育组织单位建立起来,但它只是学部松散的集合,没有统一管理各学部的权力。帝国大学并不是一个高等教育机构,而是一个执行国家最高权力当局的重大决定的全国性教育管理机构。[1] 帝国大学的高等教育集权体制主要由两套系统组成,一套是由帝国大学总长与学区长、督学构成的行政管理系统,总长对中央负责,统揽各学区教育大权,任免各学区长和所有公共教育机构的教师,学区长总管学区教育事务兼任学区高等教育机构负责人,督学由总长任命,随时根据总长的指示视察各级各类学校,对教学、考试、学校财务等进行监督;另一套系统常常因为人们关注中央集权的行政管理系统而忽视,帝国大学创建之时成立了"公共教育委员会",委员会的成员由总长任命,但均是大学学者并代表各自学科,主要职能是管理教师的任职资格、录用与工资待遇、教授职位的设置等,在这一委员会的垂直领导下,各学科可以制定本学科的管理模式与规则,且这些管理模式与规则可以凌驾于大学与学院之上,从而形成了公共教育委员会、学科委员、各学科教授自上而下的学术管理系统。因此,法国高等教育自拿破仑帝国以来实际上存在着两个并存的管理体制:一个是行政体制,负责经费拨付和学校管理;一个是行会体制,决定着教师的职业和教学生涯。[2] 拿破仑建立的中央集权教育管理体制影响深远,一直被沿袭到20世纪60年代,形成了一种在中央集权占据优势的基础上,中央政府和学科行会共同分享高等教育权力的国家(教育部)—学部(教师团体)共同治理的高等教育管理体制。[3] 然而,1968年"五月学潮"之后出台的《高等教育方向法》打破了这一传统管理体制。

《高等教育方向法》也称"富尔法",由时任教育部长埃德加·富尔主持颁布,富尔法的主要精神来自于法国政府对"五月学潮"的反思,时任总统戴高乐指出,"参与已成为明天法国的准则和推动力",因而提出以"参与"的精神改革国家管理体制,职员参与管理本单位,工人参与企业利润分配,大学生参与学校管理,政府通过参与机制改革建设社会新秩序。对大学而言,则希望打破僵化的管理体制,获得更多的办学自主权,提高办学活力。因此,"参与"和"自治"成为1968年法国高等教育改革的主要价值目标。[4] 总的来说,富尔法

① 顾明远. 法国教育 [M]. 长春:吉林教育出版社,2000:70.
② 王晓辉. 法国大学治理模式探析 [J]. 比较教育研究,2014(7):6-11.
③ 庞青山. 法国高等教育特色制度的演进 [J]. 比较教育研究,2011(3):37-41.
④ 黄福涛. 外国高等教育史 [M]. 上海:上海教育出版社,2003:269.

将法国大学的性质确定为具有"法人资格和财政自治权的公立科学文化性机构",并确定了大学改革的三项原则:自治、参与和多学科性。自治主要是指赋予大学更多的行政管理、教学管理和财政支配的自主权,参与主要是指参与行政管理和教学管理,多学科性主要是指促进大学中不同学科间的交叉与融合。就自治而言,富尔法规定,大学有权自主选举大学理事会和校长并自主制定学校的章程,大学理事会的决议具有法律效力,无须经过其他部门的审批;大学有权自主制定教学大纲,决定其授课方式、考查及考试的方式;大学有权自主制定学校的整体预算,不需要经过教育部许可支配学校部分经费,在获得国家拨款的同时有权开拓捐赠、服务报酬、合作经费等收入来源。参与主要是为了体现和保障大学自治,富尔法规定大学的所有成员,包括不同等级职称的教师、研究人员、职员、学生以及校外人士,都可以通过工会或其他合法组织与途径表达自己对大学管理与发展的意见和建议。根据这三大改革理念,富尔法要求对大学进行机构改革,首先是撤销了大学原有的学部(或学院)建制,组建一种名为"教学与研究单位"的新大学基层组织,这一基层单位自主负责课程设置、教学安排、学生考核和选举大学理事会代表等,并允许它们自愿组合成新大学。富尔法此举被誉为最具有"革命性"的机构改革,是为实现大学"多学科性"的重大举措,有学者指出,"1968年的改革立法者是想在促成新的机构中推动各学科之间的功能性联系,结果成功了,以往那些需要联系,但是在旧的学院内无法结合的各类学科的学生、教师和研究人员,如今在制度上能保证他们有机地结合起来"。① 其次是设立大学理事会作为校级决策机构,由新组建的大学基层组织——各教学与研究单位选举出来的管理人员、教师、研究人员、学生以及校外人士构成。大学理事会主要负责重大校务决策,完善规章制度,制定大学经费预算与分配方案,选举大学校长等。再次,设立全国高等教育和科学研究委员会,由教育部长担任主席,成员主要由大学选举的代表、其他高等教育和研究机构代表以及代表国家重大利益机构的校外人士(占1/3)组成。该委员会的主要职能是制定国家近期和长期的高等教育和科学研究发展规划,就教育部所属的高等学校的教学大纲和经费申请与预算分配提出意见,就授予国家文凭和学位的条件、制定统一的升留级制度提出建议等。实际上,这一机构只是一个教育部的咨询与协调机构,并没有审议和决策权。

---

① 黄福涛. 外国高等教育史 [M]. 上海:上海教育出版社,2003:271.

1968 年的《高等教育方向法》对法国高等教育进行了结构性的变革,被誉为法国高等教育发展史上的里程碑[①],但是,此次立法仓促且几乎无人反对(议会 444 票赞成,0 票反对,39 票弃权[②]),对于政府而言,似乎通过这部法律最迫切的目的并不是富尔所设想的根据大学的社会职能去改造法国大学,而是摆脱"五月学潮"的混乱,恢复社会秩序。因此,尽管通过撤销学部成立教学与研究单位极大地促进了多学科之间的跨学科合作与交流,增加了大学对外部社会和经济发展的适应性,但"自治"与"参与"却依然目标模糊,缺乏可以具体操作的举措,正如约翰·范德格拉夫等学者所观察到的,"(法国)政府不愿意让大学自行其是地实行它所期望的改革,这一点是很清楚的"[③]。据统计,197 ~ 1982 年,法国政府陆续出台八次修改法,牢牢控制了大学入学、教学大纲制定、国家文凭的颁发、预算的制定以及教师管理的诸多权力(如大学教师的岗位编制设置、教师的录用晋升、人员的工资待遇等),并依然由学区长从中担任上传下达的角色[④],以至于"自治被说成是将'财权和人事权留给国家管理的自治'"[⑤]。在校务决策尤其学术决策的参与方面,范德格拉夫等认为这一目标进展得最不顺利,"高级教学人员控制学术事务和任命学术人员的权力以及控制研究的权力实际上并未削弱,虽然大学校长有时会代表学生和初级教学人员的利益,但是学生和初级教学人员的很少能有效地参加决策过程"[⑥]。因此,尽管法国《高等教育方向法》确立了自治、参与、多学科性的高等教育改革价值理念,开始打破 19 世纪拿破仑帝国时期建立的中央集权高等教育管理体制,但是,在促进政府解制与大学自治等方面仍然需要进行长期不懈的高等教育治理改革探索。

---

① 陈春莲. 自治、集权、协调——法国政府与大学关系的历史演进 [J]. 法国研究,2007(3):98-101.

② 刘敏. 法国大学治理模式与自治改革研究 [M]. 北京:北京师范大学出版社,2015:40.

③ 〔加〕约翰·范德格拉夫. 学术权力——七国高等教育管理体制比较 [M]. 王承绪,张维平,徐辉,等,译. 杭州:浙江教育出版社,2001:69.

④ 刘敏. 法国大学治理模式与自治改革研究 [M]. 北京:北京师范大学出版社,2015:42.

⑤ 黄福涛. 外国高等教育史 [M]. 上海:上海教育出版社,2003:273.

⑥ 〔加〕约翰·范德格拉夫. 学术权力——七国高等教育管理体制比较 [M]. 王承绪,张维平,徐辉,等,译. 杭州:浙江教育出版社,2001:69.

二、法国高等教育治理改革的价值取向

20 世纪 80 年代,英美等国新公共管理运动开展得如火如荼,法国也同样面临着提高政府行政效率、改革中央集权趋近僵化的行政体制的重大任务。1981 年 5 月,密特朗领导的左翼社会党上台执政,开始推行以权力下放为中心的行政体制改革,8 月,法国议会通过了《权力下放法案》,主张把中央的部分权力下放到地方,充分发挥地方政府的作用。在教育方面,提出了"放权、现代化和适应"为目标的改革思想。放权是一种分权形式,在行政管理中,一般是指将处理特别性或当地性事务的权责完全转移给具有法人地位的地方政府,中央政府不再进行直接控制,也不再介入地方性事务,它唯一的职责就是保证地方政府在全国性的方针政策框架内运行,与之相应的是中央与地方会对财政权限进行重新划分,地方政府的财政自主性增强。① 关于教育管理体制的放权,主要是指改变过于集中的教育管理体制,实行权力下放,让地方政府和学校享有更大的自主权,调动他们的办学积极性和主动性。从政府治理的角度来说,中央政府放权,实际上就是中央政府对地方政府与高等院校进行解制。所谓解制,即解除管制,解放束缚,它与规制相对,是政府在内部管理中解除公共部门的人事管理、采购等相关的内部限制,赋予公共管理者自由裁量权,使其行为如同私人经理一样,从而促进公共部门更有效率。不过,解制并不反对官僚结构,甚至认为科层节制是必不可少的,因为解制并不意味着放任自流或者完全自治,解制是为了发挥管理者的创造力,使其承担起更多的实现目标的责任,因此,解制也十分重视领导者的角色。② 从中央与地方的关系来说,解制是改革中央集权体制,促进地方政府自主负责的非常有效的政府治理模式。法国高等教育管理体制在 1968 年之前是典型的中央集权体制,富尔法开启了这一体制的变革之路,从其"自治"和"参与"改革理念的具体内容和相关举措可知,这是一种中央政府下放权力的解制式改革,其追求的价值目标即是适当解除政府管制,促进大学自治,这一价值目标自 20 世纪 80 年代以来被法国历届政府的诸多高等教育立法改革所继承,不断改造着法国传统的中央集权高等教育管理体制。

---

① 薛凯.论分权的四种形式 [J].中国行政管理,1998(2):27-29.
② B·盖伊·彼得斯.政府未来的治理模式 [M].吴爱明,夏宏图,译.北京:中国人民大学出版社,2001:109-119..

（一）大学自治价值取向的确立

1984 年 1 月，密特朗总统签署颁布了新的《高等教育法》，这是由新任教育部长阿兰·萨瓦里主持起草的"第二次世界大战"之后法国的第二部高等教育改革法案，也称"萨瓦里法"，该法重申了富尔法有关自治、参与、多学科性的高等教育改革原则，并在其基础上对法国高等教育管理体制进行了更全面、更深入的改革。首先，萨瓦里法重新界定了高等教育机构的性质，将原来的"教学与研究单位"改为"培训与研究单位"，从而改变了以往将高等教育机构视为纯粹的教育与学术机构的性质，避免了将大学校、短期高等教育机构排除在改革之外的尴尬。其次，为了进一步解除政府对高校的直接管制，确保高校的办学自主权，萨瓦里法第一次将"合同制"引入高等教育管理之中，它规定，"（高等教育机构）是自治的，在执行本法所规定任务的过程中，可以在国家规定的范围内，本着信守合同的原则，确定自治的教学、科研和资料工作的政策……可把教学、科研和资料工作纳入它们与国家签订的多年合同，合同应规定这些机构承担的义务和国家为此提供的经费与人员编制"①。合同治理模式确立了政府与高校之间的平等对话关系，比较清晰地划分了二者之间的权力与责任，促进了政府解制放权，强化了高校的办学自主权。② 再次，改革高校内部治理结构，适应合同治理模式。萨瓦里法规定，设立大学行政委员会，取代原来的大学理事会，同时增设大学学习与生活委员会，与富尔法设立的科学研究委员会一起构成了高校治理的三元结构，其中行政委员会是学校最高决策机构，科学研究委员会负责学校研究计划的制定以及相关经费的分配，学习与生活委员会负责大学生学习和生活相关事务，后两者主要是咨询与建议机构，校长由三个委员会共同组成的大会按照国家法令和学校章程选举产生。校长作为法国高校的真正管理者终于在萨瓦里法实行合同政策以后得以实现。

然而，20 世纪 80 年代的法国政坛并不稳定，1986 年，右翼党派获得国民议会选举的胜利，组建政府内阁，在教育方面，教育部长萨瓦里被德瓦盖取代，德瓦盖甫一上台就废除萨瓦里法，出台新的"德瓦盖法案"，该法案十分激进，以"自治、竞争、效率"为价值目标，试图建立大学自主颁发文凭、大学入学自主选拔以及高校之间相互竞争的相关制度，彻底实现高校的独立自治，提高办

---

① 张人杰. 法国教育改革 [M]. 北京：人民教育出版社，1994：421.
② 高迎爽，王者鹤. 法国现代大学制度的成长路径——1984 年《萨瓦里法案》及其影响分析 [J]. 高教探索，2012（1）：36-40.

学效率,这一法案遭到法国大中学生的罢课反对,社会大众积极响应支持,最终德瓦盖不得不辞职,其法案也被一并废除,萨瓦里法得以保留下来,显然,激进的变革理念并不符合法国渐进推动政府解制放权的价值追求。1988年,左翼党派重新执政,新任教育部长若斯潘延续了萨瓦里法案的大学自治价值目标,在1989年新颁布的《教育方向法》里将合同治理模式逐步推向整个高等教育领域,高校根据自己的情况制定四年发展规划并由校长与教育部的"规划与大学发展司"谈判,明确双方权责,整个法国被划分为四个区域,教育部每年与其中某一个区域的高校签订合同,同时由独立的第三方机构——国家教育评估委员会对各高校的项目进行评估,每四年为一个评估周期,评估结果影响下一合同周期的拨款。合同政策成为法国政府打破高等教育中央集权传统,解制放权,促进大学自主办学的卓有成效的改革方式。此后,法国政府一直遵循解制放权、促进大学自治的改革理念,如1996年召开的"教育制度未来发展咨询会议"再次强调推行权力下放,扩大高校办学自主权的重要性,鼓励地方政府参与高等教育,承诺给予科研人员特别是年轻科研人员以自由的空间,促进大学与大学校相互融合,提高大学的开放与国际化程度,改善大学内部治理等。[①] 不过,尽管法国历届政府力图使传统的高等教育管理体制经过改革走向非集权化,但是,中央集权的国家政治体制深刻影响着高等教育管理的权力分配机制,后者在更多的时候是适应前者而不是与之抗衡,加之多党制政府不断更迭引起的改革政策反复,以及社会公众和大学师生对于某些有损他们传统利益政策的抵制,使得法国高等教育管理体制的解制改革始终处于一种进退往复、欲放还收的状态,大学自治更像是一种行政合同约束下有限的程序性自治。

(二)大学自治价值理念的发展

2007年,萨科齐出任法国总统,此前,在竞选宣言中他承诺将教育改革作为其任期内的头等大事,关于高等教育,他希望进行更彻底的改革,他指出,"我们的高等教育系统真正要改善的地方是要把我们的大学从行政的桎梏中解放出来,行政的集权和无效率限制了大学的发展,使我们的学生不能够接受知识社会中真正需要的教育……1968年高等教育法早已明确了大学自治的

---

① 刘敏. 法国大学治理模式与自治改革研究 [M]. 北京:北京师范大学出版社,2015:46-47.

原则,然而如何能够实现大学自治的途径却尚未明确。"①在萨科齐的推动下,
法国议会在这一年通过了《关于大学自由与责任的法律》,也被称为"大学自
治法",该法追求的三项改革目标之一即是要走出当前大学治理结构的瘫痪
状态,加强校长的权力和职能。大学自治法的改革目标与举措十分具有革命
性,期望通过五年的高等教育改革,造就"新的大学"。首先,就大学与外部政
府的关系来说,该法案赋予高校在大学合同框架内完全的预算自主支配权,而
以前仅能自由支配极少部分预算,还可以设立基金会,拓宽大学的经费来源,
此外,国家把校园房产所有权转移给高校,由高校负责管理处置;赋予大学人
力资源自主管理权,行政委员会可以在基于评估的基础上调整教师在教育、研
究或其他任务三者之间的工作分配,校长有权根据需要聘用非终身制的教师
员工等;地方政府可派代表参加高校的行政委员会这一决策机构,促进地方政
府与高校之间的沟通与联系,形成紧密的互惠关系。其次,关于大学内部治理
结构,大学自治法的改革力度非常大,它赋予行政委员会和校长更多的权力,
行政委员会享有设立教学与研究单位、就教职员工晋升等事务提出建议、分配
教职员工工作的职权,与此同时,将委员会的人数由 30 ~ 60 人的规模缩减为
20 ~ 30 人,并特别增加了包括地方政府代表、社会与企业界代表在内的校外
人士代表人数,从而提高委员会的社会参与性和决策效率。此外,大学自治法
重新将选举校长的权力赋予行政委员会,而不再是1984 年萨瓦里法案规定的
由大学行政委员会、科研委员会及大学学习与生活委员会共同选举校长。从
某种意义上说,大学自治法赋予了大学校长在法国高等教育史上最大的职权,
校长主持行政委员会的工作,在行政委员会争议不下时拥有决定权,也主持科
研委员会和大学学习与生活委员会,咨询他们的建议,起草和执行大学与政府
签订的"四年发展合同",享有人事决定权等。总的来说,大学自治法使校长和
行政委员会成为"新大学"的权力核心,校长不再只是大学的象征,还是大学
真正的领导者和管理者。②但是,行政委员会和大学校长权力的加强,就意味
着大学内部权力的集中化和各教学与研究单位权力的弱化,这完全侵犯了学
部的自治传统,引起了大学教师极大的不满与抗议。2013 年,为消除大学自治

① 刘敏. 法国大学治理模式与自治改革研究 [M]. 北京:北京师范大学出版社,2015:
48-49.
② 陆华. 建立"新大学":法国高等教育改革的逻辑 [J]. 复旦教育论坛,2009(3):63-
67.

法的不当改革,由奥朗德领导的新政府通过了《高等教育与研究法案》,削减了校长与行政委员会的权力,加强了教师、学生以及校外人士参与校务决策的权力。行政委员会的规模由原来的20～30人增至24～36人,其中校外委员八人至少有四名委员要由其所代表的校外机构任命,至少两名校外委员由行政委员会任命,校外委员均有权参与校长选举,合并科研委员会和大学学习与生活委员会创建为一个新的委员会——学术委员会,负责大学教学与研究的决策与咨询等。[①]重新回归到富尔法实施以来创建的校长、管理人员、教师、学生、校外人士共同参与的大学治理模式,正如高等教育与研究部长日娜维耶芙·菲奥拉佐所说的,"应当重新引入学院式治理,这才是大学的精神,校长作为经营人,根本行不通"[②]。

总的来说,富尔法以"自治""参与"的价值取向开启了法国高等教育治理改革的序幕,而20世纪80年代以后颁布的诸多改革法案则将法国高等教育治理改革的价值取向进一步集中指向大学自治,并在不断施行权力下放、完善高校治理结构的改革中促进法国形成新的高等教育治理模式。

三、法国高等教育治理模式

从20世纪60年代法国传统的高等教育管理体制来看,法国高等教育管理体制一般被归为欧洲模式,一种国家官僚机构与大学学科教授相结合的管理模式,中央政府掌管着高等教育管理的上层控制权,而学科教授则在学部或讲座内进行集体自治或个人主宰。[③]伯顿·克拉克曾指出,欧洲模式面临的改革是加强中层管理,即加强院校负责人的权力,同时削弱中央政府部门和讲座教授的权力。显然,法国自1968年以来所进行的高等教育管理体制改革正是以此为方向的,经过数十年的改革,中央集权的高等教育管理体制已经悄然转变,大学的办学自主权得到极大加强,初步形成了以中央政府—大学校长—学部教授为核心特征的,不同于传统的中央政府与学部教授相结合的新的高等教育治理模式。

---

① 张为宇. 法国《高等教育与研究法案》透视 [J]. 世界教育信息, 2013 (15): 10-13.

② 王晓辉. 法国大学治理模式探析 [J]. 比较教育研究, 2014 (7): 6-11.

③ 〔加〕约翰·范德格拉夫. 学术权力——七国高等教育管理体制比较 [M]. 王承绪, 张维平, 徐辉, 等, 译. 杭州: 浙江教育出版社, 2001: 199.

就中央政府来说，自1968年高等教育改革确立权力下放、大学自治、共同参与的指导理念以后，法国政府对教育管理部门进行了一系列的改革与重组，其中高等教育与普通教育事务的管辖部门历经分分合合，2007年以后国家教育、高等教育与研究部再度分立为国家教育部和高等教育与研究部，后者专职管理高等教育事务，与前者一样直接受总统领导。实际上，负责高教事务的中央政府部门除了议会、总统、高等教育与研究部以外，还有国家评估委员会及其后继机构。国家评估委员会成立于1985年，此后法律将其定义为"独立行政机构"，主要职责是对研究、文化和职业性的公立机构进行评估，如大学、高等工程师学校和其他高等教育机构，评估它们与政府签订的合同的履行情况、与校外机构合作项目的完成情况，并为改进高校的运作提出相关建议等。国家评估委员会独立于大学与教育部，与大学是合作伙伴关系，但与教育部则是并立关系，由于二者在职能上有所重叠，而且都向总统负责，似乎又构成了一种竞争关系，因此彼此互不信任，教育部基本不参考国家评估委员会的评估报告，使得评估报告大多被束之高阁，评估流于形式。[①] 1999年欧洲29国教育部长共同确立博洛尼亚进程之后，法国为建立与欧洲及国际标准相对应的高等教育评估机构，整合了原来的国家评估委员会、国家研究评估委员会、大学全国委员会等十余个评估机构，于2007年成立了新的高等教育与研究评估中心，负责对法国各类高等教育机构的文凭和资格颁发的标准与程序进行评估，为中央政府做出科学决策提供相关评估信息，尤其是大学履行发展合同的评估信息，同时以一种公开的可信赖的方式为学生、企业、社会大众等呈现国家高等教育与研究机构的发展现状。总的来说，经过数十年的不断改革，法国中央政府部门已不再对高等教育机构进行事无巨细的直接管制，而是赋予它们在行政管理、财政支配、教学管理等方面的自治权，仅仅通过合同政策进行宏观控制。政府与大学之间的合同制管理源于1983年教育部与高等教育研究机构试行的拨给科研经费的四年研究合同，此后经1984年的高等教育法的规定而成为一项法定政策。1994年，这种合同形式被命名为"四年发展合同"，1998年，教育部通令重申了关于四年发展合同的政策，并规定由高等教育司负责合同的协调工作，到2005年时，大学通过这一合同政策获得的资金达到办学经费总量的1/3，其中科研占50%，建筑和设施占

---

① 刘敏. 法国大学治理模式与自治改革研究 [M]. 北京: 北京师范大学出版社, 2015: 120-121.

20%，其他事项占 30%（不含教师人员工资），2007 年，包括各类院校在内的 204 所高校与政府签订了发展合同。^①某种意义上说，行政合同制度已经成为法国新的高等教育治理模式下，中央政府对高等教育机构保持管制关系而又不干涉其办学自主权的重要治理工具，是法国高等教育治理模式的主要特征。

在法国传统的高等教育管理体制中，大学一级几乎不具有控制各学部教授行会的权力，大学校长更只是一个象征性的荣誉职务。然而，富尔法实施以后，校长成为实现大学自治的重要基础，从遴选机制、任职资格、任期年限到权力责任等经过数十年若干法案的不断改革，法国的大学俨然已经由教授治校进入校长治校的时代。现在的校长由政府、企业、社会等校外代表和大学管理人员、教师、学生等校内代表构成的行政委员会选举产生；校长任职资格也由只有具备本国、本校教授且是大学理事会委员等身份才能成为获选人，到 2013 年的《高等教育与研究法案》则允许校外人士直接竞选校长职位；任职年限也由五年一届不得连任转变为四年一届可连任一次；关于校长职权，自富尔法到大学自治法赋予校长权责之大，为法国高等教育史上所罕见，尤其是合同制治理形式的运用，使得校长成为唯一能够"代表"大学的权威，成为法国大学真正的管理者，扭转了法国自中世纪以来学部权力大于学校权力的传统。如果说学部（教学与研究单位）作为大学组织的基层单位其传统的自治权被移交给大学校长，是加强校长权力、领导各学部共同完成发展合同的需要，那么，干涉教师学术自由权利则属于罔顾大学传统价值与办学规律的荒谬之举。2009 年，萨科齐政府再度出台了一份关于大学教师—研究员身份的配套法案，规定大学教师—研究员每四年提交一份工作报告，由全国大学委员会对他们过去四年的工作内容、态度及教研成果进行评估，评估结果将作为发放奖金和评定职称的参考标准。为了捍卫学术自由，在教师工会的组织下，包括巴黎大学在内的 30 所大学举行了持续近两个月的罢工罢课。大学自治法的不当改革举措最终被 2013 年的《高等教育与研究法》进行了部分修正，使学部及其教师重新掌握了学部教学、科研等学术决策的自主权。

总的来说，20 世纪 60 年代以来，法国中央政府通过立法解制放权，加强校长职权促进大学自主自治，学部师生共同参与大学治理并努力捍卫学术自

---

① 马陆亭，陈浩．法国高等教育契约管理模式探究［J］．新疆师范大学学报（哲学社会科学版），2016（2）：140-145.

由权利和学部自治传统,从而形成了以行政合同制度为治理工具,政府、社会、大学校长、学部分权而又合作的高等教育治理模式。不过,尽管法国大学获得了一定的自治地位和自主权力,但法国高等教育治理始终是建立在中央集权管理体制基础之上的,大学的自治程度与其他非中央集权国家相比并不高,这在欧洲大学协会最近开展的欧洲大学自治 II——EUA 自治记分卡调查中一目了然,法国大学在组织自治、财政自治、人事自治以及学术自治四个方面都是处于自治程度最低的国家行列。① 这体现了法国高等教育治理模式中深刻的政府管制特性。

第四节　日本高等教育治理改革的价值取向及其治理模式

日本现代高等教育肇始于明治维新,1886 年帝国大学创立时,日本高等教育制度就基本形成了官立学校与私立学校的类别、大学与专门学校的层次的二元双层结构。② 第二次世界大战以后,尽管以美国为首的联合国军占领当局对日本高等教育制度进行了民主化改革,但是,战前帝国大学与地方国立大学、国立大学与私立大学之间资源分配的僵化的等级结构几乎被原封不动地继承下来,使得日本高等教育进入大众化阶段以后高等教育多样性发展不足。20 世纪 90 年代以后日本经济发展停滞,日本政府财政赤字不断走高,无力承受日益沉重的高等教育经费负担,经济界也迫切期望大学承担起经济发展和社会服务的功能,推动日本经济转型发展。因此,进入 21 世纪以后,日本政府强力推行以"国立大学法人化"为主要举措的高等教育治理改革,希冀通过实现国立大学的市场化独立经营,扩大办学经费来源,降低政府财政负担,提高办学效益,增强高等教育对国家经济与社会发展的支持责任。

一、日本高等教育治理改革的背景与动因

第二次世界大战之后,联合国军占领当局开始对日本进行教育改革,特别是美国赴日教育使节团提交了考察报告,指出日本高等教育必须彻底清除军国主义影响,打破帝国大学特权,保障人民尤其是女子平等接受高等教育的权

① 〔比利时〕Thomas Estermann. 欧洲大学自治 [J]. 韩梦洁,译. 中国高教研究,2016(4):77-84.

② 〔日〕天野郁夫. 高等教育的日本模式 [M]. 陈武元,译. 北京:教育科学出版社,2006:172.

利,由战前大学、专门学校双层次改革为大学、学院平行的单一层次等改革建议。因此,日本政府对高等教育机构进行了一系列的合并升格改革,原来的帝国大学、公立大学、私立大学、高等学校、专门学校、师范学校等各自形成的独特升学系统的高等教育机构被合并成新的四年制大学或两年制的短期大学,大学的数量也从 1946 年的 48 所上升到 1950 年的 201 所。不过,尽管大量的专门学校升格为大学,但实际上并没有改变战前高等教育机构的等级结构和资源分配模式,这些新大学与它们的前身一样处于不同的等级。不过,就国立大学来说,美国教育使节团建议"一县一(国立)大学"的大学升格原则被很好地执行下去,只是这些新大学在继承战前等级结构和资源分配模式下分化成了两类大学:一类是以旧帝国大学为主的大学,如东京大学、京都大学等;另一类是同一县内的公立、官立专门学校被合并成为地方国立大学。前者一般设有大学院(即研究生院),采用讲座制作为教育研究的基本单位;而后者则不能设立大学院,只能采用学科目制(即学科专业)。大学院大学可以获得倾斜性的丰厚的教师编制数和预算分配,而学科目制大学不仅资源分配有限,且政府对其升格为大学院大学仍会进行严格限制。因此,"第二次世界大战"之前的国立大学与专门学校之间的等级结构依然被保留了下来。就私立大学来说,"第二次世界大战"后政府对私立高校的控制全部被撤除,设立私立大学非常自由,大多数私立专门学校迅速地"升格"为大学,1946 年私立大学仅为 27 所,而 1950 年时私立大学已经达到 105 所。不过,"第二次世界大战"之后的私立大学虽然获得了与国立大学平等的地位,但是却并未动摇它们之间在资源分配上的等级结构,国家的财政经费仍然只会投入到国立大学,私立大学还是只能依靠学费收入当作办学资金,战后改革给私立大学带来的唯一好处就是在招生方面,由于国立大学、公立大学定额限制,私立大学可以招收更多的学生,不断扩大办学规模。总体上来说,"第二次世界大战"之后,日本高等教育虽然在法律形式上消除了大学与专门学校的层次等级以及国立大学与私立大学的自由竞争限制,但实际上在资源分配上依然继承了战前僵化的二元双层等级结构。

尽管在高等教育结构方面改革进展艰难,但由于经济发展迅速,战后的日本高等教育规模随之快速发展,几乎以每 15 年为一个发展周期,从 1960 年至 1975 年间,高等教育毛入学率由 10% 上升到 40% 左右,1975 年至 1990 年入学率放缓,但也增长至 50%,进入高等教育普及化阶段,1990 年至 2005 年,高等教育毛入学率再次大幅增长到 70%,此后基本维持在这一水平,日本高等教育已经全面进入高等教育普及化时代。① 高等教育大众化与普及化以及经济的多元发展对高等院校的多样性提出了要求,不过,原本以美国高等教育模式为蓝本进行的改革,并没有使日本形成近似美国的围绕资金等各种资源进行自由竞争的多样化大学及其功能,而是依然以国立大学尤其是东京大学、京都大学等名校为效仿对象的整齐划一的、潜在等级森严的大学形态和功能,大学之间仅存在有限的竞争。这种单一的大学类型无法满足经济界对多样性人才的需求,20世纪五六十年代,日本经营者团体联盟多次要求改革现行大学制度的不彻底的整齐划一性,促进各类大学发挥各自所长,甚至认为大学与专门学校分别存在的旧制度更好。对此,文部省不得不寻求改革举措,其下属的咨询机构中央教育审议会提出了"种别化"的改革设想,即坚持由大学院、大学、短期大学三种高等教育机构为基础构成的大学制度,明确不同大学的性质和目标,大学院应当主要培养研究人才和进行高水平的学术研究;大学则以培养高级职业人才为办学目的;短期大学主要培养一般职业人才和实际生活所需的基础技能;与此同时,通过促进国立大学、公立大学法人化,实施教师任期制,允许大学之间自由转学,加强国家对私立大学的资助等,实现大学制度的弹性化和多样化。然而,这一构想受到了社会强烈的批评,日本教职员工会领导的教育制度研究委员会认为,这样的"种别化"是建立在办学经费等资源的非竞争性和倾斜性的分配结构基础之上的,是通过制度上的固定化来形成多样化,而不是首先谋求资源分配的平等化,进而促进不同大学自由竞争形成"个性化"的大学形态和功能。显然,在改革根深蒂固的传统的高等教育等级结构、推进高等教育多样化这一目标上,中央教育审议会与日本教职员工会等民间团体是一致的,只是在如何改革办学资源分配结构方面存在分歧。中央教育审议会认为,应该在政府的指导下逐步改变资源的分配机制,促进流动性与多样化;而教职员工会则认为如果各种资源不能平等地分配,就不可能实现大学的多元化或个性化。在这两个咨询机构分别提出各自改革设想的同时,经合组织(OECD)教育调查团也发表了《日本的教育政策》报告书,基本上与中央教育审议会的观点一致,在强调国立大学、公立大学法人化的重要性的同时,认为改革资金分配结构是突破日本高等教育等级金字塔的战略举措,不仅要

---

① 〔日〕金子元久. 日本高等教育大众化的经验和启示 [J]. 刘文君译. 教育发展研究, 2007(2):59-62.

大幅度增加资金总额,更重要的是把竞争机制引入分配过程。①

　　事实上,日本高等学校之间之所以等级结构根深蒂固,其根本原因在于日本国立大学、公立大学是国家与地方行政机构的一个组成部分,大学教职员工是公务员,大学潜在的等级结构实际上就是国家行政机构等级制度的自然延伸。国立大学作为政府机构,在经济发展多年停滞的日本,日益成为政府的沉重包袱,还限制了它们与经济界的互动与合作。20 世纪 90 年代中期,日本政府为了应对严峻的经济衰退形势,解决入不敷出的财政危机,希望通过精简机构、裁撤冗员、削减行政预算、提高政府效率建立一个廉洁高效的政府,促进经济复苏。具体来说,就是采用独立行政法人的改革办法,将中央各部委的政策执行部门与国家行政机构脱离,赋予其独立法人资格,取消其员工的公务员身份,从而精简行政机构和削减人员预算,这一改革方式在 1999 年以法律的形式确立下来,即《独立行政法人通则法》。② 从日本高等教育制度上来说,国立大学就是文部省的政策执行部门,因此,国立大学自然也在独立行政法人化改革之列。如果不打破国立大学的政府机构性质,国立大学既不情愿也难以与经济界、社会界合作,因为传统上国立大学的绝大多数经费来源于政府,企业与社会是否提供办学资源并不影响大学发展,还有则是作为公务员的教师、科研人员参与企业合作将受到公务员管理条例和文部科学省诸多限制,即便做出了重要的商业专利,也不属于个人或大学,而是属于国家,这严重限制了大学和教师与外界合作互动的积极性。因此,国立大学法人化就成为日本高等教育治理改革的首要举措。

二、国立大学法人化改革的价值追求

　　日本国立大学法人化改革直接源于政府的独立行政法人化改革,那么,什么是独立行政法人?日本《独立行政法人通则法》对其是这样定义的:"从国民生活及社会经济的安定等公共角度看有一些确实需要进行的事业或事务,而这些事业或事务不必以国家为实施主体且如果以民间组织为主体又不一定能得以实施,因此这些事业或事务需要专门机构去有成效地进行,所谓'独立行政法人'即指按照本法律及个别法的有关规定成立的专门实施这些事业或

---

① 〔日〕天野郁夫. 高等教育制度论:日本模式的摸索 [J]. 陈武元译. 大学教育科学,
　　2005（4）:27-36.

② 田爱丽. 现代大学法人制度研究——日本国立法人化改革的实践和启示 [M]. 上海:
　　上海教育出版社,2009:42.

事务的法人机构。"① 从法律上来说,独立行政法人既不是政府机构部门也不是民间企业组织,它是介于二者之间的一种由政府资助、自主运营的法人实体,其组织经费仍然由政府提供,责任者由政府任免,享有充分的经营管理自主权,但同时也要有效完成政府所要求的工作目标,即政府目标下制定的中期计划,政府通过评估中期计划的完成情况增加或缩减下一个计划周期的经费。在这一政府行政改革法案推行之初,文部省和国立大学强烈反对,他们认为,独立行政法人化改革并不适合国立大学,这和自由教学与研究、教授治校的大学性质相违背,将大大降低大学的教育与研究水平。对于这一担忧与反对意见,经过几年的争论与妥协,日本政府最终在 2003 年 7 月出台了《国立大学法人法》,规定国立大学于 2004 年 4 月起开始建立国立大学法人制度,宣称"'国立大学法人'是以设立国立大学为目的,根据本法设立的法人……必须考虑到国立大学和大学共同利用机构教育研究之特性"②。不过,事实上,国立大学法人制度的多数内容均适用于《独立行政法人通则法》,同时国立大学法人也被纳入总务省"政策评价与独立行政法人评价委员会"的评价范围之内,因此,国立大学法人实际上就是独立行政法人的一种特别类型。③ 无论是《独立行政法人通则法》还是《国立大学法人法》,都有着明确的改革价值目标,即"独立与责任"的价值理念,具体而言,通过赋予国立大学独立法人资格,使其可以相对独立地实施经营管理、人事制度、预算分配、教学与学术政策等方面的办学自主权,从而有力地承担起提高日本高等教育质量,创办富有个性的世界一流大学,满足社会经济发展的人才需要的重大责任。

(一)国立大学法人化改革的"独立自主"价值取向

日本国立大学法人化改革追求所谓"独立自主"的价值目标,主要表现在国立大学的机构性质上从政府附属机构转变为独立法人实体,同时在组织管理上引入企业经营管理模式、享有充分的办学自主权两方面。一直以来,日本国立大学是依据《国立学校设置法》设置的高等教育机构,相当于政府的一级

---

① 转引自胡建华.日本大学制度创新的重要举措——《国立大学法人法》的出台及其分析 [J].外国教育研究,2004(10):39-43.

② 田爱丽.现代大学法人制度研究——日本国立法人化改革的实践和启示 [M].上海:上海教育出版社,2009:215.

③ 〔日〕羽田贵史.再论日本国立大学制度 [J].叶林,译.复旦教育论坛,2009(5):68-72.

行政组织,而不是一个独立的教育与学术机构,第二次世界大战后美国教育使节团曾把日本国立大学称之为"被保护的官僚机构"。因此,文部科学省像管理下属行政机构一样完全掌握着国立大学的经费预算、人事制度、大学讲座与学科的设置批准权等。法人化改革以后,国立大学摆脱了政府附属机构的从属地位,成为法律意义上的独立法人,国立大学的名称也相应改为"国立大学法人某某大学",如"国立大学法人东京大学"。国立大学的机构性质发生了根本性的变化,正如日本国立大学协会指出的,"在《国立大学法人法》的规定之下,国立大学从迄今为止的国家行政组织的一部分转变为一种具有独立法人资格的机构"①。为了使国立大学能够真正地实现独立自主的经营管理,《国立大学法人法》赋予了国立大学法人制定和分配经费预算、师资与职员人事管理、新讲座与新学科设置等办学自主权,并引入了公司治理结构或者说是企业经营管理模式。法人化改革之前,国立大学普遍沿袭教授治校的传统,校务主要由各学部的教授会负责决策,校长仅是一个象征性职位。改革以后,教授会的权力被削弱或者转移至以校长为首的董事会,校长是国立大学的法人之长,对国立大学的经营管理与教育教学负有全权之责。董事会是国立大学法人的最高决策机构,由校长、董事以及文部科学大臣任命的监事组成,董事由校长任命,董事会以校长为主席,在其主持下讨论决策中期目标、年度计划,学校预算的编制、执行与决算,设置或撤销内部组织机构等事务。此外,设置经营协议会审议有关学校经营管理方面的事务,由校长任议长,其余成员也是由校长提名指定的理事及职员,其中校外人士必须占一半以上;设教育研究评议会审议学校有关教育研究事务,其成员包括作为议长的校长、各学部长、研究科长、附设研究所长等教育研究组织的负责人,以及由校长任命的职员等。由此通过董事会、经营协议会、教育研究评议会三大权力机构共同构成了以校长为核心的国立大学治理结构。这种类似于企业的经营管理模式极大地提高了国立大学的独立自主性,国立大学由原来的"知识共同体"转变为"知识经营体",虽然减少了政府的扶持,但同时也减少了政府的约束与干预,有利于国立大学充分发挥自主性和自律性,在竞争的环境中办出富有个性的大学。从2004年至今,日本国立大学法人化改革已经13年,按照法案确定的六年为一个中期计划推算,至今已经实施了两个中期计划,根据2010年日本国

---

① 田爱丽. 现代大学法人制度研究——日本国立法人化改革的实践和启示 [M]. 上海:上海教育出版社,2009:50.

立大学财务·经营中心发布的《关于国立大学法人化后经营·财务状况的研究报告》显示，第一轮国立大学中期计划关于大学自主办学的正面效果受到了充分肯定，91.7%的接受查者表示大学的个性化得到加强，大学管理运营更加合理化、效率化的比例达到88.2%，认为大学自主性、自律性提高的比例也达到了82.3%[①]，类似的调查结果也反映在文部科学省在2010年发布的第一个六年中期目标实现状况评估报告——《关于国立大学法人化后的现状和课题》中。[②] 可以说，法人化改革极大地增强了国立大学的独立自主性，基本上实现了改革之初设定的国立大学独立经营、自主办学的政策目标。当然，法人化改革的目的并不仅仅是为实现国立大学的"独立"，在文部科学省的宏观控制与指导下，国立大学法人化也只是相对的"独立"，更重要的是为了承担提高高等教育质量、满足社会经济发展需求的责任，甚至可以认为，独立自主是为了更好地承担社会责任。

（二）国立大学法人化改革的"社会责任"价值取向

国立大学法人化改革的"社会责任"价值取向，主要表现为文部科学省对国立大学校长、监事的任命以及国立大学履行中期计划并接受政府委托的第三方评估，还有则是吸收校外人士参与大学内部治理并促进产学合作等。《国立大学法人法》规定，校长由文部科学大臣根据"校长遴选考评会议"的建议和意见进行任命，同时，还可以任命两名大学董事会的监事，主要负责监督校内各项事务的运营，也就是说，文部科学省通过对校长与监事的任命使他们向政府负责。而最能表现政府殷切期望国立大学承担责任的是以六年为一个周期的中期计划。根据国家社会经济发展需要，文部科学省收集国立大学的意见设立为期六年的中期目标，主要包括高等教育质量、科研创新成果、管理运营效率、办学经费增长以及自我评价等指标，中期计划即是各国立大学基于文部科学省的中期目标制订的本校中期发展计划，一般来说，分为学校和学部两个层次的中期目标与中期计划。这些计划的实施绩效并不是由文部科学省直接认定，而是由其下属的国立大学评价委员会委托给第三方独立评价机构——大学评价与学位授予机构，这也是一个具有独立法人资格的中介组

---

① 胡建华."国立大学法人化"给日本国立大学带来了什么 [J]. 高等教育研究，2012（8）：93-98.

② 黄海啸. 日本国立大学法人化改革的有效性研究——基于"中期评估"结果的分析 [J]. 比较教育研究，2014（1）：86-92.

织。评价结果将报告给国立大学评价委员会做综合全面的评价并最终向社会公布,从而加强政府与社会对国立大学教育质量、科研成果、运营效率、经费筹措与使用等方面的监督与问责。文部科学省会根据中期计划的评估结果决定各国立大学下一个六年中期计划的财政拨款额度,这一举措毫无疑问将国立大学置于一个周期性的高要求的责任机制之中,促使国立大学积极履行对国家发展计划的高等教育责任。此外,为了加强国立大学与社会各界的联系,切实承担服务社会的责任,《国立大学法人法》还规定国立大学董事会必须包含若干名校外人士董事,而经营协议会则必须超过一半的委员来自校外,这极大地强化了社会参与大学治理的权力。国立大学还需要积极拓展与企业的合作,向企业提供更多的技术、专利和人才,协助企业进行技术革新和产品研发,如《国立大学法人法》规定国立大学法人要接受来自政府之外的委托,进行科研创新合作,以及开设公开讲座,为社会大众提供知识学习与更新的机会。此外,法人化改革以后,国立大学教师可以兼职或创办风险企业,文部科学省会为创业者提供一定的研究资金资助,而企业甚至可以向科技创新成果丰富、对企业发展贡献巨大的大学投入资金,拥有大学的股份,共同合作促进社会经济的发展,同时也拓展国立大学的办学经费来源。因此,从法人化改革的最终目的来说,承担更多的社会责任是国立大学成为独立法人机构以后最重要的价值理念。

总的来说,国立大学法人化改革是日本高等教育治理改革的重大举措,甚至从改革影响的角度来说,法人化改革不仅将国立大学由政府附属机构转变为独立法人机构,独立自主承担起高等教育之于国家、社会、经济的重大责任,而且重新塑造了日本高等教育的管理体制,形成了一种新的日本高等教育治理模式。

三、日本高等教育治理模式

在 20 世纪 70 年代,伯顿·克拉克将日本高等教育管理模式描述为"有许多重要成分都与欧洲大陆、与美国和英国的模式相似,形成了一个独特的混合物"①。其中与欧洲模式最相似的是上层结构由文部省的官僚控制,基层结构讲座教授显示出古典的教授行会权力模式,没有大学董事会,因此中层结构的行

---

① 〔加〕约翰·范德格拉夫.学术权力——七国高等教育管理体制比较 [M]. 王承绪,张维平,徐辉,等,译.杭州:浙江教育出版社,2001:205.

政管理比较弱；在私立院校方面，不仅有董事会，还有强有力的院校行政管理层，在学术市场上与其他大学进行自由竞争，这表现得更接近于美国模式；日本有两所居于全国顶端的大学——东京大学和京都大学，占据着十分有利的优越地位，某种程度上源于模仿英国模式。因此，正如天野郁夫所说，"第二次世界大战"之后，日本高等教育系统已经发生了变化，尤其是经过美国占领军当局的"民主化"改革以后，虽然在等级结构上仍然类似于英国、法国，但实际上更接近于美国，东京大学、京都大学已经与"第二次世界大战"之前大不相同，既不能享有其他大学所见不到的特权，也不再处于国家的特别保护之下，如果除去从过去继承下来的传统或声望，以及由于办学历史悠久而积累下来的人力、物力资源，这两所大学并没有被给予不同于其他大学的发展条件，这也说明当大学之间的"市场因素"发生变化时，金字塔状的等级结构具有可变性。① 法人化改革正是通过变革大学机构性质、大学内部治理结构、经费资源分配机制、社会监督问责机制等把国立大学推向高等教育的"自由市场"，从而实现对传统的金字塔式的等级结构的解构，使国立大学与其他公立大学、私立大学处于平等的"市场竞争"地位。在整个日本高等教育系统中，《国立大学法人法》颁布之时确立了 89 个国立大学法人和四个由大学共用设施合并形成的大学共用法人，但是，其他性质的大学还有 70 余所地方公立大学、近 600 所私立大学因此，国立大学法人化改革只是日本高等教育治理改革的一个重要组成部分，尽管它具有重大的改革意义，但就塑造新的日本高等教育治理模式来说，不能忽略其他性质的大学，尤其是规模庞大的私立大学在其中所扮演的角色和发挥的作用。公立大学由地方政府举办，性质与国立大学类似，而且随着法人化改革的深入，公立大学法人化也将是大势所趋，私立大学则是由学校法人设立，学校法人是依据日本《私立学校法》可以设置私立学校的特别法人，是一种私法人。学校法人设置私立学校虽然也需要文部科学省的批准，但是学校法人享有私立学校的财产权和所有权，可根据设立学校的理念、目的对学校进行自主管理与经营，不需要按照政府的中期目标制定所谓的"中期计划"，政府对学校法人的管理被限制在最小的范围之内。总的来说，国立大学法人虽然是依据《国立大学法人法》创设的，但国立大学法人也基本适用于《独立行政法人通则法》，两项法规之间的关系是特别法与通则法之间的关系，

---

① 〔日〕天野郁夫. 高等教育的日本模式［M］. 陈武元译. 北京：教育科学出版社，2006：244-245.

国立大学法人是一种特殊的"独立行政法人",是一种公法人。① 尽管国立大学法人与私立大学法人的性质具有差异,经营管理的独立性也略有不同,但法人化改革本质上就是实现国立大学的"市场化独立",通过一定程度上的独立经营与私立大学共同竞争,而这也使得国立大学在经营管理上更加接近私立大学,由此也就形成了日本独特的高等教育治理模式。

就国立大学来说,《国立大学法人法》颁布以后,国立大学获得独立法人资格,文部科学省如同法国高等教育与研究部一样下放权力,解除管制,不再直接干预国立大学的经营管理,以类似于法国政府与大学之间签订"四年发展合同"的方式监督国立大学按照政府的"中期目标"制定"六年中期计划",并根据计划履行的业绩决定下一个中期计划的财政拨款的增减。国立大学校长由原来的象征性职务转变为全面负责经营管理的最高权力职位,领导学校的最高决策机构董事会以及审议经营管理事务的经营协议会和审议教育学术事务的教育研究评议会共同治理大学,一方面通过"中期计划"对政府和社会负责,另一方面通过独立自主的经营管理维护国立大学及其师生的权益。在法人化改革之前,各学部长、教授以教授行会自治的形式掌握国立大学治理大权,法人化之后虽然大部分权力转移至校长、董事会以及经营协议会等负责人和权力机构,但各学部依然享有本学部事务的自治权以及学术自由的保障。总体上来说,日本国立大学的高等教育治理模式与法国类似,都强调以立法形式促进政府解制放权,仅以"行政契约"形式的"六年中期计划"保持对大学的控制,实现大学独立自主,此外,尊重大学教师在学术事务方面的自治传统与自由权利,由此实现国立大学的独立自主办学与承担社会责任的平衡。

不过,如果从整个日本高等教育系统,也就是从包括国立大学、公立大学以及私立大学所有高等院校类型的角度去考察日本国立大学法人化以后的高等教育治理模式,那么,我们会发现经过国立大学法人化以及其他相关改革,新的日本高等教育治理模式具有自己的独特性。一般来说,公立大学与国立大学可以划分为同一类型高校,而私立大学则是另一种高校类型。私立高校占日本高校总数量的3/4左右,一直以一种美国式的董事会制度独立自主地经营和管理高校,参与高等教育市场的"自由竞争",尽管实际上存在着国立大学高于私立大学的等级结构,但随着法人化改革以后国立大学治理模式日益接近私立大学,原来基于国家与市场之间划定的国立大学、公立大学与私立大

---

① 施雨丹. 日本国立、私立大学法律地位之比较 [J]. 复旦教育论坛,2007(3):70-75.

学之间的界限日渐模糊,日本高等教育系统内部潜在的等级结构被打破。自1998年以来,有关高等教育发展的重大项目,私立大学已被纳入与国立大学、公立大学共同竞争的框架之内,社会各界也呼吁重新建立国立、公立、私立大学相互合作的日本高等教育系统,实现政府投入的国立大学与私立大学同等的原则。2012年后,日本陆续颁布的《大学改革实施计划》《关于"学校教育法"及"国立大学法人法"的修订》《国立大学经营力战略》等法规开始推进超越国立、公立、私立大学的设置形态的新合作框架。[①] 这一系列改革法案进一步促进了日本国立、公立大学和私立大学之间的平等化竞争,有利于形成一种新的高等教育治理模式。总的来说,一方面通过国立大学法人化,将国立大学置于高等教育市场竞争之中;另一方面,将私立大学纳入国家高等教育发展总体战略并进行资助,从而形成了国立大学市场化、私立大学国家化的政府—市场混合协调控制的高等教育治理新模式。

本章小结

20世纪70年代,美国著名高等教育学家伯顿·克拉克总结了四种主要的世界高等教育管理模式:欧洲模式、英国模式、美国模式和日本模式,并对它们的改革方向进行了预测。80年代以后,高等教育治理在世界各国兴起,克拉克预言的改革方向大致是准确的,新的高等教育治理改革选择以继承传统、应对现实、面向未来的价值理念作为目标,并在这些价值取向的指引下逐渐形成了适应本国需要的新的高等教育治理模式。英国最早开展高等教育治理改革,为应对经济危机和提高办学效率,英国以"效益与自治"为价值取向,逐渐形成了以高等教育基金委员会和高等教育质量保障署等受政府指导的中介组织作为"联接器"和"缓冲器",政府控制而不直接参与管理,中介组织监督而不控制,大学受监督而能自治的高等教育治理模式。相对于其他国家而言,美国并未进行自上而下的高等教育治理改革,因为美国是地方分权的教育管理体制,但美国大学自发形成了共同治理的理念,促成了一场漫长的源自于20世纪60年代的自下而上的高等教育治理改革,分权与共治也就自然而然地成为这场改革的价值取向,并基本形成了以董事会为纽带的大学内外利益相关者

---

① 施雨丹. 使命再定义:日本高等教育发展进程中的国立大学改革 [J]. 高等教育研究,2016(3):104-109.

共同参与的高等教育治理模式。法国高等教育治理改革源起于 20 世纪 60 年代的富尔法，政府放权、大学独立自主是改革的方向，因而大学自治成为法国高等教育治理改革的价值取向，经过数十年的改革探索，基本形成了以行政合同制度为治理工具，政府、社会、大学校长、学部相对分权而又合作的高等教育治理模式。日本高等教育治理改革以国立大学法人化为起点，以"独立与责任"为价值取向，从而形成了国立大学、公立大学、私立大学自由竞争的政府—市场混合协调控制的高等教育治理模式。显然，从英、美、法、日等国的高等教育治理改革历程来看，虽然有一些相似的举措，但并没有形成一种共同的高等教育治理模式，而是根据各自国情确定各自改革的价值取向，从而逐渐形成了适应各国需要的高等教育治理模式。

第四章

我国高等教育治理改革的价值追求

　　20世纪80年代初,在新公共管理运动与政府治理改革的推动下,世界主要国家的高等教育系统如火如荼地推进着治理改革,而我国此时正迈入改革开放时代,政治、经济、文化、教育等各方面开始了全方位的体制改革,高等教育管理旧体制也成为改革的重要内容。作为一个游离于世界高等教育发展潮流之外数十年而又重新强调学习世界先进高等教育办学经验的国家,我国的高等教育体制改革显然既要解决历史遗留的老问题,也要尽快跟上世界高等教育发展的新趋势。因此,改革开放以来的我国高等教育治理改革是一种追赶的、跨越性的混合改革,既要对中华人民共和国成立以来某些落后的不适应国家、社会发展的高等教育管理旧体制进行大刀阔斧的改革,也要不断借鉴欧美高等教育治理改革的最新理念与举措,塑造新的适应我国政治、经济、社会以及大学本身发展需要的高等教育治理体系。在此过程中,我国高等教育治理改革确立和发展了自主办学和多元参与的核心价值追求。我国高等教育治理改革的价值追求即是在高等教育管理体制改革过程中对高等教育治理普遍价值的倾向性选择并由此树立的高等教育治理价值理念。

第一节　我国高等教育治理改革的兴起

　　改革开放,对我国来说,是一个特别的时代标志,从此时起全国上下从政治、经济、文化、教育、科技、国防等各个部门领域都开始进入拨乱反正的全面改革时期,而教育尤其是高等教育则成为国家工作重心由政治运动转向经济发展的第一个亟待改革的领域,因而,1977年,邓小平等国家领导人首先着手恢复了全国高考,废止了"文革"时期高校只能招收工农兵学员的招考制度,以便早出人才,多出人才,为百废待兴的国家重新注入新的力量。显然,不同于西方的时代背景,使得我国高等教育治理改革的时机、动因以及目标均有别于西方,从而不断影响着我国高等教育治理改革的进程。

一、我国高等教育治理改革的起点

治理(governance),众所周知,是一个来自于西方的政治学或管理学概念,由于出现时间不长,发展不成熟,引介进入我国时仍然没有确切的内涵与定义,这既给我们造成了理解上的分歧,也给了我们丰富和发展治理内涵的机会。刘军宁最早于 1995 年翻译世界银行 1992 年的《治理与发展》年度报告时率先在国内提出将英文中的"governance"一词翻译为"治道",并将这一概念与政治、管理等区分开来,认为前者只涉及权力的应用,而后者还包括了权力的获得、组织、制约、更迭及其相应的程序。① 对于这一译介,毛寿龙等人进行了比较解释,他们认为,在与"government"(政府)相关的几个词汇中,"govern""governance"和"governability"应当分别译为"治理""治道"和"治理能力",因为在新公共行政或新公共管理中,"govern"既不是指统治(rule),也不是指行政(administration)和管理(management),而是指政府对公共事务进行治理,它掌舵(steering)但不划桨(rowing),不直接介入公共事务,因此,应当译为"治理",而"governance"则是关于"govern"(治理)的模式,也就是"治道",治道是在市场经济条件下政府如何界定自己的角色、如何运用市场方法管理公共事务的道理。② 这种理解,与时兴的新公共管理思想别无二致,毛寿龙等学者也承认,所谓的治道变革与新公共行政或新公共管理运动基本上是重合的,与行政改革、政府改革大体上也是同义的,某种意义上可以说治理就是新公共管理内涵的继承与发展。此后,我国学者努力对西方纷乱的治理内涵进行中国语境化的综合,把治理理论与当代中国公民社会研究联系起来,从而区别于流行的国际机构对"治理"的定义,而这主要归功于以俞可平为核心的研究团队。③ 与刘军宁、毛寿龙等人不同,俞可平在基本认同西方

---

① 李泉. 治理思想的中国表达:政策、结构与话语演变 [M]. 北京:中央编译出版社,2014:80.

② 毛寿龙,李梅,陈幽泓. 西方政府的治道变革 [M]. 北京:中国人民大学出版社,1998:2-8.

③ 李泉. 治理思想的中国表达:政策、结构与话语演变 [M]. 北京:中央编译出版社,2014:89.

学者论述的基础上对"governance"的概念进行了改良,他将"governance"直接译为"治理",并指出,"治理"一词的基本含义是指官方的或民间的公共管理组织在一个既定的范围内运用公共权威维持秩序,满足公众的需要,治理的目的是在各种不同的制度关系中运用权力去引导、控制和规范公民的各种活动,以最大限度地增进公共利益,所以,治理是一种公共管理活动和公共管理过程,它包括必要的公共权威、管理规则、治理机制和治理方式。[1] 此外,俞可平对"善治"(good governance)的内涵也进行了概括,认为善治就是使公共利益最大化的社会管理过程。俞可平将"治理"和"善治"指向公共管理领域的定义,以及在此基础上形成的新颖的政治改革分析框架对推动中国的治理研究起到了引领潮流的作用。

然而,"高等教育治理"或"大学治理"这样的跨学科概念,直到 21 世纪初才开始出现在我国高等教育研究者的学术论文里,在此之前我们更多的是使用"高等教育管理"或"高校管理"这样的概念,"高等教育治理"或者"大学治理"成为官方词汇出现在国家制定的高等教育改革法规政策中,至少要等到《国家中长期教育改革与发展规划纲要(2010—2020 年)》颁布前后,当然,这并不意味着我国的高等教育治理改革也是在规划纲要颁布以后才进行的,其实只是新世纪以后我们才开始运用"治理"的概念去审视改革开放以来的高等教育管理改革。一般而言,高等教育治理与高等教育管理,或者大学治理与大学管理的运行逻辑与价值追求不同,但二者之间并不是一种前者取代后者的对立关系,二者的矛盾冲突更多地来自于我们将"管理"狭隘地理解为"行政管理"或"科层管理"。实际上,"治理"本质上是"管理"内涵的新发展,只是它更关注于管理主体的多元性以及他们之间的权力与利益的平衡,从这个角度理解,治理是一种权力博弈均衡的管理机制,是一种利益协调平衡的管理机制,是一种多元主体共同决策的管理机制。因此,就高等教育系统或大学来说,治理理念与大学管理的改革趋势是一致的,都以平等、共享、协商、责任等为价值追求,引入治理理念,有利于丰富大学管理的内涵,促进大学管理现代化。[2] 如果以治理理念,即平等的多元主体、共同参与的决策机制、平衡的网络互动结构等治理内涵,重新审视我国高等教育管理体制改革的历程,我们会发现我国高等教育治理改革的实践要早于我们对高等教育治理理论的探讨,但

① 俞可平. 全球治理引论 [J]. 马克思主义与现实,2002(1):20-32.
② 别敦荣. 治理之于我国大学管理的意义 [J]. 江苏高教,2007(6):2-4.

我国高等教育治理改革兴起于何时,究竟应当以一个什么样的时间节点与历史事件作为标志,则需要我们进行深入地梳理与辨析。

在关于治理之于我国高等教育的适用性和可行性讨论中,部分学者认为我国实施高等教育治理须具备一定的基本条件,而根据西方国家进行高等教育治理改革的经验,成熟的市场经济体制是治理形成的机制前提,公民社会的兴起是治理存在的社会基础,有限政府或分权化的政府是治理推行的政治保障。因此,"我国要实施高等教育的治理,有赖于高等教育市场的形成、高等教育中介组织的充分发育与政府职能的转变三个基本条件的达成。也就是说,只有这三个条件基本得到满足,我国实施高等教育治理才是现实可行的"①。如果以此为标准确定我国高等教育治理改革兴起的时间节点,显然,我们只能承认我国当前仍然无法实施高等教育治理改革,因为自改革开放以来,我国的社会主义市场经济或者高等教育市场竞争机制、公民社会团体以及政府转变职能都还在发展之中。实际上,我们发现,随着我国市场经济体制的日益成熟,公民社会团体的不断涌现,政府由"管制型政府"向"服务型政府"转变,我国高等教育管理体制也在向高等教育治理体系方向改革,也就是说,我国的高等教育治理改革是与市场经济体制改革、公民社会兴起以及政府职能转变同步发展的,而这与我国特殊的国情有莫大的关系。改革开放之前的"文革"运动使整个国家的政治、经济、文化、教育等各领域陷入全面混乱之中,改革开放以后,国家进入拨乱反正的全面改革时期,形成了我国百废待兴、全面改革的发展局面,高等教育治理改革非但不是等到政治、经济、社会发展成熟之后再进行的,而是积极地主动适应国家政治、经济、社会改革与发展的趋势,以高等教育的改革与发展促进国家政治、经济、社会的改革与发展。因此,我们应当以改革开放初期启动高等教育管理体制改革作为我国高等教育治理改革兴起的标志。1985 年 5 月 27 日,中共中央国务院发布了《中共中央关于教育体制改革的决定》,尽管这一文件并没有明确地指出要进行高等教育治理改革,但却明确指出了政府及各部门对高校"统得过死",要简政放权,改变这种僵化的管理体制,扩大高校的办学自主权。与此同时,为了统筹协调政府各部门的管理改革,专门成立了国家教育委员会,统一领导教育体制改革。显然,这一文件指明了促进政府解制放权、高校自主办学、社会力量广泛参与等高等教育治理改革的方向,开启了我国高等教育治理改革的进程,是我国高等教育治理改革

---

① 陈正华. 中国高等教育治理:现实还是理想 [J]. 高教探索,2006(4):4-8.

的起点。①

二、我国高等教育治理改革的动因

1985 年的《中共中央关于教育体制改革的决定》标志着我国高等教育治理改革的兴起,此时距国家做出改革开放基本国策的十一届三中全会已有数年,这一重大会议召开之前,高等教育领域的第一项重大改革是恢复高考,此后又逐步恢复了 1963 年制定的"中央统一领导,中央和各省、市、自治区两级管理"的高等教育领导管理体制,以尽快恢复正常的高等教育办学秩序。但是,在国家大力进行改革开放过程中,恢复"文革"之前的教育尤其是高等教育管理体制并不能适应新的政治、经济、社会快速改革与发展的需求。那么,究竟是哪些原因迫使我国做出走向高等教育治理的改革决定的呢?

(一)条块分割的高等教育宏观管理体制濒临失灵

中华人民共和国成立不久,中央政府对高等教育结构进行改革,开展全国范围内的院系调整,取缔了教会大学,改组了一大批综合大学,重新组建了大量工科、农林、师范、医药类单科高校,如何管理这些高校,当时出现了两种不同的意见。一方认为,除综合大学、多科性工学院、财经学院、俄文专科学校由高等教育部直接管理,其他单科性的工学、农林、医药、体育院校等一律委托给中央各业务部门管理;另一方则不同意把高校交给中央业务部门管理,主张由高等教育部集中统一管理。一直以来,人们都认为我国条块分割的中央部门高等教育管理体制是照搬苏联模式造成的,事实上并非如此。1954 年讨论高等教育宏观管理体制时,提出由高等教育部集中统一管理高校的一方恰恰是苏联专家,当时高等教育部的苏联总顾问列别节夫对时任高等教育部长杨秀峰指出,"他和其他苏联专家看不出中国将高校交给业务部门管理是什么意思,他们看不出业务部门对高校有什么要管的",他认为,对高校的领导关系,决不能从基础建设、经费等行政事务方面来考虑,而应该从教学方面考虑,从哪方面领导对教学更有利来考虑。② 高等教育部接受了苏联专家的建议,形成了全国高校由高等教育部统一领导、直接管理的基本原则,但是,此后随着

① 唐汉琦. 中国高等教育治理的兴起——基于高等教育管理体制改革的历史分析 [J].
   山东高等教育,2015(4):69-74.
② 邵金荣. 中国高等教育宏观管理体制改革研究 [M]. 北京:高等教育出版社,1994:
   25-30.

中苏关系恶化,苏联专家撤走,"大跃进"运动兴起,这一基本原则也就不再坚持,中央政府逐渐将大部分高校委托给中央业务部门和地方省市管理,并同时将宏观管理高校的最重要的两项权力,即高等教育投资决策权和毕业生分配权交给各中央业务部门,从而使高校由高等教育部统一管理体制变成了中央业务部门条块分割管理体制。①改革开放之初,条块分割的高等教育管理体制保留了下来,因为此时全国高校的主要任务还是恢复正常办学秩序,高等教育宏观管理的问题尚不突出,但随着改革开放的深入,尤其是经济体制方面的改革,这一管理体制开始存在的问题开始显露。首先,中央各业务部门高校自成体系,重复建设,办学效益低下。由于高校毕业生几乎是部门所有制,如果本部门需要某一方面专业人才,而下属高校又不培养,那就意味着本部门分配不到这类人才,即便是其他部门高校大量培养这类人才也难以协调,所以,各部门大量设置同类专业,重复建设,办学质量高低参差不齐。其次,由于中央业务部门的专业性,高校的多科性人才培养必然存在与部门业务对口不对口的问题,由此造成不对口的专业被边缘化甚至被闲置。再次,由于业务部门主要进行行业产品生产,因而高校人才培养也就由学科性转向产品性,直接按照业务部门的工业生产所需技能进行培养,培养的毕业生几乎是产业工人而非专业人才。因此,随着政企分开的改革,市场经济的发展,大量企业从各业务部门独立出来,享有用工自主权,业务部门无权再向属下企业大量分配毕业生,人才自由流动机制也日益建立起来,再加上国家经济投资体制改革以后,中央业务部门不再拥有高校投资和分配毕业生的权力与能力,条块分割的部门高等教育管理体制已经完全不适应高等教育事业的发展。

(二)高校内部管理缺乏办学自主权

尽管散乱的条块分割部门管理体制已经难以适应改革开放以后的高等教育事业发展,但是,即便再度将高等学校的领导管理权收归教育部集中管理也不能完全解决政府对高校管得过多过死的问题。因为不管是条块分割的中央业务部门分散管理还是教育部集中统一管理,这种高等教育管理权力"下放"与"上收"的循环往复都只是对高等学校的领导关系进行改革,"换来换去,不过是换了一种依附关系,换了个'婆婆'",高等学校始终没有获得应有的办学自主权②。事实上,我国高校缺乏办学自主权很大程度上是由其组织性质决

---

① 邵金荣.中国高等教育宏观管理体制改革研究 [M].北京:高等教育出版社,1994:9.
② 蔡克勇.20世纪的中国高等教育(体制卷) [M].北京:高等教育出版社,2003:203.

定的,中华人民共和国成立以来,高校就是作为政府的下属职能部门存在的,政府集举办权、管理权和办学权于一身,政校不分的问题广泛存在于高等教育部统一管理体制或条块分割的部门管理体制之中,换句话说,无论是集中统一管理,还是部门分散管理,高等学校都无法改变它的附属地位。高校在人事与机构设置、办学经费管理与支配、考试与招生、学科与专业设置、教学与科研等方面均受到来自教育部、主管中央业务部门或地方政府过多的行政干预。具体来说,改革开放之前,以1956年的《高等学校章程草案》和1961年的《高教六十条》为例,前者规定高校的学系、专业、教研组、函授部、夜校部等的设立和变更都由高等教育部决定,高校根据高等教育部批准的教学计划和教学大纲进行教学工作;后者规定高校的专业设置、变更和取消必须经过教育部批准,高校必须按照教育部制定或批准的教学方案、教学计划组织教学工作,各门课程要按照教学方案、教学计划的要求,制定教学大纲,选用或者编写教材,少数专门课程和某些新开课程至少要有讲授提纲等。[①]其他诸如高考的组织与招生计划的制订、高校人事干部与教师的聘任与调动、财政拨款的具体用途与结余处置等均由政府相关部门掌握实际控制权。因此,在《中共中央关于教育体制改革的决定》肯定高校应当具有一定办学自主权之前,高校只能依据政府行政命令、政策文件进行办学,高校难以灵活地根据自身特点与社会需求开展教育教学活动,高校干部也缺乏办学积极性。

(三)改革开放带来世界各国高等教育改革与发展的经验教训

改革开放初期,刚刚打开国门的中国不仅感受到欧、美、日本等发达国家和地区在经济上取得的巨大成就,而且发达国家在高等教育发展水平上也远远领先于中国,这使得全国上下产生了学习和借鉴世界各国高等教育改革与发展经验的共同愿望,并集中体现在标志着我国启动教育全面改革的重要文件——《中共中央关于教育体制改革的决定》中,"教育体制改革要总结我们自己历史的和现实的经验,同时也要注意借鉴国外发展教育事业的正反两方面的经验……发达国家在这方面的经验尤其值得注意,要通过各种可能的途径,加强对外交流,使我们的教育事业建立在当代世界文明成果的基础之上"[②]。我国改革开放初期正值西方国家在高等教育管理上进行以新公共管理

---

① 俞德鹏,侯强. 高校自主办学与法律变革 [M]. 济南:山东人民出版社,2011:13.

② 中共中央关于教育体制改革的决定 [EB/OL]. http://www.moe.edu.cn/publicfiles/business/htmlfiles/moe/moe_177/200407/2482.html,2016-7-8.

运动为标志的治理改革,这给我国带来了直观的高等教育改革经验和新的高等教育管理理念。这些经验一般通过学者,驻外国使馆教育参赞、秘书或者出国考察的教育官员、大学领导等撰文介绍给国内,为国内教育改革提供了参考范例。此外,不少国际组织为我国教育改革提供了诸多建议和贷款支持,如联合国教科文组织、世界银行等,其中世界银行与我国高等教育改革渊源颇深。据统计,自 1981 年到 2008 年,我国已成为世界银行的第二大高等教育贷款国,一共开展了 20 个涉及高等教育的贷款项目,资金累计达 11.96 亿美元。①此外,世界银行还分别于 1986 年和 1997 年发布了关于中国高等教育改革的研究报告——《中国:高等教育管理与财政》和《中国:高等教育改革》,前者对我国免费的高等教育办学机制进行了批评,认为这是世界上"最昂贵的高等教育",提出了扩大招生规模、提高内部办学效率以及向学生收取学费等拓展经费来源的改革建议;后者则在转变政府由国家控制到国家监督的职能、改革大学管理的效率与效益、高等教育经费筹措形式和渠道多样化以及提高课程和教学质量四方面提出了改革建议,这些建议对我国高等教育治理改革的兴起具有一定的促进作用和参考意义。

三、我国高等教育治理改革的主要目标

我国高等教育治理改革的主要目标是什么?《中共中央关于教育体制改革的决定》在第一部分就开门见山地指出,"教育体制改革的根本目的是提高民族素质,多出人才,出好人才",换句话说,实施教育体制改革就是为了促进各级各类学校更好地履行人才培养的职能,而高校是培养专业人才最直接、最重要的教育机构,因此,如何让高校培养更多、更好的专业人才也就成了我国高等教育体制改革的首要目标。改革开放之初,邓小平等中央领导非常重视教育改革,将其重要性提高到与经济建设同等的地位,邓小平在讨论修改《决定》草案的全国教育工作会议上强调:"一个地区,一个部门,如果只抓经济,不抓教育,那里的工作重点就是没有转移好,或者说转移得不完全,忽视教育的领导者,是缺乏远见的、不成熟的领导者,就领导不了现代化建设②。"之所以如此,据负责调研起草《中共中央关于教育体制改革的决定》的相关领导干

---

① 沈蕾娜.隐形的力量:世界银行的高等教育政策及其影响[M].北京:高等教育出版社,2011:58.
② 中共中央文献编辑委员会.邓小平文选[M].北京:人民出版社,1993:121.

部回忆,这与当时严重落后的教育体制有极大的关系,在做出教育体制改革的决定之前,学校管理体制极其僵化,"政府权力过于集中,学校无法成为一个独立自主的办学主体,外无压力,内无动力,整个学校缺乏活力……于是就形成了这么一种局面:一方面,我们财力窘困,穷国办大教育,投入不足,经费奇缺,另一方面,投入的经费效益很差,造成事实上的极大浪费;一方面,各条战线都痛感人才匮乏,另一方面,学校培养出来的不少人才又因不合实际需要而形成大量积压;一方面,教育行政部门把人、财、物统得很死,另一方面,真正需要协调、需要统筹的事情却又因条块分割,无人问津……"[①] 因此,为了实现培养更多更好的人才的改革目标,就需要打破条块分割的高等教育管理体制,下放政府过于集中的权力,让高校成为独立自主的办学主体,改革高校人事制度,激发高校的办学积极性,培养适应和满足国家建设和社会发展需要的专门人才。与此同时,在不断增加国家教育经费投入之外,鼓励各级政府、教师员工以及社会公众关心和支持教育体制改革,发展教育事业,解决国家教育投入不足,缺乏办学灵活性等问题。概而言之,我国高等教育治理改革的目标主要集中在两个方面:其一,在加强政府宏观管理的前提下改革政府管理体制,简政放权,扩大高校的办学自主权,促进高校与生产、科研以及社会其他各方面的联系,使高校逐渐具备主动适应经济和社会发展多方面需要的独立自主意识和自主办学能力;其二,调动地方政府与其他社会力量的办学积极性,促进社会力量广泛参与高等教育改革与发展。如政府在《决定》中鼓励企事业单位、社会团体、个人等社会力量参与发展职业技术教育,鼓励高校后勤服务社会化等。总的来说,在改革开放之初,高等教育体制改革的首要目标是通过政府简政放权,扩大高校的办学自主权,使高校成为一个独立自主的办学主体,培养更多更好的适应经济和社会发展需要的专业人才。但随着改革的深入,国家经济和社会的发展,高等教育规模日益扩大,鼓励社会力量多元参与高等教育改革与发展也逐渐成为另一个重要的改革目标。从高等教育治理的角度审视我国高等教育管理体制改革历程,我们不难发现,改革政府僵化的高等教育管理体制,促进高校自主办学和社会多元参与其实就是我国高等教育治理改革的主要目标,当然,这并不完全是在《中共中央关于教育体制改革的决定》中就规定好的,而更多的是在持续至今的高等教育治理改革中逐渐确立和发展

---

① 胡启立.《中共中央关于教育体制改革的决定》出台前后 [J]. 炎黄春秋,2008(12):1-6.

形成的。

第二节　我国高等教育治理改革的"自主办学"价值追求

改革开放推动了我国政治、经济、教育等领域的全面改革,《中共中央关于教育体制改革的决定》则是我国教育事业全面改革的标志性文件,它树立了一个重要的改革目标——通过政府简政放权,扩大高校的办学自主权,使高校成为一个独立自主的办学主体,这一目标至今仍然是我国高等教育治理改革努力的主要方向。从价值追求的角度来说,"大学自治"或"高校自主"是高等教育治理追求的普遍价值之一,而从我国改革开放至今的高等教育治理改革历程,尤其是从我国高等教育政策和高等教育研究者常用的核心概念来看,"自主办学"应当是我国高等教育治理改革的核心价值追求之一。

一、"给高等学校一点自主权"

改革开放之前,国家对高等学校无论实行集中统一管理还是放权分散管理都只是在变革高等学校隶属中央政府领导还是地方政府或业务部门领导的问题,始终没有触及政府与高校之间的权力与责任划分问题,也就是说,在很长的一段时期里,高校只是政府部门的下属组织或附属机构,高校的教育教学事务均由政府部门直接管理。在"文革"之前政府曾出台了一系列比较成熟的、适应中华人民共和国中央集权和计划经济管理体制的高等教育文件,其中具有重大影响的文件主要有 1961 年的《高教六十条》,及 1963 年的《关于加强高等学校统一领导、分级管理的决定(试行草案)》。这两个文件在我国高等教育发展史上具有重要地位,是中华人民共和国成立以后中央政府制定的最为系统和详细的、具有法规性质的高等教育管理文件,不仅对当时高等教育的调整与发展具有指导作用,而且是"文革"后对高等教育领域进行"拨乱反正",恢复正常高等教育办学秩序的重要法规依据。不过,就政府直接管理高校的高等教育管理模式来说,这两个文件也是影响深远的标志性法规文件,导致了一系列的高等教育管理弊端。在文件中,关于政府部门对高校事务的直接干预权力,都是以非常明确的条款予以规定,如《高教六十条》要求,在专业设置方面,"高等学校的专业设置,应该根据国家的需要、科学的发展和学校的可能条件来决定"……"专业的设置、变更和取消,必须经过教育部批准";在课程设置与教学组织方面,"学校必须按照教育部制订或者批准的教学方案、教学计划组织教学工作"……"专业设置、教学方案、教学计划、教学大纲和教材要力求稳定,不得轻易变动,课程和学科体系的重大改变,必须经过教育部批准"。① 其实,关于政府直接管理高校事务的权力在《关于加强高等学校统一领导、分级管理的决定(试行草案)》中有更详细的规定。譬如教育部和各中央业务部门享有以下行政职权:审核高校的设置,提出高校发展规模和修业年限的方案,批准专业设置;制定指导性的非常具体的教学计划和教学大纲,统一选编和审查通用教材;制定高校科学研究工作的规章制度,审核高校科研机构设置、调整和撤销的方案;确定招收研究生的高校名单、专业和招生计划,统一管理高校的研究生培养事务;组织高校招生,并协助国家计划委员会编制高校毕业生和研究生的统一分配计划;提出任免直接管理的高校正、副校院长以及审批高校教授、副教授的名单等。② 概而言之,教育部和中央业务部门几乎垄断了高校事务管理的一切权力,包括了专业设置、教学安排、招生培养、科研制度、毕业生分配以及学校领导任免等职权,甚至还包括了审核高校教师高级职称评定的权力。可以说,高校的教育教学事务被纳入了政府的公共行政事务管理之中,高校完完全全地处在教育部和中央业务部门的行政管理之下而毫无独立自主的办学职权。"文革"之后,为了尽快恢复正常的高等教育办学秩序,中央政府重新颁发了略有修订的《高教六十条》和《关于加强高等学校统一领导、分级管理的决定》,在这两个文件的指导下,以及随着全国高考的恢复,高等教育领域也基本恢复了"文革"前的管理秩序。然而,时移世改,改革开放使国家工作重心转移到经济建设上来,市场经济蓬勃兴起,传统的计划经济管理体制不再适应新的政治、经济、社会发展需要,政企分开、政事分开成为适应和促进经济与社会发展的重大改革举措。就高等教育而言,政府赋予作为事业单位的高校独立自主的办学实体地位才能够促进高校提高办学积极性和灵活性,满足国家社会发展对高等教育专门人才的多样性需求。

1979年12月6日,复旦大学校长苏步青、同济大学校长李国豪、华东师范大学校长刘佛年、上海交通大学党委书记邓旭初四位高校领导在《人民日报》发表文章呼吁:"教育部门不要只用行政手段管理学校","不要对学校统得太

---

① 何东昌.中华人民共和国重要教育文献(1945—1975)[G].海口:海南出版社,1998:1060-1066.

② 中共中央、国务院对高等学校领导、管理问题两个文件的批示[EB/OL].http://cpc. people. cn/GB/64184/64186/66671/4493603. html, 2016-7-7.

死"，"要给高等学校一点自主权"。对此，《人民日报》还专门增加了一段"编者按"，鼓励全社会进行讨论："学校应不应该有点自主权，应该有哪些自主权、教育体制如何改革才能更好地适应工作重点的转移，这是值得认真探讨的问题，希望全社会就此提出建设性意见。"①这是中华人民共和国成立以来第一次由高校领导提出政府应当赋予高校自主权的问题，这一问题通过国家权威报刊的报道，很快成为全国热烈讨论的高等教育话题，也引起了中央政府和各业务部门的重视。高校能否作为一个独立的办学实体拥有一定的自主权，这在改革开放之前其实不会成为一个问题，因为在中央集权和计划经济体制下，无论经济领域的企业工厂或商场货店，还是教育领域的科研院所或大中小学，还是社会领域的党团组织或报刊媒体等都只是政府行政管理体制下执行某项计划任务的附庸专门机构而已。改革开放以后，尽管在初期为了拨乱反正恢复"文革"期间破坏的高等教育办学秩序，政府包办高等教育的管理体制又在重新颁布《高教六十条》等法规后延续下来，但新时代改革开放的目标是改革政府包揽一切事务的管理体制，加强宏观调控的背景下简政放权，实现政企分开、政校分开，以激发全社会各领域组织机构的发展活力。因此，高校脱离政府的直接管理，独立自主地开展办学活动是高等教育适应国家政治、经济、社会等全方面改革与发展的需要，也是提高我国高等教育发展水平的必然要求。

二、"自主办学"价值理念的确立与发展

在以解放思想、实事求是为原则的良好社会舆论氛围下，一场关于高校是否应该拥有办学自主权的全国大讨论激起了政府与高校对自主办学的改革热情，先是上海交通大学自主进行人事制度改革获得教育部认可，同意其扩大内部管理权限，之后浙江、湖北、黑龙江等省相继对高等教育管理体制进行改革，对扩大高校办学自主权做出若干规定，同意赋予本省所管辖高校一定的办学自主权。②此后，经过数年的研究讨论和实践探索，政府与学界达成了共识：打破政府部门大包大揽的高等教育管理体制，扩大高校办学自主权，提高高校的办学积极性。因此，我国高等教育治理改革从此确立了自主办学的价值理念。

---

① 肖关根.上海四位大学负责人呼吁：给高等学校一点自主权[N].人民日报，1979-12-06（3）.
② 蔡克勇.中国高等教育管理研究五十年[J].高等教育研究，1999（3）：20-27.

（一）"自主办学"价值理念的确立

《中共中央关于教育体制改革的决定》的颁布是我国教育事业全面改革的起点，在这份里程碑式的文件里首次提出了"扩大高校办学自主权"的改革目标。文件指出，在高等教育管理中，政府部门对高校"统得过死"，束缚了高校的办学积极性，此外，政府应当管理的事情又没有很好地管起来。中央认为要从根本上改变这种状况，教育体制改革是关键，改变政府对高等学校统得过多的管理体制，"在加强宏观管理的同时，坚决实行简政放权，扩大学校的办学自主权"①。关于如何扩大高校的办学自主权，文件进行了详细规定：在招生培养方面，高校有权在计划外接受委托培养学生和招收自费生；在专业设置方面，高校有权调整专业的培养方向，自主制订教学计划，编写教学大纲和课程教材；在教学科研合作方面，高校有权接受委托或与外单位合作，进行科学研究和技术开发，建立产学研联合体；在人事管理方面，高校有权提名、任免副校长和其他各级干部；在办学经费的使用方面，高校有权具体支配国家下拨的基建投资和办学经费；在国际交流方面，高校有权用自筹资金，开展国际学术交流等；甚至还规定对不同的高等学校，国家可以根据情况下放其他的权力。总的来说，《决定》认为高校可以获得招生、教学、科研、人事管理、经费使用、国际学术交流六个方面的办学自主权，这初步打破了以前高校是作为政府进行人才培养和科学研究的附庸机构的隶属关系。从政府与高校的关系上来说，扩大高校办学自主权也就是赋予了高校自主办学的主体地位，高校可以自主开展教育教学活动。换句话说，扩大高校办学权也就意味着确立了我国高等教育治理改革的"自主办学"价值取向。实际上，"高校自主办学"也可以视为从"高等学校办学自主权"的讨论与实践中概括出来的一种新的高等教育管理理念，它与来自西方的"大学自治"理念具有某种历史的继承性，但在使用范围上存在一定的差异，"大学自治"强调高校不受外界干预的组织独立性，而"高校自主办学"则更强调高校在政府授权下管理内部教育教学事务的职能独立性。"大学自治"以大学组织为界限，组织内部一切事务的管理权均由大学自身享有，而"高校自主办学"则是以政府法定职能或行政授权为界限，高校在授权范围内行使相应职能权力并接受政府的监督。因此，虽然本质上二者具有一致性，都强调大学组织的自我管理，但是"高校自主办学"的理念更多地

---

① 中共中央关于教育体制改革的决定[EB/OL]. http://www.moe.edu.cn/publicfiles/
business/htmlfiles/moe/moe_177/200407/2482.html, 2016-7-9.

强调独立自主地行使大学职能而非维护大学组织的独立自治,因此,"高校自主办学"理念更适用于我国的高等教育管理体制特点,也被称之为中国特色的"大学自治"。① 从价值取向的角度来说,正如时任国务院副总理万里在全国教育工作会议上对《中共中央关于教育体制改革的决定》所评价的:"(《决定》)是一个指明教育体制改革的方向、切合我国实际情况的纲领性文件。它不仅是为了满足当前社会主义现代化建设的迫切需要,而且是为本世纪末和下世纪初叶我国经济和社会的发展做准备。"② 因此,《决定》在改革开放之初确立了我国高等教育治理改革的"自主办学"价值取向,引导着政府不断简政放权,转变职能,扩大高校办学自主权。

(二)从"扩大办学自主权"到"依法自主办学"

《中共中央关于教育体制改革的决定》初步确立了"自主办学"的价值取向,赋予了高校一定的办学自主权,但这一文件所规定的办学自主权仍然非常有限,"自主办学"的理念内涵也还比较模糊,还需要进一步推进高等教育治理改革,不断扩大高校办学自主权,从而丰富和完善"自主办学"价值理念。《决定》颁布一个月以后,全国人大常委会决定撤销教育部设立国家教育委员会,以便加强教育体制改革的宏观指导与管理,打破中央部门之间的条块分割与独立,减少对高校的多头领导和直接干预。1986年3月,国务院和国家教委出台了《高等教育管理职责暂行规定》,这个文件的主要目的就是为了落实《决定》关于加强宏观管理,简政放权,扩大高校办学自主权的改革要求,其分别对国家教委、国务院相关业务部门以及各省级政府部门的高等教育管理职责和扩大高校自主权进行了详细规定,从而将政府部门宏观管理高校的权力限定在若干事项之内,而将高校在招生、教学、科研、人事管理、经费使用、国际学术交流以及其他方面的办学自主权进一步具体化,以便于高校依法自主行使。此后,"高校自主办学"理念从"扩大高校办学自主权"向"依法自主办学"发展。1992年8月,国家教委出台《国家教委关于国家教委直属高校内部管理体制改革的若干意见》,首次提出了"国家教委直属高校是由国家教委直接管理的教育实体,具有法人地位"的说法,开始赋予高校独立法人资格,强调高校应以国家赋予的自主权有效地管理学校内部事务,承担相应的义务与责任,而国家教委有关部门不能对高校自主办学范围内的事务进行行政干

---

① 李泽彧. 我国高等学校办学自主权研究 [D]. 厦门:厦门大学,2000:12.
② 李均. 中国高等教育政策史 [M]. 广州:广东高等教育出版社,2014:212.

预。①1993 年 2 月，中共中央国务院发布《中国教育改革和发展纲要》，这份面向 21 新世纪的中国教育发展规划蓝图深刻地指出："进行高等教育体制改革，主要是解决政府与高等学校、中央与地方、国家教委与中央各业务部门之间的关系，逐步建立政府宏观管理、学校面向社会自主办学的体制。"② 在政府与高校的关系上，提出以政校分开为原则，通过立法使高校真正成为面向社会自主办学的法人实体；在中央与地方的关系上，进一步确立中央与地方分级管理、分级负责的两级管理体制；在国家教委与中央业务部门的关系上，国家教委负责宏观管理，中央业务部门从旁协助，并以政校分开为原则，逐渐将业务部门所属高校采取中央部门办、中央部门与地方政府联合办、转隶地方政府办等多种促进高校自主办学的领导体制。显然，"建立政府宏观管理、学校面向社会自主办学的体制"是这份发展纲要对高等教育体制改革的核心目标。为了进一步确立"依法自主办学"的改革理念，中央政府在 1994 年 7 月又出台了《国务院关于〈中国教育改革和发展纲要〉的实施意见》，强调"通过立法，明确高等学校的权利和义务，扩大学校的办学自主权，使学校真正成为面向社会自主办学的法人单位"，并要求政府切实转变职能，改善对高校的宏观管理，落实分级管理，以省级政府为主的中央与地方两级高等教育宏观管理体制，而中央业务部门则应当逐步由举办者转换为行业服务与监督者。③ 因此，《中国教育改革和发展纲要》不仅继承了《中共中央关于教育体制改革的决定》关于促进高校自主办学的改革目标，而且规划通过立法使高校成为法人实体等举措进一步丰富了"高校自主办学"的理念内涵，由原来政府向下属高校扩大行政授权转变为以立法赋予高校法定办学自主权，这无疑是"高校自主办学"理念的重大发展。经过数年的立法准备，1998 年 8 月，全国人大常委会通过了《高等教育法》，这是我国首次对高等教育进行立法，标志着我国进入高等教育法治时代。扩大高校办学自主权是高等教育治理改革的关键，此次立法正式从国家法令上确立了"依法自主办学"的改革理念，可以说进一步确立和发展了我国高等教育治理改革的"自主办学"价值取向。譬如第十一条规定"高等学校

---

① 国家教委关于国家教委直属高校内部管理体制改革的若干意见 [EB/OL]. http://www.chinalawedu.com/falvfagui/fg22598/19341.shtml, 2016-7-9.

② 中国教育改革和发展纲要 [EB/OL]. http://www.moe.edu.cn/publicfiles/business/htmlfiles/moe/moe_177/200407/2484.html, 2016-7-9.

③ 国务院关于《中国教育改革和发展纲要》的实施意见 [EB/OL]. http://www.moe.edu.cn/publicfiles/business/htmlfiles/moe/moe_177/200407/2483.html, 2016-7-1.

应当面向社会,依法自主办学,实行民主管理";第三十条规定"高等学校自批准设立之日起取得法人资格。高等学校的校长为高等学校的法定代表人";从第三十二条至第三十八条规定了高校在制定招生方案与比例、学科专业的设置与调整、教学安排、科学研究与社会服务、国际学术交流与合作、内部机构设置与人员配备以及各渠道所筹措办学经费的使用与管理七个方面的办学自主权。[①]

总的来说,经过30多年高等教育管理体制改革的实践探索和理论探讨,"自主办学"是高等学校发展的一条基本规律已成为我国各界共识[②],而《高等教育法》对高校"依法自主办学"价值理念的确立以及对高校办学自主权的立法规定,使"自主办学"理念从苏步青等高校领导"给高等学校一点自主权"的呼吁发展到"扩大高校办学自主权"的政府放权,再发展到"依法自主办学"的立法保障,完善了我国高等教育治理改革的"自主办学"价值取向。不过,《高等教育法》对一些问题的规定还有待完善,如关于高等教育领域相关机构的权利及责任的条款过于概括、笼统;法律程序不到位,程序性条款极其缺乏;法律责任的缺位与错位,对设定的行政责任、民事责任和刑事责任等没有具体化、明确化;高等教育纠纷机制解决单一,缺乏多元化的纠错方式与途径等,而这些立法上的缺失导致我国在高等教育管理体制改革过程中仍然依赖政策文件进行规范和调整,《高等教育法》并没有起到高等教育基本法应有的作用。[③]因此,《高等教育法》仍需要进一步修订完善,而高校办学自主权中高校与政府、社会的外部关系以及高校内部管理者与师生之间的关系更需要具体化、明确化,切实地促进高校"依法自主办学"。

三、大学章程与"自主办学"的价值追求

《高等教育法》确立了"依法自主办学"的高等教育治理改革理念,但是作为高等教育的基本法,它只能对整个国家高等教育领域中所有高校共同涉及的宏观的、基本的、核心的问题做出原则性、概要性、普遍性的规定,而无法对每一所具体的高等学校的自主办学活动进行规范,那么,如何才能从立法上

---

① 中华人民共和国高等教育法 [EB/OL]. http://www.moe.edu.cn/publicfiles/business/htmlfiles/moe/moe_619/200407/1311.html, 2016-7-1.

② 王德清.自主办学是高等学校发展的基本规律 [J].高等教育研究,1999(1):31-34.

③ 金林南.《高等教育法》的立法缺失及完善思考 [J].南京师范大学学报(社会科学版),2002(6):52-58.

保障每一所具体的高校自主办学呢？《教育法》第二十六条和二十八条规定，设立的学校必须"有组织机构和章程"，学校"按照章程自主管理"。①《高等教育法》也规定申请设立高校必须要提交"章程"，并专门以第二十八条对高等学校章程的规定事项进行了概要性地一一列举。因此，对一所具体的高等学校来说，章程才是最能具体地保障其办学自主权的法规文件。一般来说，大学章程是遵循《高等教育法》而制定的行政法规，不过，由于高校不同于其他社会组织的学术组织属性，《高等教育法》又区别于一般的行政法，因此，大学章程属于行政法中的自治规章，被誉为大学的"宪章"。

（一）从"依法自主办学"到"依章程自主办学"

大学章程的主要功能在于确立举办者与大学之间的权利义务等外部关系以及大学的机构设置和运行机制等内部关系，因而，一方面，大学章程是高校自主办学、依法治校的直接法律依据，另一方面，也是高校举办者、管理者对高校进行指导、监督、管理的依据和手段。② 不过，我国《教育法》和《高等教育法》虽然明确要求申请设立学校时必须提交章程，但实际上大多数高校并没有明文制定章程，而是以大学行政规章制度代行之。2010年，《国家中长期教育改革和发展规划纲要（2010—2020年）》发布，除了一如既往地规划要求促进政府落实和扩大高校办学自主权外，其中在"完善中国特色现代大学制度"条款还特别强调了"加强章程建设，各类高校应依法制定章程，依照章程规定管理学校"③。《纲要》开始实施以后，政府积极推动高校制定章程，其主要的政策目的就是要"推进政校分开、管办分离"，落实和扩大高校办学自主权，完善中国特色的现代大学制度。2011年7月，教育部出台了《高等学校章程制定暂行办法》（简称《办法》），对制定大学章程的目的、内容、程序、核准与监督等进行了详细规定。《办法》在总则中也明确地指出了高校制定章程的目的，其第三条规定："章程是高等学校依法自主办学、实施管理和履行公共职能的基本准则。高等学校应当以章程为依据，制定内部管理制度及规范性文件、实施

---

① 中华人民共和国教育法 [EB/OL]. http://www.gov.cn/banshi/2005-05/25/content_918.htm, 2016-7-14.

② 米俊魁. 大学为什么要制定章程 [J]. 高等工程教育研究, 2006（1）: 33-36.

③ 国家中长期教育改革和发展规划纲要（2010—2020年）[EB/OL]. http://www.moe.edu.cn/publicfiles/business/htmlfiles/moe/moe_838/201008/93704.html, 2016-7-16.

办学和管理活动、开展社会合作。"①2013 年 9 月,教育部进一步制定了《中央部委所属高等学校章程建设行动计划(2013—2015 年)》,要求从 2013 年 9 月到 2015 年底,教育部以及中央部门所属的 114 所高等学校分批全部完成章程制定和核准工作。②2015 年 6 月 26 日,教育部宣布全国 112 所"211 工程"(包括 38 所"985"高校,国防科学技术大学作为军事院校除外)的章程全部核准发布,标志着我国高校依法办学、依章程治校的建设工作取得重大进展。③

从全国各地的"985""211"高校发布的大学章程来看,也确实都无一例外地将"依法自主办学"或"依法办学和自主管理"作为制定章程的根本目的。显然,制定大学章程使得我国高等教育治理改革的"自主办学"价值追求由"依法自主办学"进一步发展到"依章程自主办学",丰富和完善了"自主办学"的价值理念。

(二)"依章程自主办学"面临的困境与问题

毫无疑问,制定大学章程对于促进我国高校自主办学具有里程碑的重要意义,但是,这些在教育部"章程建设行动计划"下仓促制定的大学章程究竟能否确保高校与政府按照政校分开、管办分离的原则,以章程明确界定政府与高校的关系,明确高校的办学方向与发展原则,落实政府举办者的权利义务,保障高校的办学自主权?有学者曾在这一计划实施初期就一针见血地指出,让 100 多所高校在这么短的时间内完成章程的起草与核准工作不是一件容易的事,尤其是如果不能明确我国大学章程应当解决什么问题,能够解决什么问题,那么,制定的章程可能就只具有形式上的意义,而不可能发挥其应有的作用。④从章程属性来看,我国大学章程具有不能超越当前国家教育体制、社会文化环境等时空条件的特殊属性,它更多的是一种基于大学的现实发展需要,解决高校内外部治理中的关键问题的政策文件。因此,政策性是我国大学章

---

① 高等学校章程制定暂行办法 [EB/OL]. http://www. gov. cn/flfg/2012-01/09/content_2040230. htm, 2016-7-16.

② 教育部关于印发《中央部委所属高等学校章程建设行动计划(2013-2015 年)》的通知 [EB/OL]. http://www. moe. edu. cn/publicfiles/business/htmlfiles/moe/s5933/201310/xxgk_158133. html, 2016-7-16.

③ 全国"211 工程"高校章程全部核准发布 [EB/OL]. http://www. moe. edu. cn/jyb_xwfb/gzdt_gzdt/s5987/201506/t20150630_191785. html, 2016-7-16.

④ 别敦荣. 我国大学章程应当或能够解决问题的理性透视 [J]. 中国高教研究,2014(3):1-7.

程的特殊属性,这种政策性具体表现为我国大学章程是一种规范政府宏观领导管理关系的政策性文件,是一种合理划分党委和校长职责、理清大学内部党政关系的政策性文件,是一种明确专业权力责任范围、落实教授治学理念的政策性文件。[①] 从规范政府与高校之间的宏观管理关系来看,"政校分开、管办分离"是基本原则,但是,尽管几乎所有已经核准大学章程的高校都载明自己是具有独立法人资格的事业单位或非营利性组织,但高校与政府之间的宏观管理关系却依然不明晰。一般而言,政校分开的关键是实行政府监督下的大学校长聘任制,因为只有在聘任制下,高校与政府才是平等的法人主体,双方的权力责任关系通过校长聘任合同确立,政府只需监督和评估校长能否实现合同所要求的高等教育发展目标即可。[②] 我国大部分高校的章程虽然对校长的职权进行了详细的规定,但是却没有规定校长是如何产生的,要么就直接引用《高等教育法》的规定——校长按照国家有关规定任免,而这个"有关规定"的现行做法是大学校长由教育部或地方省政府直接任命,并享有相应的行政官员级别。因此,大学校长由政府直接任命而非高校作为独立法人依法自主聘任,那么,政校分开、管办分离仍然将难以实现。从校内党委书记与校长之间的职权划分来看,我国大学章程普遍遵循高校党委领导下的校长负责制,并对高校党委与校长的职权与关系进行了详细规定,为党政分别行使职权提供了法律依据,高校党委书记是党委集体的成员与召集人而非党委的职权代理人,党委行使权力只能由党委集体共同决策与行使。从落实教授治学的权利与理念来看,我国大学章程普遍对高校学术委员会的机构性质、人员构成、职权职责进行了详细规定,且在教育部《高等学校学术委员会规程》的要求下制定本校的学术委员会章程,为落实高校内部学术权力的权威性提供了程序性的法律依据。不过,学术委员会作为外部权力组织通过法律赋予或授权而形成的高校最高学术机构,必然要求重新划分校长及其办公会议的职责权限范围,将有关学术事务的决策权从校长及其办公会议转移至学术委员会,决策形式也由学术行政决策变为学术民主决策,因而,需要形成党委、校长、学术委员会三者之间合理的治理结构和协调机制,确保教授治学能够真正落实到位。[③] 因此,制定大学章程,解决了我国高校自主办学只能依据《高等教育法》的原

---

① 别敦荣. 论我国大学章程的属性 [J]. 高等教育研究, 2014 (2): 19-26.
② 朱光明. 关于政事分开的几点思考 [J]. 中国行政管理, 2005 (3): 55-58.
③ 别敦荣. 大学学术委员会的性质及其运行要求 [J]. 中国高等教育, 2014 (8): 27-30.

则性规定而无具体权责边界限定的问题,使高校自主办学具备了程序上可操作性,实现了由"依法自主办学"向"依章程自主办学"发展,只是当前高校依章程自主办学仍然面临诸多困境与问题。

总的来说,经过30余年的改革与发展,我国高等教育治理改革确立并不断发展了"自主办学"价值取向,我们也可以将其全面地理解为:高校以《高等教育法》等基本法赋予的法人资格和政府授予的办学自主权为法定依据,以大学章程制定的治理结构安排为大学内外利益相关者参与治理的机制与渠道,追求独立自主地履行人才培养、科学研究以及社会服务职能的价值理念。

第三节 我国高等教育治理改革的"多元参与"价值追求

改革开放之前,我国高等教育实行国家举办体制,所有高等学校均由政府或国有企业投资举办并完全掌握招生考试、人事管理、教育教学安排、毕业生分配工作等校务管理大权,以至于在这一时期不仅没有民办高等学校,而且社会公众也没有合理的渠道或机制参与高等学校管理,还历经有违高等教育办学规律的"革命式参与"运动,如"文革"时期的"工农兵学员""上管改"大学。改革开放以后,为了打破这种包办体制,中央政府确立了"高校自主办学"的改革理念的同时,不断鼓励社会各界力量多元参与高等教育改革与发展,完善社会多元参与高等教育治理的相关法规。因此,从高等教育治理改革的进程来说,"多元参与"也逐渐成为我国高等教育治理改革的核心价值追求之一。

一、社会多元参与高等教育治理的内涵

从宏观上来说,高等教育治理是指政府、高校、社会之间的公共治理关系,从微观上来说,则是指高校内外部利益相关者共同参与校务决策的结构和过程。因此,如果把高等教育治理中的利益相关者进行分类,至少分为三大类:其一是政府部门;其二是作为一个高等教育组织的高校及其内部成员;其三则是政府与高校之外的社会利益相关者,如企业、媒体、社区、自治团体、社会公众乃至个人等,他们被统称为"社会力量"或"社会组织",甚至更直接地冠以"社会"的简称,他们是多元参与高等教育治理的主体。

(一)社会多元参与高等教育治理的原因

在传统的高等教育管理体制中,往往只存在政府与高校之间的管制与自治关系,而随着高等教育治理的兴起,政府与高校之间的关系发生了变化,不

再是简单的管制与自治的对立关系,而是在社会利益相关者的多元参与下形成了政府、高校、社会三者之间平等协商、合作共享、共同参与的高等教育治理关系。因此,"多元参与"理念不仅改变了传统的高等教育管理关系,而且成为高等教育治理改革的核心价值取向之一。那么,社会利益相关者为什么要参与高等教育治理?他们又是以什么方式参与高等教育治理的?毫无疑问,社会利益相关者参与高等教育治理的根本动因是"利益相关",即关涉社会利益相关者的高等教育利益诉求,如接受高等教育的机会、学习自由的权利、学业成功或成才的机会与资源、高等教育的经济投入与收益的效益以及民主监督高等教育管理等。概括起来,社会多元参与高等教育治理至少有以下三方面的原因。

其一,高等教育需求多样化。工业革命以后,人类社会逐渐进入知识经济和分工专业化时代,几乎所有的人都开始对高等教育产生需求,高等教育不再是少数精英阶层的特权,高等教育由此从精英阶段向大众化、普及化阶段发展,高等教育的生源、入学标准、课程与教学形式、师生关系、人才培养标准、教育功能、高校管理机制、高校内部决策模式等各方面都随着社会各界对高等教育需求的不同而发生前所未有的变化。高等学校的管理决策模式也由教授治校向管理人员、教师、学生等共同治理过渡,并最终走向高校内外利益相关者多元参与的全面治理。从高等教育管理与决策的角度来说,高等教育大众化、普及化阶段是高等教育治理的时代,政府与高校之外的社会利益相关者凭借多元利益诉求广泛参与高等教育治理之中。

其二,高等教育投入多元化。古典大学时期,高等教育投入主体是比较单一的,如果是国家举办高等教育,那么办学经费最主要的来源渠道便是政府财政拨款;如果大学由私人或教会团体举办,那么办学经费主要由私人或教会募捐解决。现代高等教育身处高度市场化的社会之中,高等教育服务被视为"准公共产品"而非"公共产品",也就是它也具有一定的"排他性",从而形成一个可以竞争消费的"高等教育市场"。高等教育投入除了政府投入和私人募捐外,还有缴纳学费、科技成果开放或转让、社会服务性收入、校产经营等多元化筹资渠道,而缴纳学费者或者纳税人等进行高等教育投入某种意义上就是在购买高校提供的高等教育产品,他们有权要求这种产品应当能够满足其需要。因而,社会利益相关者自然而然会根据"高等教育成本分担理论"要求"谁付费谁受益",参与到高等教育治理之中,促进或监督高校提高办学质量,满足社会公众对高等教育的多元需求。尽管以经济投入的市场行为参与高等教育治理与高等学校追求的大学自治、学术自由价值理念有所冲突,但适当引入"市场竞争"有利于高校办学更多地面向社会,承担社会责任,增进公共利益。

其三,高等教育管理民主化。传统的教授治校模式是一种行会民主,在大学早期发展阶段为大学发展确立起大学自治与学术自由的根本价值,但是,在现代社会中,大学已经走向社会的中心,成为典型的利益相关者组织,因此,如果盲目坚持教授治校的传统模式,则很容易陷入"内部人控制"而日益变得保守、散漫和拒斥改革。高等教育管理民主化要求高校内所有成员分享权力,因此它不仅赋予了高校初级教职员工参与校务决策的权力,唤醒了学生的权利意识,更重要的是,高校对校园之外的组织与群体关于高等教育的意见与要求不再置若罔闻,社会可以对高校事务进行监督、评价、建议、问责等。某种意义上说,高等教育管理民主化使参与大学内外治理成为社会利益相关者的一项民主权利。

(二) 社会多元参与高等教育治理的内容与方式

多元参与高等教育治理,简而言之,即政府之外的社会各类高等教育利益相关者以多元方式广泛参与高等教育各项事务的机制与过程。不过,另一个关键问题是,社会利益相关者在哪些方面、以什么方式参与高等教育事务呢?有学者指出,社会多元参与大学治理主要包括政府赋权给社会,发挥利益相关者的主体地位,通过产学研等多种方式优化大学的治理结构。[①] 事实上,政府、高校及其内部成员是高等教育治理的责任主体,全面地直接负责决策与执行,而社会利益相关者更多的是参与主体,是不具备专门职责的参与者、建议者和监督者,有限参与对高等教育事务的决策、评价与监督等。对此,2014年1月,时任教育部部长袁贵仁在全国教育工作会议上讲话时指出:"社会广泛参与,就是教育质量要接受社会评价、教育成果要接受社会检验、教育决策要接受社会监督,最大限度吸引社会资源进入教育领域。"[②] 显然,这一段讲话很好地概括了社会多元参与高等教育治理的主要内容和方式,即社会评价或评估高校办学质量与教育成果、社会监督政府与高校的高等教育决策、社会投入资源或

---

① 郝永林. 大学治理的社会参与:中国情境及其实现 [J]. 大学教育科学,2014 (3):29-36.

② 袁贵仁. 深化教育领域综合改革加快推进教育治理体系和治理能力现代化——在2014年全国教育工作会议上的讲话 [EB/OL]. http://www.gov.cn/gzdt/2014-02/16/content_2605760.htm, 2016-7-20.

资金等促进高校提高办学水平等。关于社会以评价方式参与高等教育治理主要表现为中介组织评估高校办学活动,这在西方国家发展得比较成熟,如美国全国性、地区性和专业性的高等教育认证机构,英国的高等教育质量保障署(QAA),澳大利亚大学质量保障署(AUQA)等。我国的高等教育评估主要由教育部领导的高等教育教学评估中心承担,独立于政府的社会中介组织非常少,且尚未有影响地参与到高等教育评价与认证工作中来。从西方国家的发展经验来看,独立的社会中介组织担负主要的高等教育评估工作是促进社会多元参与高等教育治理的有效手段。关于社会监督高等教育决策,主要是社会利益相关者在国家高等教育立法、发展规划与政策制定过程中发挥建议与监督的作用。关于社会投入资源与资金参与高等教育治理主要表现为高校与社会产业界的产学研合作,社会中企业或团体、个人捐赠支持人才培养、科学研究与社会服务等,以及社会个人或团体创建民办院校等。

概而言之,社会多元参与高等教育治理主要是指政府与高校之外的社会利益相关者,如市场企业、社会团体、中介组织、学生家长、社会公众、校友、媒体、社区、捐赠者等参与高等教育投入、高等教育办学、高等教育决策、高等教育评价以及监督、问责的过程。

二、"多元参与"价值理念的发展

回顾我国高等教育治理改革历程,《中共中央关于教育体制改革的决定》(简称《决定》)以破天荒的改革决心确立了我国高等教育治理改革"自主办学"的价值追求。实现高校自主办学的关键举措是政府简政放权,政府在做出扩大高校办学自主权的同时也意识到市场经济条件下社会力量对于高等教育发展的重要影响,因而也试图向社会放权以鼓励社会各界广泛参与教育改革与发展。因此,在《决定》中,中央政府呼吁"要动员和教育全党、全社会和全国人民关心和支持教育体制改革,发展教育事业。鼓励各民主党派、人民团体、社会组织、离休退休干部和知识分子、集体经济单位和个人,遵照党和政府的方针政策,采取多种形式和办法,积极地自愿地为发展教育贡献力量"[①]。从改革实践的角度来看,这是社会多元参与教育体制改革最早的也是最具有里程碑意义的指导意见,因此,可以认为《决定》同样确立了高等教育治理改革的

---

① 中共中央关于教育体制改革的决定 [EB/OL]. http://www.moe.edu.cn/publicfiles/business/htmlfiles/moe/moe_177/200407/2482.html, 2016-7-9.

"多元参与"价值理念。不过,此时"多元参与"价值理念更多地表现为"社会多元参与办学"和"社会多元参与评价"等。

(一)"社会多元参与办学"理念的发展

早在《中共中央关于教育体制改革的决定》出台之前,全国人大在1984年修订的《中华人民共和国宪法》中就专门在第十九条规定:"国家鼓励集体经济组织、国家企事业组织和其他社会力量依照法律规定举办各种教育事业。"《决定》显然是对这一宪法精神的遵循和推进,从而鼓励社会力量多元参与高等教育投入办学。因此,社会力量参与举办高等教育事业成为社会"多元参与"高等教育治理的主要内容。1987年7月,国家教委为落实《宪法》关于鼓励社会力量参与办学的精神,制定了《关于社会力量办学的若干暂行规定》,这份行政法规首先界定了"社会力量"的含义:"本规定所称社会力量,是指具有法人资格的国家企业事业组织、民主党派、人民团体、集体经济组织、社会团体、学术团体,以及经国家批准的私人办学者。"[①]指出社会力量办学是"国家办学的补充",因而,主要为本地区经济建设和社会发展开展各种类型的短期职业技术教育和继续教育等。1993年2月,国务院发布了《中国教育改革和发展规划纲要》,对于社会力量多元参与办学,这份规划进一步进行了大胆的改革设想。在办学体制上提出"改变政府包揽办学的格局,逐步建立以政府办学为主体、社会各界共同办学的体制",国家对社会团体和公民个人依法办学,要进行积极鼓励、大力支持、正确引导和加强管理,在职业技术教育和成人教育方面要依靠行业、企业、事业单位办学和社会各界联合办学;要鼓励和提倡厂矿企业、事业单位、社会团体和个人根据自愿、量力原则捐资助学、集资办学,不计征税;欢迎我国港澳台同胞以及海外侨胞、外籍团体和友好人士对教育提供资助和捐赠等。[②]在改革开放后的十余年里,随着我国经济建设和社会发展对高等教育人才日益增长的需求,凭借着国家政策的鼓励和公立高校招生规模的控制,社会力量办学在这一时期走上了一条高速而低效益的粗放发展之路,一方面社会办学数量形成了一定的规模,另一方面由于法规建设落后,行政规章对社会力量办学难以进行有效规范,以至于社会力量办学几乎处

---

① 关于社会力量办学的若干暂行规定 [EB/OL]. http://www.chinalawedu.com/falvfagui/fg22598/20625.shtml, 2016-7-25.

② 中国教育改革和发展纲要 [EB/OL]. http://www.moe.edu.cn/publicfiles/business/htmlfiles/moe/moe_177/200407/2484.html, 2016-8-1.

于无序的野蛮生长状态。① 为了进一步规范社会力量办学，1997年7月国务院颁布了《社会力量办学条例》，开始对社会力量办学的具体问题进行法制化规范，条例将社会力量办学定义为"企业事业组织、社会团体及其他社会组织和公民个人利用非国家财政性教育经费，面向社会举办学校及其他教育机构（以下称教育机构）的活动"，并明确规定社会力量举办教育机构不得以营利为目的，但可以依法享有办学自主权。② 尽管如此，由于我国高等教育规模发展长期滞后于经济建设与社会发展的人才需要，国家仍然非常需要社会力量分担高等教育发展的重任，因此，政府对社会力量办学存在的问题与大胆探索都基本保持宽容和鼓励的态度。1999年，国务院要求大幅扩大高校招生，提高高等教育规模，除了公立院校大规模扩大招生以外，一些公立大学还与企业、团体、个人等社会力量合作试办独立学院。所谓独立学院，是指实施本科以上学历教育的公立普通高校与国家机构以外的社会组织或者个人合作，利用社会资金举办本科学历教育的高等院校。独立学院虽然被视为民办高等教育机构，但显然与此前的社会力量独立举办高等教育机构不同，也与通常的校企产学研合作或委托人才培养合作等社会参与高校办学不同，它是社会力量与公立高校各展所长，互补合作的结果，是一种新的公私合作的社会参与高等教育的办学模式。总的来说，在改革开放以来的很长一段时间里，高等教育治理改革的"多元参与"价值理念主要表现为社会力量多元参与举办高等教育事业，即捐资或投资兴办高等教育机构。

（二）"社会多元参与评价"理念的发展

显然，纵观改革开放到我国高等教育大众化快速发展时期，社会参与高等教育治理主要集中在参与投资办学，无论是社会力量独立投资或捐赠办学，还是公立高校与社会力量合作举办独立学院，乃至从部分大学生自费上学到大学生全部收取学费，都是如此，其他诸如社会参与产学研合作或人才委托培养合作则一直不温不火，影响不大；社会参与评价和监督等方面，依然难以形成有效的社会中介评估机制和监督机制，如1990年10月出台的《普通高等学校教育评估暂行规定》明确规定"普通高等学校教育评估是国家对高等学校实

---

① 桂晓莉，任辉. 我国社会力量办学的历史回顾及对存在问题的思考[J]. 当代教育论坛，2003（2）：79-81.

② 社会力量办学条例[EB/OL]. http://www.law-lib.com/law/law_view.asp？id=349，2016-8-1.

行监督的重要形式,由各级人民政府及其教育行政部门组织实施"①。尽管也称之为"社会评估",也"鼓励学术机构、社会团体参加教育评估",但事实上还是政府行为,并没有真正赋予社会参与评估与监督高校办学的权力。即使是进入到了我国高等教育发展的"法治"时期,《高等教育法》《民办教育促进法》依然只是鼓励社会力量参与办学,而高校的办学水平与教育质量,依然只是接受教育行政部门的监督和由其组织的评估。因此,我们可以认为"多元参与"作为我国高等教育治理改革的价值取向在改革开放之初就已确立,但是,社会力量参与高等教育治理的范围非常有限,仅仅局限在参与高等教育办学方面,直到进入高等教育大众化的快速发展阶段,才逐渐更多地参与到高等教育治理的其他方面。②

2010 年 7 月,国务院发布了《国家中长期教育改革和发展规划纲要(2010—2020 年)》,要求推进政校分开、管办分离,建设依法办学、自主管理、民主监督、社会参与的现代学校制度,构建政府、学校、社会之间的新型关系,扩大高校与社会行业、企业合作,推进社会中介机构进行专业评价,培育专业教育服务机构,加强与联合国教科文组织等国际组织的合作,完善教育信息公开制度,保障公众对教育的知情权、参与权和监督权等。由此可知,《纲要》的出台使得"多元参与"的价值理念由"社会多元参与办学"进一步发展到"社会多元参与评价"。2013 年,中共第十八届三中全会在《中共中央关于全面深化改革若干重大问题的决定》(简称《决定》)中进一步对深化教育领域综合改革提出指导意见。《决定》提出的改革原则是"深入推进管办评分离",扩大省级政府的教育统筹权,扩大学习办学自主权,完善学校内部治理结构,强化国家教育督导,委托社会组织开展教育评估监测,鼓励社会力量兴办教育。③因此,在"完善中国特色社会主义制度,推进国家治理体系和治理能力现代化"的总目标下,"管办评分离"已然是深化高等教育管理体制改革、建设高等教育治理体系的突破口,而"评"的任务自然主要交给社会中介组织来完成,从而建立起"政府管、学校办、社会评"的三方协同的高等教育治理格局。④"社会

---

① 普通高等学校教育评估暂行规定 [EB/OL]. http://www.moe.edu.cn/publicfiles/business/htmlfiles/moe/moe_621/201001/81932.html, 2016-8-1.

② 刘承波. 中国公立高校治理中的社会参与 [J]. 大学教育科学, 2008 (5):28-32.

③ 中共中央关于全面深化改革若干重大问题的决定 [EB/OL]. http://news.xinhuanet.com/politics/2013-11/15/c_118164235.htm, 2016-8-2.

④ 瞿振元. 建设中国特色高等教育治理体系推进治理能力现代化 [J]. 中国高教研究, 2014 (1):1-4.

多元参与"的价值理念增加了"评价""评估""认证"等新内涵,而不再只是参与投入办学。"评价"是社会参与高等教育治理最基本的方式,也是社会民主监督政府管理、高校办学,促进社会与高校合作的基本手段。由此说明我国对高等教育治理改革中政府、学校、社会之间的关系已有全面认识,也说明我国高等教育治理改革开始进入全面深入的综合改革阶段,社会"多元参与"高等教育治理将具有更广泛、更全面的内容。

三、高等教育治理体系建构与"多元参与"价值追求

从我国高等教育治理改革的进程来看,《国家中长期教育改革和发展规划纲要(2010—2020 年)》无疑具有标志性意义,它描绘了我国建构高等教育治理体系的蓝图,指明了我国高等教育治理改革的方向,进一步确立和发展了"自主办学"和"多元参与"的价值理念。在建构高等教育治理体系过程中,政府大刀阔斧地推进政府简政放权,不仅进一步促进高校自主办学,而且也大力推动社会各界更全面地多元参与高等教育治理。

(一)建构高校理事会,扩大社会参与大学治理

《国家中长期教育改革和发展规划纲要(2010—2020 年)》提出推进政校分开、管办分离,构建政府、学校、社会之间的新型关系,其中,社会多元参与高等教育治理的主要目标是"扩大社会合作""推进专业评价""强化社会监督"以及鼓励社会投资办学等。落实《纲要》关于完善中国特色现代大学制度、建构合理的大学治理结构的首要举措是进行章程建设,其中也包含了"社会多元参与"治理的重要内容。2011 年 7 月教育部出台的《高等学校章程制定暂行办法》要求高校制定章程应当明确学校进行社会服务、获得社会支持、接受社会监督的原则与办法,如根据本校发展需要和办学特色,自主设置由政府、行业、企事业单位以及其他社会组织代表参加的学校理事会或者董事会等。为此,教育部还专门配套出台了《普通高等学校理事会规程(试行)》,指明设置高校理事会是为了增强学校与社会的联系与合作,是支持学校发展的咨询、协商、审议与监督机构,并着重提出了高校理事会密切社会联系、扩大决策民主、争取社会支持和完善监督机制四个方面的作用。①

---

① 普通高等学校理事会规程(试行)[EB/OL]. http://www.moe.edu.cn/publicfiles/business/htmlfiles/moe/moe_621/201407/172346.html, 2016-8-2.

（二）推进高校公开校务信息，扩大社会参与评价与监督

我国传统的高等教育管理体制是在渐进式的政府放权改革过程中始终存在着或明或暗的影响力，因而有学者指出，影响我国社会参与高等教育治理的主要因素在于政府是否有决心放弃对高校具体事务的直接管理与干预，社会组织和中介机构是否具备了参与评价、监督高等教育具体事务的能力，以及高等教育机构在运行、决策等方面的开放透明程度等。[①] 显然，从《纲要》到十八届三中全会的《中共中央关于全面深化改革若干重大问题的决定》，再到近年来进行的"章程建设行动计划"和"教育部行政权力清单"，以及出台或修订的一系列高等教育法规，都显示出政府简政放权的决心和促进高等教育治理公开透明的举措。就在《纲要》出台期间，教育部发布了《高等学校信息公开办法》，要求高等学校主动及时地公开学校基本情况、章程与规章制度、规划计划、学科专业设置、财务制度与经费来源及预算决算方案等 12 项内容，以保障公民、法人和其他组织能够依法获取高等学校信息，促进高等学校依法治校。[②] 2014 年 7 月，教育部制定《高等学校信息公开事项清单》，将高等学校必须公开的信息归纳为 10 大类 50 条，以进一步推进高校信息公开工作，扩大社会评价与监督，提高高校工作透明度。对社会组织和公众来说，如果政府和高校不能及时公开相关信息，所谓多元参与高等教育治理评价与监督也就是一句空话。

（三）完善社会组织管理法规，促进社会全面参与高等教育治理

政府简政放权，高校公开校务信息，是建立政府、高校、社会之间的信任关系的第一步，或者说，保障知情权是行使参与权、评价权、监督权的前提条件。那么，当政府与高校的信息公开已经成为常态，社会组织又是否具有参与决策、评价、监督乃至问责的能力呢？据了解，我国至今尚无关于社会民间组织的正式立法，《社会团体登记管理条例》和《民办非企业单位登记管理暂行条例》是目前我国关于社会团体管理的最重要的法规。它们基本上确立了我国政府管理社会组织的"分级登记、双重管理"模式，即任何社会组织都必须同时接受同级民政部门和业务主管部门的双重领导，其中民政部门主管审批登记，业务主管部门负责日常管理。就我国高等教育中介组织来说，一般可以分

---

① 范文曜. 高等教育治理中的社会参与 [J]. 复旦教育论坛，2010（4）：15-18.
② 高等学校信息公开办法 [EB/OL]. http://www.gov.cn/flfg/2010-05/11/content_1603696. htm，2016-8-11.

为四类:(1)教育部直属事业单位、教育部(厅、局)有关高教事务的咨询机构;(2)挂靠教育部涉及高教活动并已注册的社会社团,第一种是一般协会、研究会组织等,第二种是大学基金会,第三种是一些大学的校友会等;(3)高校联合组织的类行业性组织,如中国研究生院院长联席会、全国高职高专校长联席会议等;(4)获得工商部门认可的咨询服务性社会中介组织,如出国留学中介机构、评估中介机构、后勤中介机构等。① 它们的主要职能是决策研究和咨询、监督和协调以及信息服务等,不过,由于长期依附于政府教育行政机构,缺乏独立自主性,因而并没有发挥应有的参与、评价、监督作用。因此,社会参与高等教育治理要发挥作用,仅仅从政府角度简政放权或者从高校角度落实自主办学都是不够的,还需要有针对性地依法培育、引导、规范高等教育中介组织的发展与参与高等教育治理。2016 年 8 月,中共中央与国务院印发《关于改革社会组织管理制度促进社会组织健康有序发展的意见》,对以社会团体、基金会和社会服务机构为主体组成的社会组织的培育发展、扶持政策、登记审查、管理监督、组织建设等方面都提出了一系列的改革与发展意见,为我国社会组织的独立发展和依法全面参与高等教育治理提供了一个指导性的政策依据。②

总的来说,随着我国高等教育治理体系的完善,"多元参与"作为高等教育治理改革的基本价值理念日益明晰。由仅仅局限在"社会参与办学"到鼓励支持"社会参与评价",再发展到全面依法参与治理,"多元参与"已然成为近年来我国高等教育治理改革中最受社会各界关注的价值理念。

本章小结

我国高等教育治理改革兴起于改革开放初期,其标志性事件是 1985 年出台的《中共中央关于教育体制改革的决定》,然而,改革的时机、动因及目标均不同于西方国家。改革动因上,总体上说是为了改革"统得过死"的旧高等教育管理体制,以便早出人才,多出人才,出好人才。改革目标上,主要表现在两

① 方林佑. 主体身份、政府角色与中介组织地位 —— 关于我国高等教育市场机制的研究 [D]. 长沙:湖南师范大学, 2013: 191.
② 中共中央办公厅国务院办公厅印发《关于改革社会组织管理制度促进社会组织健康有序发展的意见》[EB/OL]. http://www.gov.cn/xinwen/2016-08/21/content_5101125.htm, 2016-8-26.

个方面,其一,在加强政府宏观管理的前提下简政放权,扩大高校办学自主权,促进高校自主办学;其二,调动地方政府与社会力量的办学积极性,促进社会各界多元参与高等教育改革与发展。由此奠定了我国高等教育治理改革"自主办学"和"多元参与"的指导理念和价值追求。经过 30 余年的改革,"自主办学"的价值理念从"给高等学校一点自主权"发展到"扩大高校办学自主权",再到《高等教育法》立法保障高校"依法自主办学"。而随着我国高校陆续制定章程,依法自主办学具备了程序上的可操作性,使得"自主办学"理念进一步发展为高校"依章程自主办学"。"多元参与"价值理念的追求同样可以追溯到《中共中央关于教育体制改革的决定》,尽管这份文件更侧重于实现"自主办学"的价值追求,但"多元参与"的价值理念迅速由仅仅局限在"社会参与办学"发展到鼓励支持"社会参与评价",再发展到社会各界依法全面多元参与治理的价值内涵。

第五章

我国高等教育治理改革中的价值冲突

改革开放以来,我国在高等教育治理改革过程中逐渐确立了"自主办学"和"多元参与"的价值追求。然而,中华人民共和国成立以来一直实行的中央集权的高等教育管理体制具有鲜明的国家主义的"集中统一"价值取向,这种价值取向在改革开放以后的中国特色社会主义政治经济体制建构中依然具有较大的影响,从而与国家高等教育治理改革所追求的"分权""自主""参与"等价值理念相冲突。从高等教育治理改革的进程来看,这是一种由旧的高等教育管理体制向新的高等教育治理体系转变过程中产生的传统管理与现代治理之间的价值冲突。这种价值冲突具体表现为政府、高校、社会之间的治理关系不协调,以及在高等教育治理改革实践中的矛盾冲突,而其主要原因则需要从改革开放后政府职能转变、高校治理结构和治理能力建设以及社会中介组织发展等方面进行分析。

第一节　我国高等教育管理的"集中统一"价值

西方现代教育引入中国百余年以来,对我国不同时期的教育政策和教育实践影响最为深远的教育理念莫过于"国家主义"(nationalism)教育思想,它几乎奠定了中国近现代形形色色教育理念的基调。① 事实上,从高等教育与国家的关系上来说,国家本位取向的高等教育思想对中国高等教育发展所产生的影响更为强烈而深远,在中华人民共和国成立初期到改革开放之前的这段时期,就确立了鲜明的高等教育应当由国家举办、管理以及监督评价的思想

---

① 石中英. 20 世纪教育中的国家主义:回顾与讨论 [J]. 教育学报,2011(6):3-13.

观念,政府几乎包办一切高等教育管理事务,从而形成了我国高等教育管理的"集中统一"价值取向。改革开放以后,"集中统一"的高等教育管理价值理念仍然在许多方面发挥着作用,影响着我国的高等教育治理改革进程。

一、我国高等教育管理中的国家本位取向

自古以来,朴素的国家本位取向的教育思想是我国维护国家独立、建构社会秩序、教化黎民大众的重要依据。如从古老的典籍《礼记·学记》中,我们能读到"君子如欲化民成俗,其必由学""是故古之王者,建国君民,教学为先"这样的格言。从稷下学宫、太学、国子监以迄晚清之现代高等教育萌芽的洋务学堂,我们都能看到教育尤其是高等教育对于国家的重要作用。不过,现代中国的国家本位教育思想并不直接来源于古老的教育智慧和 2000 多年的国家教育传统,而是源于 18 ~ 19 世纪欧洲现代民族国家在形成时所创造的国家主义及其教育理想,但毫无疑问,中国数千年的国家教育传统以及奋力抵抗西方列强殖民侵略以求获得国家与民族独立的现实追求,为国家主义教育思想提供了良好的生长土壤。从洋务运动到改革开放,教育尤其是高等教育的发展无不担负着国家独立和民族复兴的重大使命。在洋务运动之前,先是魏源等"开眼看世界"的先驱提出"师夷长技以制夷"的救国主张,后是洋务派兴办西学代表张之洞提出"中学为体,西学为用"的中西学地位原则,都体现了近代中国以教育,尤其以西方高等教育先进知识维护中国封建体制及其社会秩序的国家建构目的。民国时期,统一的封建帝国被分散割据的军阀统治取代,但政治、经济、外交、军事上屡遭打击,西方列强与深藏侵略野心的强邻日本各自占据势力范围,鲸吞蚕食中国领土、政治、经济、文化主权,国家主权沦丧殆尽,因而许多爱国志士在教育中寻找救国良方,而"教育救国"之论也日益深入人心。"教育救国"实际上是想通过在青少年学生和广大社会民众中培育国家意识和国家精神从而团结对外拯救国家。孙中山作为国家主义教育最早的倡导者,曾详细阐述其必要性:"遍查古代和现代世界各国生存之道,如果我们想拯救中华民族于水火之中,我们就必须发展国家主义……如果我们现在不热切地提倡国家主义,将四万万同胞凝聚成一个强大的国家,我们就会面临巨大的悲剧,国家荒废,民族解体。要阻止这样的危险发生,我们必须大力提倡国家主义,通过培育国家精神来拯救国家。"[①] 到了 20 世纪 20 年代,经过

---

① 石中英 . 20 世纪教育中的国家主义:回顾与讨论 [J]. 教育学报,2011(6):3-13.

以余家菊为代表的教育学家的系统阐述,国家主义教育思想成为一个颇有影响的教育思想流派。余家菊在其代表作《国家主义下之教育行政》中将国家主义教育的要旨归纳为六个方面:第一,"教育应由国家办理或监督",教会教育、私人教育若不接受国家管理则一律禁止;第二,"教育应保卫国权",教育应捍卫国家主权;第三,"教育应奠定国基",养成国民的共和精神与公民意识;第四,"教育应发扬国风",养成自尊自爱之大国公民素养;第五,"教育应鼓铸国魂",所谓国魂就是千百年来流传的爱国自尊的国民精神;第六,"教育应融洽民情",教育应提倡"五族一家""四民平权""诸教同等"的精神,反对鼓吹宗教界限、阶级高下、种族贵贱等。[①]因而,国家主义教育本质上是指由政府权威制定教育政策,管理教育机构,管制教育活动等以符合国家共同利益的教育思想形态。不过,实施国家主义教育的前提是国家基本上实现独立。在国民党形式上完成统一中国之前,国家主义教育几乎只能停留在学者的学术讨论之中,但南京国民政府形式上完成统一之后,国家主义教育思想开始贯彻于整个国家的教育行政工作之中。首先,南京国民政府进行了收回教育权运动,此后在高等教育管理方面,颁布《大学组织法》,创建国立大学,加强已有的国立大学的政府管制,在大学中推行"三民主义"教育方针,以使大学及其师生为国家服务,要求教会大学、私立大学进行登记并须遵守相关管理条例等。在抗战时期,国家主义教育更是国、共两党进行"抗日救国"的共同教育思想。

中华人民共和国成立以后,为了维护国家独立和建设社会主义教育体制,中央政府先后接管了全部的教会大学和私立大学,国家主义教育学派主张国家举办和管理教育的理念得以彻底贯彻实施,国家成为教育尤其是高等教育的唯一举办者。更让国家主义教育思想全面推行的原因是,由于实行计划经济体制,全国高等教育机构的人才培养、科学研究、社会服务职能都成为国民经济活动中的组成环节。满足国家的专业人才需要成为高等教育办学的唯一目的,因而,所有的高校毕业生都应当服从政府分配,到政府和高校认为最适合或者最需要的地方去为国家服务。不过,"文化大革命"开始以后,新建立的高等教育管理体制被彻底破坏。改革开放以后,一边重建新的高等教育管理体制,另一边大力改革这一体制以适应国家工作中心由政治运动转向经济建设的需要。因而,在改革开放的新时期,国家本位的高等教育思想集中表现

———————————

① 转引自余子侠,郑刚. 余家菊国家主义教育思想论析 [J]. 江汉大学学报(社会科学版),2006(4):83-87.

在"科教兴国""人才强国"等战略理念之中。所谓"科教兴国","是指全面落实科学技术是第一生产力的思想,坚持教育为本,把科技和教育摆在经济社会发展的重要位置,增强国家的科技实力及向现实生产力转化的能力,提高全民族的科技文化素质,把经济建设转到依靠科技进步和提高劳动者素质的轨道上来,加速实现国家繁荣强盛"。[①] 所谓"人才强国",其核心是"人才兴国",即是要培养大量的高层次、高技能的专门人才为国家经济建设、社会发展服务,提升国家核心竞争力和综合国力。为此,在 1978 年的十一届三中全会之后,中央政府确立了"尊重知识、尊重人才"的基本国策,为了"早出人才、出好人才",1985 年又出台了具有里程碑指导意义的《中共中央关于教育体制改革的决定》。此后一系列的教育政策,从 1993 年的《中国教育与改革发展纲要》,到 1999 年的《教育部面向 21 世纪教育振兴行动计划》,再到 2010 年的《国家中长期教育改革和发展规划纲要(2010—2020 年)》,都是为了落实这两大战略,实现国家复兴,更不用说改革开放 30 多年来三度层层推进的世界一流大学建设计划了。20 世纪 80 年代中央政府决定建设一批国家重点大学以快速提高高等教育办学水平,90 年代进一步先后实施"211 工程""985 工程"重点大学建设计划,2015 年更是明确地发布了《统筹推进世界一流大学和一流学科建设总体方案》,并在 2017 年 9 月公布了"双一流"高校和学科建设名单。建设世界一流大学和一流学科成为提升国家竞争力和综合国力的重大战略性举措。这些政策与实践都是国家主义高等教育思想在我国高等教育改革与发展中的集中体现。

总的来说,100 余年的中国现代高等教育发展史就是国家本位取向的高等教育发展史,国家的独立与发展也是高等教育改革与发展的目标。因而,在这段充满曲折与艰辛的改革与发展历程中,中国高等教育呈现出两个根本性的特点:其一,中国现代大学自诞生起即与国家和民族的命运紧密联系在一起;其二,中国高等教育从一开始就带有浓厚的工具性色彩。[②] 也正因为如此,在国家本位的高等教育体制下,"集中统一"自然而然就成了中华人民共和国高等教育管理的价值取向。

---

① 中共中央文献编辑委员会. 江泽民文选 [M]. 北京:人民出版社,2006:428.

② 荀振芳,汪庆华. 国家主义下中国现代大学制度的建构逻辑及审思 [J]. 清华大学教育研究,2015(2):37-44.

二、中华人民共和国高等教育管理的"集中统一"价值取向

1840 年的鸦片战争彻底打破了中国的封建王朝迷梦,封建王朝力图通过效仿西方现代高等教育,以"中体西用"的方式维护封建王朝的传统秩序,但是,引入现代教育恰恰加速了封建王朝的灭亡并促进了现代国家的诞生与发展,从此,建立一个现代国家成为一代又一代中国人的梦想。不过,既然建构现代国家需要现代教育,那么,在国家建构中必然需要对教育进行强有力的控制,以便使其服务于国家发展的目的。国家建构(state-building),依照弗朗西斯·福山的说法,就是在强化现有国家制度的同时新建一批国家政府制度。①但是,对于以争取民族独立和国家复兴为首要任务的近代中国而言,重要的是通过新建制度迅速提升国家能力,因为软弱无能的国家只会产生更多更严重的问题,特别是发展中国家。因而,如果说晚清政府和民国政府都因为国家处于侵略与战争中而失去了进行国家建构的能力,那么,中华人民共和国在确立了民族独立地位和国家主权完整之后自然就走上了现代国家建构之路。

(一)中华人民共和国高等教育管理的"集中统一"价值取向

在高等教育方面,中华人民共和国完全贯彻国家主义教育理念,在传统政治体制和计划经济体制下确立了"集中统一"的高等教育管理价值取向,甚至改革开放以后这种价值取向依然影响深远。从执政党的组织原则来看,"集中统一"的价值取向源于中国共产党的民主集中组织制度,《中国共产党章程》第二章第十条阐述了中国共产党的民主集中制的基本原则,其中第五条原则是:"党的各级委员会实行集体领导和个人分工负责相结合的制度。凡属重大问题都要按照集体领导、民主集中、个别酝酿、会议决定的原则,由党的委员会集体讨论,做出决定;委员会成员要根据集体的决定和分工,切实履行自己的职责。"②这一原则的实质是用政治上的充分民主实现组织上的内在集中和外在统一,内在集中是民主内生于党组织成员之间的一种思想意志的集中,而外在统一就是行动的集中统一,只有这种"集中统一"才能确保组织持续稳定,行动高效有力,否则组织不会有持续的张力,严重的时候会导致整个组织分崩

---

① 〔美〕弗朗西斯·福山.国家构建:21 世纪的国家治理与世界秩序 [M].黄胜强,许铭原,译.北京:中国社会科学出版社,2007:序.

② 中国共产党章程 [EB/OL].http://www.12371.cn/special/zggcdzc/zggcdzcqw/,2017-12-17.

离析而瓦解。① 因而,在这种价值取向下,中国政府成为一种具有完备行政体制而又强调执政者对人民负有道义责任的,体现"民本主义"的"负责任的权威体制"。② 因此,就高等教育领域而言,我国高等教育管理的"集中统一"价值取向是指政府以国家主义教育思想为理论依据,以民主集中为组织原则,对高等教育实施全面统一地规范与管理的价值理念。

(二)中华人民共和国高等教育管理"集中统一"价值取向的具体表现

其一,建构了中央集权的高等教育管理体制。在中华人民共和国成立之初,中国共产党与社会各界共同议定的建国纲领——《中国人民政治协商会议共同纲领》就规定"全国各地方政府均服从中央人民政府",强化中央政府的权力和权威,从而建立一个中央集权的政府。③ 相应地,高等教育领域也是中央集权的管理体制,1950年7月《政务院关于高等学校领导关系的决定》提出全国高等学校"以由中央人民政府教育部统一领导为原则",正式确立了中华人民共和国集中统一的高等教育管理体制。此后,为了使高等学校更方便地满足计划经济的各生产部门对专业人才的对口需求,又确立了高等教育部和中央业务部门分工负责的高校领导体制,这貌似是一种多中心的分权管理体制,但中央政府仍然是高等教育管理的最高权力机构,中央业务部门依照中央政府的指示对所属部门高等教育资源进行再分配,而这种分工管理体制不断形成的"条块分割"弊端实际上是不适应市场经济体制造成的。总的来说,中华人民共和国建立以来的中央集权高等教育管理体制呈现出这样一种"集中统一"的指导思想,即中央政府直接管理高等教育,一切高等教育法规、政策、计划等都必须由国家统一制定并指导实施并监督,地方政府办学也必须遵循中央政府的方针、政策等。这种价值取向在改革开放以后的高等教育管理体制改革过程中,仍然凭借着中央政府强有力的高等教育行政管理体系,体现在政府诸多高等教育管理政策之中。

其二,形成了自上而下的行政授权管理模式。改革开放前,我国高等教育管理体制主要由从中央到地方的各级政府及教育行政机构组成行政管理系

---

① 肖典和.民主集中制的实质:以政治民主实现组织的集中统一 [J].探索,2003(5):18-20.

② 〔美〕弗朗西斯·福山.福山:中国模式代表集中高效 [J].社会观察,2010(12):89.

③ 中共中央文献研究室.建国以来重要文件选编 [G].北京:中央文献出版社,1992:5.

统,而相关的法规制度则以行政管理规章与条例为主,教育立法工作尚未展开,由此形成了一套自上而下的行政授权管理模式。1958～1962年,中央政府试图扩大地方高等教育管理权力,出台了《中共中央、国务院关于教育事业管理权力下放问题的决定》,提出"必须改变过去条条为主的管理体制,根据中央集权和地方分权相结合的原则,加强地方对教育事业的领导管理"①。然而,由于各种因素影响,这一次高等教育分权改革失败。1963年,中央政府吸取教训,决定强化高等教育的集中统一管理体制,颁布了《中共中央、国务院关于加强高等学校统一领导、分级管理的决定(试行草案)》,确立了中央与地方政府上下两级基于行政授权的高等教育宏观管理体制。但这种行政授权也在一定程度上造成了中央和地方教育管理部门的"职责同构",地方的高等教育管理事权是中央政府的翻版,中央与地方的权责划分不明确。改革开放后,为了提高高校的办学积极性,又决定扩大高校办学自主权,这本质上仍然是一种行政授权,并由此形成了中央—地方—高校三级自上而下的行政授权管理模式,从科层制强有力的约束性来说,行政授权管理模式是"集中统一"价值取向最直接最有力的体现。

其三,计划管制的工作方式。"集中统一"价值取向强调统一性、计划性、强制性,在长期的计划经济体制下,不论是政府官员,还是高校管理人员,抑或是社会大众都习惯了计划管制并以此为自己的工作方式。1953年我国开始实施第一个五年计划,开始了我国计划经济体制的具体实践,高等教育的计划管制自然也是这一体制的组成部分之一。即便是改革开放以后,在1985～1991年,国家重点推进的高等教育办学体制、投资体制、招生与就业体制以及内部管理体制等"五大体制"改革,其改革目标、原则、机制仍然体现出浓厚的计划经济体制的管制思维色彩。②计划管制的工作方式源于政府在集中统一的办学体制下,认为自己拥有最高权威和掌握高等教育领域各方面信息的能力,能够基于国家需要对高等教育的运行进行全面统一的控制,从而有计划地解决问题,实现国家目的。

总体上来说,在改革开放以前,我国高等教育管理体制明确地奠定了"集中统一"的价值理念。改革开放以后,在建立和发展社会主义市场经济体制的背景下,我国高等教育治理改革更多地强调追求"自主办学"和"多元参与"

① 何东昌.中华人民共和国重要教育文献(1949-1975)[G].海南出版社,1998:850.
② 刘晖.高等教育发展中的"中国模式"[M].北京:中国社会科学出版社,2013:67.

的价值理念。然而,由于改革探索的渐进性和不确定性以及传统价值取向的延传惯性,"集中统一"价值取向的影响依然存在于高等教育管理的各个方面,也就难免会与新的价值追求产生冲突。

第二节 我国高等教育治理改革中的价值冲突

我国高等教育治理改革是从高等教育管理体制改革开始的,尽管改革开放初期对此前错误的政治、经济、教育等各领域的体制机制和价值取向进行了拨乱反正,但修正的主要是"文革"时期的错误,对"文革"之前有价值的制度则采取了继承和完善的态度。在高等教育上最显著的表现就是,1979 年 9 月 18 日,中共中央批转了教育部《关于建议重新颁发〈关于加强高等学校统一领导、分级管理的决定〉》,这是 1963 年时总结中华人民共和国成立以来高等教育管理经验教训而制定的"中央统一领导,中央和省、市、自治区两级管理"的高等教育宏观管理体制。重新恢复"文革"前的高等教育管理体制自然也就意味着"集中统一"的价值取向仍然是值得遵循的,这在中央政府决定进行教育体制改革之前的改革开放初期表现得尤为明显。因此,"集中统一"作为适应传统计划经济体制的高等教育管理价值取向,显然与适应市场经济体制的高等教育治理改革的"自主办学"和"多元参与"价值追求相冲突,而我国高等教育治理的改革进程也基本上证实了这一点。此外,"自主办学"和"多元参与"的价值追求之间也存在着鲜明的价值冲突。

一、"集中统一"与"独立自主"的价值冲突

在高等教育的发展过程中,政府干预与大学自治是一对普遍存在于世界各国高等教育系统中的价值矛盾,在我国高等教育治理改革中也不例外,只是由于各国政府对高等教育的需求不同,从而使得各国的高等教育管理价值取向不同,具体的价值矛盾表现也不同而已。在我国高等教育治理改革中,政府与大学的价值矛盾主要表现为"集中统一"与"自主办学"的价值冲突。所谓"价值冲突",也常称为"价值危机",是不同的价值理念或价值体系之间的对立与冲突,直接表现为价值观念的不同与冲突,本质上则是价值主体之间的利益冲突,价值观念与利益上的冲突最终会体现在价值实践冲突上。

(一)"集中统一"与"独立自主"的价值观念冲突

在我国高等教育治理改革中,"集中统一"与"独立自主"作为两种不同

的价值取向,在价值观念和利益上的冲突显而易见。所谓价值观念,是一定社会群体中的人们所共同具有的对于区分好与坏、正确与错误、符合或违背人们愿望的观念,是人们基于生存、享受和发展的需要对于什么是好的或者是不好的根本看法,对于某类事物是否具有价值以及具有何种价值的根本看法,是人所特有的应该希望什么和应该避免什么的规范性见解,表示主体对客体的一种态度。[①] 在我国高等教育发展中,政府基于国家建构的需要认为"集中统一"是一种合理的、正确的、符合建设社会主义高等教育管理需要的价值理念,有利于统一管理全国高等教育机构的类型、层次、职能及分布等,有利于自上而下地贯彻党和政府的高等教育方针、政策以及行政命令等,更有利于计划分配高等教育资源、人才、科研力量等以适应高度集权的计划经济体制,有先后步骤、有轻重缓急地解决国家发展问题。然而,"自主办学"则是一种适应市场经济体制的高等教育治理理念,其本质是市场取向的,强调放松管制、多元选择、绩效责任、分散决策、自由竞争等,是我国高等教育治理改革追求的重要价值理念。[②] 因此,"集中统一"与"自主办学"的价值冲突主要表现为"集中统一"与"独立自主"的决策观念冲突、"计划分配"与"自由竞争"的资源分配观念冲突等。

1. "集中统一"与"独立自主"的决策观念冲突

"集中统一"价值理念强调将高等教育事务管理权集中于教育部或高等教育行政部门等政府专门机构,在中央政府的领导下对全国高等学校实行统一决策、统一管理,而其最典型的决策特点就是"一刀切"。而在"自主办学"理念下,政府立足于高校多元分类的高等教育宏观管理机制进行监督与规范,每一类型或每一所具体的高校享有办学自主权,在遵守国家法律和政策的前提下独立自主地对本校事务进行决策,因而高校就形成了因校制宜的"独立自主"决策模式。"集中统一"与"独立自主"的决策模式的矛盾最终都集中表现在高等教育管理行政化现象之中。

2. "计划分配"与"自由竞争"的资源分配观念冲突

在"集中统一"价值取向的指导下,高等教育的办学资源实施"计划分配",政府教育行政部门根据国民经济生产部门人才需求制定全国高校招生计

---

① 袁贵仁. 价值学引论 [M]. 北京:北京师范大学出版社,1991:379.
② 许杰. 政府分权与大学自主 [M]. 广州:广东高等教育出版社,2008:94.

划,设置教师编制,开设学科专业,安排财政经费以及分配毕业生等,对全国所有的高等教育资源进行有计划的调配。而"自主办学"价值理念则强调通过平等地"自由竞争"来获得高校所需的办学资源与条件。计划分配很容易滋生"特权现象",因此,在办学资源分配方面,"集中统一"与"自主办学"的价值观念冲突集中体现为"计划分配"与"自由竞争"的对立与矛盾。

(二)"集中统一"与"自主办学"的本质利益冲突

本质上来说,"集中统一"与"自主办学"的价值冲突体现的是政府与高校之间的利益冲突。对于中华人民共和国来说,无论是"文革"之前,还是改革开放以后,政府进行现代国家建构,促进高校发挥高等教育的政治、经济、文化功能是其最大利益诉求。政治上,拥护政府建构的高等教育管理体制,坚持高等学校党委领导下的校长负责制;经济上,积极履行高校人才培养、科学研究及社会服务三大职能,为国民经济发展培养专业人才、创新科学技术、直接提供社会服务等,从高等教育市场化的角度来说,就是高校应当为市场供给高质量的人力资源,改进与创新提高生产效率的科学技术以及提供知识指导和咨询服务等;文化上,传承国家传统文化,培育新时代的国家文化等。但是,大学作为一个以"自主办学"为价值取向的学术组织,高校自身的利益诉求也是显而易见且根深蒂固的,追求真理与学术自由以及维护这种自由所必需的大学自治,是高校的根本利益诉求。尽管在进行现代国家建构的中华人民共和国,大学组织利益服从国家发展利益是不言自明的道理,但事实上政府与高校之间始终存在着亟须调和的利益冲突。

(三)"集中统一"与"自主办学"价值冲突在治理改革中的体现

"集中统一"与"自主办学"在价值观念和利益上的冲突最终都体现在高等教育治理改革实践中,这种矛盾冲突集中表现为高等教育管理"行政化"。所谓高等教育管理"行政化",是指政府对高等教育活动进行全面的行政干预,可以分为高等教育宏观管理行政化和高等学校内部管理行政化。

高等教育宏观管理行政化主要表现为中央及地方政府以行政手段干预高校自主办学活动。我国自1985年出台《中共中央关于教育体制改革的决定》到1998年制定《高等教育法》,高校应当享有办学自主权的设想由改革共识演变为法律条文,《高等教育法》从三十二条到三十八条规定了高校享有的七个方面的办学自主权,即自主调节系科招生比例,自主设置和调整学科、专业,自主安排教学活动,自主开展科学研究、技术开发和社会服务,自主开展国际学术交流与合作,自主确定高校内部组织机构的设置和人员配备,自主管理和使用财政拨款与资助、社会捐赠等办学经费与资源等。许多学者将"自主调节系科招生比例"解读为"高校自主招生权",显然这是误解了法律条款的内涵,自主招生意味着自主决定招多少学生、如何招生、招什么学生等,即自主制定招生计划、自主组织招生考试以及自主设置招生标准,但这条法规的真正内涵是在政府制订招生计划、组织高考和设置招生标准基础上,高校有权对本校系科之间的招生比例进行调节。因此,高校招生权完全是作为一项教育行政权力由政府掌握的,可以说政府主管高校招生是高等教育行政化的开端。在其他办学自主权方面,其实也是非常有限并受到政府各种行政规章条例的管制。如关于学科、专业设置自主权,在《高等教育法》之外,教育部出台了《高等学校本科专业设置规定》,控制高校本科专业总量,高校设置目录外专业必须由政府主管部门审批,教育部对高校本科专业设置实行指导、检查和监督,可撤销违反规定的专业,可通报批评管理混乱、教学质量低下的专业等。在教学自主权方面,《高等教育法》第四十四条规定:"高等学校的办学水平、教育质量,接受教育行政部门的监督和由其组织的评估。"如果说政府监督和评估高校教育质量是合理的行政职权,但教育部具体而微地行政干预高校的办学活动则是对这一职权的滥用,譬如规定教授必须为本科生授课。2007年教育部下发《关于进一步深化本科教学改革全面提高教学质量的若干意见》要求"坚持教授上讲台,保证为学生提供高质量教学……要把为本科生授课作为教授、副教授的基本要求",并规定了违反要求的严厉处罚,"不承担本科教学任务者不得被聘为教授、副教授职务。被聘为教授、副教授后,如连续两年不为本科生授课,不得再聘任其教授、副教授职务"。[①]2012年教育部再次下发《关于全面提高高等教育质量的若干意见》,规定"把教授为本科生上课作为基本制度,将承担本科教学任务作为教授聘用的基本条件,让最优秀的教师为本科一年级学生上课"。[②]自主安排教学与研究本是大学成其为大学的最毋庸置疑的自主权,然而在我国却也是政府行政干预最直接最频繁的高校事务。在高校内部机构设置和人事安排自主权方面,《高等教育法》第三十条规定"高等学校自批准

---

① 教育部关于进一步深化本科教学改革全面提高教学质量的若干意见 [EB/OL]. http://www.moe.edu.cn/publicfiles/business/htmlfiles/moe/moe_1464/200704/21825.html, 2016-8-30.

② 教育部关于全面提高高等教育质量的若干意见 [EB/OL]. http://www.moe.edu.cn/publicfiles/business/htmlfiles/moe/s6342/201301/xxgk_146673.html, 2016-8-30.

之日起取得法人资格,高等学校的校长为高等学校的法定代表人",然而,作为独立法人组织法定代表的大学校长却是由政府部门根据《党政领导干部选拔任用工作条例》选拔任免并赋予一定的行政级别,如 1992 年,中央规定北京大学、清华大学等 14 所高校的党委书记、校长由中央直接任免,他们的职务等级为副部级待遇,此后这样的高校陆续增加到 39 所。[①] 政府部门对高校人员岗位比例也会专门出台指导意见,如 2007 年,人事部、教育部联合出台《关于高等学校岗位设置管理的指导意见》并制定《教育部直属高等学校岗位设置管理暂行办法》,要求"高等学校专业技术岗位一般不低于岗位总量的 70%,其中教师岗位一般不低于岗位总量的 55%……管理岗位一般不超过岗位总量的 20%",其他关于岗位等级结构比例也有详细的规定。[②] 此外,在科学研究、财务管理、国际学术交流与合作等办学自主权方面,政府部门也有诸多的规定,由此形成了我国错综复杂的高等教育行政化现象。从这一现象的归因角度来说,作为一个长期致力于现代国家建构的政府,对高等教育抱有太多的"期待",赋予高等教育太多的"任务",这些对高等教育的功利化要求使政府不得不以国家的名义对其进行全面的行政管制。[③] 所以,尽管长期以来人们认为我国大学是学术组织但又不是独立的学术组织,而是政府的附属单位。[④]

高等教育宏观管理行政化自然也会影响到高校内部管理,高校内部管理行政化主要表现为大学管理的行政科层化、大学行政权威的绝对化和学术在大学被边缘化甚至行政化。[⑤] 高校内部行政科层化表现为从校长到普通职员、从校—处—科的行政职能部门到校—院—系的教学职能部门,都以自上而下的科层制来维系,甚至高校党委系统也是依托行政体系来履行职能,以至于在我国高校中,政治权力是一种行政化的权力,在大学发挥作用的方式及其所作用的对象与行政权力并无二致,只不过在一定意义上是一种更大的行政权力

---

① 万思志,雷鸣.比较视角的我国高校行政化成因探析 [J].黑龙江高教研究,2014(1):46-48.

② 教育部关于印发《教育部直属高等学校岗位设置管理暂行办法》的通知 [EB/OL].http://www.hainmc.edu.cn/webapps/xgb/wenjian/20110429/7909.html,2016-8-30.

③ 路兴.高等教育行政化:一个历史的视角 [J].西北师大学报(社会科学版),2011(2):91-96.

④ 别敦荣.我国高等教育行政权力及其结构改革 [J].清华大学教育研究,1998(2):55-61.

⑤ 别敦荣,唐世纲.我国大学行政化的困境与出路 [J].清华大学教育研究,2011(1):9-13.

罢了。① 大学行政权威绝对化表现为高校的决策权主要掌握在以书记和校长为首的党政领导团队成员手中，且由于党政分工体制的原因而存在权力分治现象，每一位领导成员在所分管的校务上拥有首要决策权。② 学术边缘化和行政化则表现为行政科层管理模式不仅规范了行政机构及其行为，而且规范了学术活动及学术人员的行为，行政逻辑统率了整个学校，学术逻辑退居次要位置，学术事务决策成为校长行政办公会、党委会（常委会）、党政联席会议和党政负责人的职责，学术决策成了行政决策，学术计划成了行政计划，学术目标成了行政目标，学术活动必须依靠行政体制才能得到开展。③ 于是，大学的各类教师参议机构，比如学术委员会、学位委员会、职称评审委员会等，要么被行政化了，其组成人员主要是担任各级行政职务的领导，要么被置于某种象征地位，以显示学校有这样的机构存在。④ 因而，在我国高校学术管理中，行政管理人员是教学与学术活动的主要规划者、决策者、组织者，教师服从于行政管理人员，执行行政会议决定下来的教学与学术事务安排。高校内部管理行政化剥夺了作为学者的教师应有的教学自由和学术自由权利，使高校行政权力与学术权力的矛盾更加激化。

总的来说，高等教育行政化现象是政府"集中统一"价值取向仍然优于高校"自主办学"价值追求的冲突的集中体现。因而，自改革开放以来，在高等教育治理改革过程中政府希望通过不断地简政放权实现自我改革，但没有外界压力的自我改革是没有动力的，也是缓慢的，尤其是当高校不具备独立自主的法人地位与自主治理能力，不能有效地依法行使办学自主权时。

二、"集中统一"与"多元参与"的价值冲突

在我国高等教育治理改革中，"多元参与"是"自主办学"之外不那么引人注目却又是国家日益重视、逐渐确立的一项重要的高等教育治理价值追求。社会多元参与高等教育治理，主要是指政府和高校之外的多元利益主体构成

---

① 别敦荣，冯昭昭. 论大学权力结构改革——关于"去行政化"的思考 [J]. 清华大学教育研究，2011（6）：22-27.

② 别敦荣. 高等学校的领导权力的分治与统整 [J]. 清华大学教育研究，2003（2）：45-49.

③ 别敦荣，徐梅. 去行政化改革与回归现代大学本质 [J]. 中国高教研究，2011（11）：13-16.

④ 别敦荣. 中美大学学术管理 [M]. 武汉：华中理工大学出版社，2000：136.

的社会力量以多种多样的方式参与高等教育办学、决策、投入以及服务等活动并对其进行建议、监督、评价、评估、问责的机制与过程。改革开放以来，尽管政府不断推动政校分开、政企分开，"多元参与"日益成为政府、高校、社会相互之间取得共识的价值取向，但是，随着高等教育治理改革的深入，社会力量"多元参与"高等教育治理的价值诉求难免也会与政府一贯秉持的价值理念相冲突。因此，尽管我国政府希望通过不断地简政放权实现对社会放松管制，但"集中统一"的价值取向仍然深深地体现在政府教育部门的价值观念和部门利益中，从而不可避免地与"多元参与"价值取向发生矛盾冲突，并在高等教育治理改革实践中鲜明地体现出来。

（一）"集中统一"与"多元参与"的价值观念冲突

"多元参与"的高等教育治理价值追求首先指的是参与高等教育治理的主体是多元的，尤其是被称为社会力量的政府与高校之外的多元主体，既包括企业等市场组织，也包括高等教育中介机构、非营利性公益组织、社会团体、社会公众乃至公民个人等，而且他们参与高等教育治理的方式也是多元多样的。在高等教育治理改革中，"集中统一"与"多元参与"在价值观念上的冲突主要表现在对国家、社会、教育三者之间的关系的认识不同，在"集中统一"的价值取向下，政府认为国家与社会应当融为一体，国家即社会，或者说没有社会，只有国家，也就是所谓的以强有力的意识形态、深入基层的政治组织以及高度集中统一的计划经济体制，共同建构形成一个由政党和政府全面管理和控制社会各个领域的全能主义国家。[①] 在这种国家与社会一体的环境下，政府常常以"全能政府"的角色包办所有教育事业，即便是改革开放以后开始进行教育体制改革，鼓励社会力量参与办学，但政府依然保持着举办教育的最高权威及一切行政权力，向社会放松管制的改革进程非常缓慢，社会力量仍然缺乏有效的参与办学的机制安排。显然，"集中统一"的价值取向仍然深刻地影响着政府的教育改革政策，只是随着教育财政负担日益沉重等原因而放弃了"包办教育"的价值观念，转向国家"管制教育"的价值观念。"多元参与"作为一种新的高等教育治理价值追求，则将国家与社会视作两个相对分离的不同领域，在现代国家建构中，如果以"强"、"弱"来表征国家与社会的关系，那么至少有四种组合模式：强国家—强社会、强国家—弱社会、弱国家—强社会、弱国家—弱

---

① 蒋达勇. 现代大学治理：政府、大学与社会关系的厘定与重塑 [J]. 国家教育行政学院学报，2016（3）：60-64.

社会。①改革开放之前,我国无疑建构的是一种强国家—弱社会的关系模式,这种模式适应传统的政治体制和计划经济体制,但随着改革开放以后国家建构目标的转向,中央向地方和社会适当分权的政治体制和在政府宏观调控下的市场经济体制逐步建立起来,国家与社会开始呈现出基于合作治理的强国家—强社会关系走向。在这种关系模式下,社会力量参与举办教育的合法性不断增强,在改革开放初期,社会力量办学仅被看作是"国家办学的补充"②,而到了21世纪初《民办教育促进法》立法之时,则已被视为"公益性事业,是社会主义教育事业的组成部分"。③随着高等教育治理改革的深入,社会力量不再仅仅满足于参与投入办学,而是开始"多元参与"高等教育治理的各个方面,如高等教育决策、监督、评价、评估以及问责等。从价值冲突的本质是利益冲突的角度来说,"集中统一"与"多元参与"的价值冲突本质上是高等教育应该优先满足国家需要还是社会需要的利益之争,前者是一种"国家本位"的高等教育发展观,后者则是"社会本位"的高等教育发展观。"国家本位"高等教育发展观适应计划经济体制下的国家建构需要,政府以"国家需要"或"国家利益"为制定政策的依据,因而往往需要通过有计划地事无巨细地"集中统一"来实现;而"社会本位"高等教育发展观则以满足多元多样的社会需求为目标,因而主要通过政府宏观调控、高校自主办学、市场竞争、投资办学、公益捐赠、校企合作、社会评价与监督等"多元参与"的方式促进高等教育的发展。

(二)"集中统一"与"多元参与"价值冲突在治理改革中的体现

"集中统一"与"多元参与"的价值观念和根本利益的冲突最终体现在高等教育治理改革实践中诸多问题的分歧上,譬如社会各界参与高等教育立法与决策问题、民办高等教育获取合理回报问题、民办高校分类管理问题、高等教育中介组织能否独立自主地开展评价与监督问题等。

关于社会各界参与高等教育立法与决策问题,随着高等教育治理改革的深入,政府日益注意吸收社会各界的建议与意见,如通过全国人民代表大会和

---

① 蒋达勇,王金红. 现代国家建构中的大学治理——中国大学治理历史演进与实践逻辑的整体性考察 [J]. 高等教育研究,2014(1):23-31.

② 关于社会力量办学的若干暂行规定 [EB/OL]. http://www.chinalawedu.com/falvfagui/fg22598/20625.shtml, 2016-8-25.

③ 中华人民共和国民办教育促进法 [EB/OL]. http://www.moe.edu.cn/s78/A02/zfs__left/s5911/moe_619/201507/t20150709_193171.html, 2016-8-25.

全国政治协商会议的"两会"代表提交有关高等教育的议案并进行大会讨论，同时开通网络平台吸引普通民众献言献策、评议评论，并邀请代表或专家就社会公众比较关心的热点问题进行分析与解读，与网络上的普通民众进行互动与交流等，以期扩大社会各界参与国家重大高等教育问题的讨论与决策。在立法方面，在法规酝酿、调研、起草、征求意见、颁布等各个环节都会与社会各界保持一定程度的接触和沟通，力图准确有效地反映社会各界对法规的期望与诉求。不过，除了"两会"和重大立法案会较多地与社会各界互动外，教育部及地方政府教育部门通常发布的行政命令与规章意见则较少体现出多元参与的迹象，或者较少向社会公开行政决策的过程。总的来说，我国社会参与高等教育立法与决策的程度都处于低浅层次，缺乏制度化的社会与政府平等沟通与互动的机制和平台，社会各界参与的随意性和表面化十分普遍。

关于民办高等教育获取合理回报的问题，一直以来都是政府与社会力量之间矛盾冲突的一个关键问题。自改革开放以来，政府一直鼓励社会力量参与投入办学，但由于政府一直秉持教育是非营利的公益性事业的价值观念，更多的是鼓励社会各界捐资办学，对于投资办学则将其视为市场企业行为，不承认其具有教育公益性，并在《教育法》中将这一价值观念法律化，"教育活动必须符合国家和社会公共利益"。[1]不过，现实情况是，明确表示捐资办学的民办高校屈指可数，大多数民办高校一方面强调自己的公益性和非营利性，另一方面却又实现一定程度上的营利收入。据 2010 年的调查表明，我国当时的民办高校中，只有 10% 的投资办教育的机构或个人是出于公益目的，而其他 90% 的是要求获得回报的。[2]2003 年，为了规范民办教育办学，促进民办教育发展，国家颁布了《民办教育促进法》，规定"民办教育事业属于公益性事业"，对于民办高校的营利性行为，政府与社会力量各执一端，最终折中妥协，提出"合理回报"的概念，一方面避免与《教育法》关于教育公益性的规定相矛盾，另一方面又以奖励出资人兴办教育的方式承认民办高校的合理营利行为。[3]2004 年，国务院在《民办教育促进法实施条例》中又对合理回报制度进行了详细的规定，整体上有以下几点要求：（1）出资人是否要求合理回报必须在民办学校章

---

[1] 中华人民共和国教育法 [EB/OL]. http://www.gov.cn/banshi/2005-05/25/content_918.htm, 2016-9-1.

[2] 李维民. 民办高校分类管理初探 [J]. 西安思源学院学报，2011（4）：9-17.

[3] 程化勤.《民办教育促进法》制定过程研究 [M]. 北京：北京大学出版社，2012：27.

程中予以明确;(2)合理回报的比例由民办学校确定,但须符合法律的相关限定;(3)确定比例之前,民办学校应当公开办学水平与财务状况的相关报告;(4)出资人抽逃资金或者挪用办学经费的,不得取得合理回报。尽管如此,事实上"合理回报"仍然是一种近似"获取利润"的营利行为,这与政府始终坚持的教育是非营利性的公益性事业的价值观念相冲突。因此,有批评者认为,2003年《民办教育促进法》对"合理回报"的规定是以奖励为立法目的,却以利润作为立法结果的一种扭曲的制度。①不过,对于社会力量及其支持者而言,民办高校的公益性与营利性并不是截然对立的,民办高校办学具有非商业投机性和公共投资替代性,社会在一定程度上分享着民办高等教育服务的溢出效应,与此同时,营利也是民办高校投资办学的主要动力之一,是民办高校存在与发展的必要条件,有利于实现公益性办学目的。因此,应当制定激励政策,给予民办高校一定的营利空间,鼓励民间资本投资办学。② 政府与社会关于民办教育"合理回报"的分歧直接导致各自坚持不同的民办高校分类管理理念。政府坚持教育公益性与营利性对立的价值判断和法律依据,主张取消"合理回报"制度,在《民办教育促进法修正案》中明确了非营利性民办学校与营利性民办学校的分类管理标准,非营利性民办学校举办者不得取得办学收益,学校的办学结余全部用于办学,营利性民办学校举办者则依据《公司法》等法规依法取得和分配办学收益。③投资办学的社会力量则希望保留"合理回报"制度,或者在非营利性与营利性两类管理之外走第三条道路,即将捐资举办(非营利性)的民办高校作为第一条道路,将营利性民办高校作为第二条道路,将投资举办但不要求取得回报(保留举办者产权)的民办高校和要求取得合理回报但又不是营利性的民办高校称为第三条道路,提倡国家民办高等教育分类管理政策应当具有更大的包容性,允许有更多的路径发展民办高等教育,善待要求取得合理回报的投资办学。④从《民办教育促进法》的最终修订结果来看,新

---

① 李柏杨. 民办教育合理回报制度的法律解读——基于《民办教育促进法》的分析 [J]. 沈阳大学学报(社会科学版),2014(5):640-643.

② 潘懋元,别敦荣,石猛. 论民办高校的公益性和营利性 [J]. 教育研究,2013(3):25-34.

③ 周朝成. 促进民办教育的可持续发展——谈《民办教育促进法》修订中的分类管理问题 [J]. 复旦教育论坛,2016(3):60-65.

④ 潘懋元,邬大光,别敦荣. 我国民办高等教育发展的第三条道路 [J]. 高等教育研究,2012(4):1-8.

法摈弃了既认同民办教育是非营利性事业，又允许它取得合理回报的旧法规定，明确把民办学校划分为非营利性和营利性的教育机构，以便更好地落实国家对非营利性学校的优惠政策，规范对营利性学校的监督管理。① 显然，政府关于民办教育营利性与公益性对立的"一元管制"价值观，与社会力量主张民办教育非营利公益性、合理营利公益性、营利非公益性的"多元参与"价值观之间存在着鲜明的价值冲突，而这都体现在修订《民办教育促进法》关于民办教育合理回报和分类管理等问题上。

"集中统一"与"多元参与"的价值冲突还表现在高等教育中介组织能否独立自主地开展评价与监督问责等问题上。高等教育中介组织是独立于政府与高校充当缓和二者矛盾的"缓冲组织"和"减压器"，当然也是沟通二者关系的桥梁和媒介。但是，我国高等教育中介组织从一产生就是缺失主体性的，它们是在国家教育主管部门推动下建立起来的，是自上而下的行政安排产物，如有些中介组织是由教育行政部门创办或者由政府原来的职能部门转换而来，有的挂靠在某一级行政部门之下，它们的日常活动经费由政府财政拨款，经营管理者和组织成员由政府任命安排甚至享有一定行政级别，中介项目也多来自政府。② 这样的中介组织事实上并不独立，它们更像是在政府的授意下以"中介组织"之名开展各项中介教育活动。从"集中统一"价值取向的角度来说，我国政府管制下的所谓的高等教育中介组织，很难独立自主地开展评价评估或者监督问责等活动。

当然，随着我国高等教育治理改革的深入，"集中统一"与"多元参与"的价值冲突正在慢慢消解，政府不断从管制社会的各个领域中退场，社会力量不断壮大而且接替了政府留下的空白，实现了多元参与高等教育治理的诉求。因此，"集中统一"与"多元参与"的价值取向将在高等教育治理改革中逐渐走向平衡。

三、"自主办学"与"多元参与"的价值冲突

"自主办学"与"多元参与"是我国改革开放后进行高等教育治理改革的重要价值追求。由于"集中统一"的价值取向主导了改革开放之前的高等教

---

① 李连宁.《中华人民共和国民办教育促进法》修订要为民办教育发展提供法律保障 [J]. 教育与职业，2016（5）：5-7.

② 石军霞. 我国高等教育中介组织的发展 [J]. 江苏教育学院学报（社会科学版），2007（2）：31-33.

育发展,且这种价值取向在改革开放后也一直具有巨大的影响力,因而,我国高等教育治理改革中的价值冲突主要是"自主办学""多元参与"与"集中统一"之间的矛盾冲突。但是,实际上,"自主办学"与"多元参与"之间同样也存在着价值冲突,而且越是随着高等教育治理改革的深入,高校与社会的治理主体意识越强,高校与社会之间的互动越频繁,这种冲突就越发明显和需要协调。

(一)"自主办学"与"多元参与"的价值观念冲突

"自主办学"与"多元参与"的价值冲突本质上是高校组织利益与社会公共利益之间的矛盾冲突,高校作为一个独立自主的教育与学术机构,除了履行人才培养、科学研究和社会服务等面向社会的职能外,必然也会重视自身的组织发展利益,提升组织的声誉和成员的福利,而不完全是以履行社会职能为高校发展的唯一目标。因而,二者之间的价值冲突不可避免。"自主办学"的价值取向主张高校作为一个独立法人的高等教育机构和具有某种独特办学风格的学术组织,应当"独立自主",并且"内外有别",也就是所谓的大学内部治理和大学外部治理;而"多元参与"的价值理念则认为现代大学是一个典型的利益相关者组织,关涉大学内外诸多利益相关者的利益,以政府之外的社会力量来说,至少包括企事业用人单位、中介组织、社会团体、地方社区、社会公众及公民个人等,因而"利益相关"即"有权参与"。但是,既然高校"独立自主办学",那么利益相关者当然就不能"利益相关参与",社会力量参与大学内部治理或者大学外部治理都应当遵循合理的程序与机制。因此,形成了一种高校"独立自主办学"与社会"利益相关参与"的价值观念冲突,高校努力保持自主治理校务,社会利益相关者则极力参与高校治理以主张自身利益诉求。

(二)"自主办学"与"多元参与"价值冲突在治理改革中的体现

"自主办学"与"多元参与"价值观念与本质利益上的冲突最终都体现在高等教育治理改革实践中,主要包括高校信息封闭与社会知情参与的冲突、高校自主办学与社会利益相关者参与决策、评价、监督的冲突。

首先从我国高校信息封闭与社会知情参与的冲突来说,信息公开本质上直接体现了公民的知情权,为了实现公民的知情权,必然要求有其实现形式,这一形式和程序保证就是信息公开或者是扩展意义上的政治公开,最终实现建立在公民知情权基础上的对公民的参与权、监督权、评价权乃至问责权的保障。①因而，高校信息公开是高等教育治理的必然要求，它既是大学承担社会责任的体现，也是利益相关者享有知情权的关键，有利于利益相关者参与共同治理。②在未建立有效的信息公开机制之前，我国高校信息公开一直是一个讳莫如深的问题，社会公众若想通过公开渠道获得准确的校务信息几乎是不可能的。在高校办学自主权的七大领域里，常常因为信息不透明，社会无法参与和监督致使腐败事件丛生。以高考招生为例，在实施"阳光高考"之前，由于没有确立高校招生信息公开制度，难以保证招生录取过程的公开与透明，于是某些招生环节处于"信息黑箱"状态而促成权力的寻租。③ 2007年4月，国务院颁布了《政府信息公开条例》，其中对教育信息公开做了如下规定："教育……等与人民群众利益密切相关的公共企事业单位在提供社会公共服务过程中制作、获取的信息的公开，参照本条例执行，具体办法由国务院有关主管部门或者机构制定"④。对此，教育部于2010年3月公布了《高等学校信息公开办法》（简称《办法》），并要求当年9月起施行，社会各界终于等来了可以要求高校公开校务信息的法规依据，不过，高校对此并不十分积极。据一份完成于2010年7～8月间的网络调查显示，在全国2417所高校中，有信息公开网站且名副其实的只有241所，占比9.97%，而没有信息公开网站的高校多达2117所，占比87.59%。⑤当然，由于《办法》颁布不久，各高校尚未来得及准备，但也恰好说明在此之前，大多数高校是不向社会公开校务信息的。那么，经过数年的建设，如今高校信息公开机制是否已经完善，根据笔者曾对若干高校信息公开网站的查阅，发现各校信息公开的内容、形式、标准、时间、申请方式等方面存在极大的差异，甚至有些高校信息存在遗漏、语焉不详、时间久远等问题。为此，2014年7月，教育部专门制作了《高等学校信息公开事项清单》，整理了基本信息、招生考试信息、财务资产及收费信息、人事师资信息、教学质量信息、学生管理服务信息、学风建设信息、学位学科信息、对外交流与合作信息以及其他信息10大类50条的信息公开事项清单，以此为标准要求

① 朱春霞. 论信息公开 [D]. 上海：复旦大学，2005：27-28.

② 马海群，王英. 高校信息公开政策在大学治理中的价值定位 [J]. 图书情报工作，2012（18）：14-17.

③ 尹晓敏. 高校招生信息公开制度研究 [J]. 现代教育论丛，2005（1）：45-48.

④ 政府信息公开条例 [EB/OL]. http://www. most. gov. cn/yw/200704/t20070424_43317. htm, 2016-8-2.

⑤ 马海群等. 高校信息公开政策研究 [M]. 北京：知识产权出版社，2013：58.

各高校制作本校的信息公开指南、信息公开目录和信息公开工作年度报告等。从保障社会对高校信息的知情权来说,目前政府进行了大量改革,进步很大,为社会各界力量参与高校治理奠定了基础条件,而从价值冲突的角度来说,高校信息公开机制的完善可能只是预示着"自主办学"和"多元参与"之间矛盾冲突的序幕已经拉开,毕竟,高校在坚持"独立自主"的价值观念的同时能否包容社会参与决策,接受社会评价评估和监督问责才是高校与社会价值冲突最激烈的体现。

其次,从高校自主办学与社会参与决策、评价及监督的冲突来说,改革开放以来,中央政府积极倡导简政放权,扩大高校办学自主权,高校尝试走上独立自主的发展道路。不过,政府"退场",并不意味着社会就能以利益相关者的身份进入高校治理结构。这一点连作为"元治理者"的政府在顶层设计的时候,无论是《中共中央关于教育体制改革的决定》还是《高等教育法》这样的里程碑文件或法规里,都更多强调的是高校"自主办学",而鼓励社会力量的不是参与高校的"自主办学",而是捐赠或投资举办高校。直到《国家中长期教育改革和发展规划纲要(2010—2020年)》颁布以后,教育部掀起"大学章程制定运动"时才要求高校将社会力量纳入治理结构之中。2011年7月,教育部发布《高等学校章程制定暂行办法》,在关于学校开展社会服务、获得社会支持、接受社会监督方面提出,"学校根据发展需要和办学特色,自主设置有政府、行业、企事业单位以及其他社会组织代表参加的学校理事会或者董事会的,应当在章程中明确理事会或者董事会的地位作用、组成和议事规则"[1]。2014年7月,教育部发布《普通高等学校理事会规程(试行)》,对高校理事会或董事会的性质、作用、人员、职责等做出了规定,主要是一个由政府主管部门代表、学校管理人员与师生代表、社会企事业单位代表、校友与社会贤达等构成的支持学校发展的咨询、协商、审议与监督机构,是社会参与高校治理的主要组织形式和制度平台。[2] 那么,高校理事会能否发挥社会参与治理的真正作用呢?公众和媒体的关注点之一是高校理事可能会借助这一身份在招生等方面谋取不正当利益,对此,有学者指出,以往一些高校的理事会或董事会成员,很看重其能否为学校争取资源,甚至成为对捐款人的酬庸之具,因此,理事会

① 高等学校章程制定暂行办法 [EB/OL]. http://www.gov.cn/flfg/2012-01/09/content_2040230.htm, 2016-8-12.

② 普通高等学校理事会规程(试行) [EB/OL]. http://www.moe.edu.cn/publicfiles/business/htmlfiles/moe/moe_621/201407/172346.html, 2016-8-12.

要"理事",就应当参与高校发展大事的咨询与审议,但是公立高校的理事会不是决策机构,只是咨询、协商、审议与监督机构,没有决策权,所以又很容易变成一个摆设。① 在社会评价与监督方面,我国高校一直由政府主导评估,自1990 年国家教委发布《普通高等学校教育评估暂行规定》以来进行了合格评估、优秀评估、随机评估、水平评估和"五位一体"评估等五次较大规模的本科教学评估。② 社会评估则正由社会评议向社会排行、社会认证等逐步理性化、专业化和规范化发展。③ 尽管个别高校常常在"自主办学"价值取向下对政府部门的评估颇多怨言,对社会评议尤其是各类"大学排行榜"不屑一顾,但是,又不得不在高等教育治理中"欢迎"社会参与其校务决策、评价与监督,从而提高办学水平,提高学术声誉,树立良好形象。因此,高校应当具有一个有效的吸纳学校内外利益相关者参与的大学治理结构,这个治理结构对于作为大学外部利益相关者的社会力量来说,应当可以有效地行使参与高校治理的知情权、决策权、评价权、监督权及问责权等,也就是说高校应当具有及时的校务信息公开机制、合理的社会力量代表参与校务决策机制以及社会力量应当建立有效的社会参与评价、监督以及问责机制等。

总的来说,"自主办学"与"多元参与"之间的价值冲突更多的是在高等教育治理进入深入改革阶段之时表现出来的,我国当前恰逢政府积极简政放权,构建高等教育治理体系,完善政府、高校、社会之间的新型治理关系,因此,随着高校办学自主权逐渐落实,社会组织发展日益成熟,二者之间的价值冲突将会越来越显而易见。

第三节　我国高等教育治理价值冲突的归因分析

从我国高等教育管理体制的改革历程来看,"自主办学"与"集中统一"之间的价值冲突一直是高等教育治理价值冲突的主要矛盾,但是,随着我国高等教育治理改革的深入,政府与社会、高校与社会之间的价值冲突也日益显现。那么,是什么原因造成了我国颇具时代特征和本土特色的高等教育治理

① 刘海峰. 高校理事会真正"理事"任重道远 [EB/OL]. 中国教育报, http://www.jyb. cn/opinion/gdjy/201408/t20140820_594781.html, 2016-8-12.
② 吴岩. 高等教育公共治理与"五位一体"评估制度创新 [J]. 中国高教研究, 2014(12):14-18.
③ 余小波,陆启越,王蕾. 大学社会评价论略 [J]. 高等教育研究, 2015(4):33-38.

价值冲突呢？高等教育治理的典型主体是政府、高校与社会,其中我国政府担负着高等教育治理改革的核心角色。改革开放后,国家建构转向,政府简政放权,让高校自主办学,向社会放松管制,但进展缓慢,矛盾重重。就高校自身而言,依赖政府已成为办学传统,办学自主权在政府行政授权放与收的轮回中难以落实,始终无法建立完善的治理结构,提高自主办学能力。就社会组织而言,从国家中脱离成为一股真正独立于政府的社会力量是一个艰苦而漫长的过程,社会组织发展缓慢,尚未在参与高等教育治理的有限互动中形成有效机制。因此,我国高等教育治理改革中政府、高校、社会之间的价值冲突或许可以从这三个方面进行归因分析。

一、现代国家建构转向与政府治理角色转换的滞后

我国高等教育治理改革是伴随着国家建构转向而开始的,所谓国家建构转向主要是指由"以阶级斗争为纲"向"以经济建设为中心"的国家工作重心转移,这个转向主要是通过两步实现的,一是拨乱反正,二是改革开放。1976年,"文化大革命"结束,以邓小平为首的国家领导人开始拨乱反正,通过改革开放恢复和调整社会主义中国新的现代国家建构体制。应该说,这个转向是"一个历史的拐点",它虽然没有改变我国社会主义国家的性质,没有改变我国建设社会主义国家的整体目标,但是,它改变了对"什么是社会主义"和"如何建设社会主义"的认识。被誉为改革开放总设计师的国家领导人邓小平深入反思改革开放前国家建设的历史经验与教训指出:"从一九五八年到一九七八年这二十年的经验告诉我们:贫穷不是社会主义,社会主义要消灭贫穷。不发展生产力,不提高人民的生活水平,不能说是符合社会主义要求的",而且不仅"贫穷不是社会主义","发展太慢也不是社会主义","社会主义的本质,是解放生产力,发展生产力,消灭剥削,消除两极分化,最终达到共同富裕"。[①] 由此开启了中国重新建构现代国家的改革与发展之路,简政放权推动党和国家领导制度改革,出台《中共中央关于经济体制改革的决定》,由实行"有计划的商品经济"向"社会主义市场经济"发展,开放国门,建立经济特区,开放市场,建立国家宏观调控下的市场经济体制。在这个国家建构转向和经济与社会快速发展的新时代里,原本包办一切的"全能政府"需要快速转换自己的角色与职能,促进国家政治、经济、社会的改革与发展。不过,由于从"文化大革命"到

---

① 中共中央文献编辑委员会. 邓小平文选 [M]. 北京:人民出版社, 1993: 116, 255, 373.

改革开放的骤然转变,政府不得不需要在过去与未来之间维持某种稳定与平衡,既要拨乱反正,恢复有价值的传统秩序,又要改革开放,变革落后的传统体制,因此,政府在现代国家建构中的角色和职能转换似乎受到传统与改革的双重影响,既可能锐意进取而超前于时代环境,也可能保守维稳而滞后于发展需要,最终形成一种"摸着石头过河"的现代国家建构新模式。

在我国的现代国家建构中,高等教育的发展始终是政治论哲学思想的最好体现,是作为上层建筑的重要组成部分,为了实现政府所设定的国家需要而发挥其政治、经济、文化等方面的功能,彰显出一种高等教育服务于国家的工具价值。"文革"以后,政府对高等教育的工具价值需求有增无减,而且更加迫切,高等教育改革甚至成为国家建构转向的"急先锋",1977年,邓小平主持恢复了全国高考制度,使国家的人才培养重新走向健康的轨道。1978年10月,十一届三中全会召开前夕,教育部进一步恢复了1961年施行的《高教六十条》,只是对领导体制进行了略加修订,由"党委领导下的以校长为首的校务委员会负责制"改为"党委领导下的校长分工负责制",取消校务委员会,设立学术委员会。教育部还强调此条例也适用于全国其他普通高等学校,由此,全面恢复了"文革"前的高等学校办学秩序。在政府与社会各界看来,"文革"前17年的高等教育管理与办学秩序是社会主义高等教育的有益探索,是一种有价值的传统秩序,应当恢复和继承。然而,时代已经前进了20年,又经历"文革",我国高等教育的发展已经处于倒退境地,亟须锐意改革,迎头赶上。传统的高校领导体制存在的巨大弊端是政校不分、党政不分、政学不分,政府行政管制高等学校,高校党委包揽行政管理职能与事务,校长没有实际的最高行政领导权,学术事务行政化。为此,先是1980年中央组织部和教育部联合发文要求赋予校长更多的行政职权,高校党委集中于路线、方针、政策的领导以及思想与组织建设。1985年,中央政府在《中共中央关于教育体制改革的决定》中明确要求政府简政放权,扩大高校办学自主权。1987年,党的十三大指出政治体制改革的关键首先是党政分开,在此背景下,为了从根本上解决高校党政不分问题,部分高校开始了"校长负责制"的试点改革工作。显然,在改革开放初期,政府先是恢复了传统的正常的高等教育管理体制,然后又在新的国家建构中发现其已不适应高等教育发展的落后之处,于是积极改革之,应该说在这一时期,政府很好地扮演了高等教育领域拨乱反正,恢复秩序,锐意进取的改革引领者角色。1989年,党和政府确立了"党委领导下的校长负责制",并将其写入了1998年颁布的《高等教育法》中。扩大高校办学自主权方面,尽管政府依然通过《中国教育改革和发展规划纲要》《国家教委关于转变职能，加强宏观管理，扩大直属高校办学自主权的若干意见》《高等教育法》《教育部面向 21 世纪教育振兴行动计划》等一系列的法规政策推动高校自主办学，但是作为一种政府的行政性授权，高校的办学自主权总是在"下放"与"收回"之间摇摆和波动。与此同时，为了应对国家发展与社会民众对高等教育的需求，政府将更多的精力和资源放在高等教育发展上，譬如通过实施"211"工程、"985"工程推进世界一流大学和一流学科建设，通过扩大高校招生，迅速提高国家高等教育毛入学率，满足社会公众日益增长的高等教育需求。然而，这种以"发展替代改革"的思路虽然确实推动了高等教育的发展，但与此同时也积累了更多的矛盾冲突，而且高等教育越向前发展，这些矛盾冲突越激烈。因此，政府在高等教育治理改革中转换治理角色和行政职能的滞后，导致政府与高校、社会之间产生了因长期搁置改革而形成的价值冲突，高校依然难以"自主办学"，而社会"多元参与"高等教育治理更是处在无序状态。2010 年7 月，《国家中长期教育改革和发展规划纲要（2010—2020 年）》颁布，政府再度启动了对教育进行全方位的改革，提出了"适应中国国情和时代要求，建设依法办学、自主管理、民主监督、社会参与的现代学校制度，构建政府、学校、社会之间新型关系"。① 从某种意义上说，直到此时政府再一次确立起自己引领我国高等教育治理改革的"元治理者"角色。

二、高校治理结构和治理能力建设滞后

从改革开放以来政府在现代国家建构中的角色和作用来看，我国高等教育治理改革中发生诸多价值冲突的主要原因在于政府在促进高等教育发展的同时却暂时搁置了改革，但是，作为高等教育治理改革中的核心主体，高校长期依赖政府改革，自身缺乏自下而上的改革动力，从而使得高校法人治理结构不尽完善，孱弱的治理能力不足以抵挡过度管制的"行政化"侵蚀，也不足以应对来自社会日益增长的参与治理诉求，这或许也是我国高等教育治理改革中形成诸多价值冲突的重要原因。

首先，高校缺乏完善治理结构的动力。20 世纪 90 年代以后，政府将高等教育发展置于改革之上，但依然延续了改革开放初期的扩大高校办学自主权

---

① 国家中长期教育改革和发展规划纲要（2010-2020 年）[EB/OL]. http://www. moe. edu. cn/publicfiles/business/htmlfiles/moe/moe_838/201008/93704. html, 2016-8-16.

的改革政策,1998 年颁布《高等教育法》,规定高校申请设立应当向审批机关提供章程及相关材料,并规定了章程应当明确的 10 个方面的事项,也明确了高校自批准设立之日起取得法人资格,校长是法定代表人的独立法人地位,对高校七个方面的自主办学权也进行了专门规定。但是,在《高等学校章程制定暂行办法》出台之前,作为承载高校治理结构的章程却几乎无法发挥任何大学治理的作用。这些高校章程内容存在着一系列的问题:重复雷同现象严重,不能彰显学校的特色;大部分章程没有经过主管部门的核准,缺乏法律效力;章程内容与法律法规相抵触;章程没有确立和明晰高校内部治理结构;对教职工与学生的权利义务关系表述模糊,无法实现章程的功能;缺乏高校与外部主体之间关系的界定等。① 那么,《章程制定暂行办法》出台之后这些问题是否就解决了呢?应该说重新制定高校章程有利于理清高校利益关系,完善治理结构,但是,"章程建设行动计划"似乎也带来了许多问题,"一些试点学校存在对其他法律条款的搬移或者对其他高校章程的抄袭。有些大学的章程不是为了体现大学的办学理念,而是为了应付上级领导的检查,一旦领导检查过后,大学章程就束之高阁,再也不去过问。也有些高校制定章程几乎是学校领导的事情,没有经过严格调查、讨论和论证……"② 此外,有学者对教育部在 2013 年首批核准的《中国人民大学章程》《东南大学章程》《东华大学章程》《上海外国语大学章程》《武汉理工大学章程》及《华中师范大学章程》六所大学的章程进行比较研究,分别从章程结构与篇幅、大学与政府的关系、内部要素以及制定与修改程序四个维度进行重点分析,发现关于大学与政府的关系以及制定与修改程序两方面存在诸多问题。如在大学与政府的关系上,照搬《高等教育法》的条文或只是做简单改变,对大学与政府的具体权限划分不够明确,没有明确大学作为一个特殊的社会组织在具体办学活动享有的是"权力"还是"权利"的法律性质等;在章程制定与修改程序上,缺少提案与起草程序,审议主体、提议修改主体不明确,对章程修改缺乏限制,也没有规定章程的废止程序及原因等。③ 总体上来说,我国高校在完善治理结构方面,依然极其依赖

---

① 陈立鹏等. 大学章程研究——理论与实践的探索 [M]. 北京:北京师范大学出版社, 2012:47.

② 许杰. 建设中国特色现代大学制度:成效、问题与对策——基于试点院校的探索实践 [J]. 教育研究, 2014:(10):57-65.

③ 程雁雷. 以制定和完善我国大学章程为契机推进现代大学治理 [A]. 劳凯声,余雅风. 中国教育法制评论(第 12 辑) [C]. 北京:教育科学出版社, 2014:76, 93.

政府的行政指示,缺乏自我改革的积极性。

其次,不完善的高校治理结构缺乏治理能力。没有完善的治理结构,各方利益交织成一团乱麻,没有头绪也没有层次,高校也就缺乏治理能力。高校治理能力是高校依托大学治理体系或治理结构,以大学制度和机制安排处理和应对利益相关者之间的多元矛盾冲突的能力,主要包括自主执行政府政策和管理学校的行政治理能力、保障学术自由与激励学术创新的学术治理能力、参与高等教育市场竞争和接受社会力量参与治理的社会治理能力等。我国当前的高校治理体系被部分学者概括为行政控制型的大学治理模式,因为它在治理主体、治理边界、治理方式和治理文化等诸多方面都明显呈现出以行政力量为主导、以行政手段为主体、以行政文化为依托的"行政化"特征。[①] 显然,在这种治理体系下,高校行政治理能力非常强大,它保障了我国高校能够迅速而有效地自上而下地贯彻政府部门和高校领导的行政决策,但是当所有的大学事务都以行政治理应对的时候,一方面会因处理方式不当加剧矛盾冲突,另一方面则会造成高校其他治理能力的弱化。以高校学术治理和社会参与治理来说,学术决策行政化是一个在高校治理中非常普遍的问题,以至于部分高校为了显示"去行政化"的改革决心,在教育部仅仅要求"党委书记和校长一般不担任校学术委员会主要职务"的情况下[②],明确在大学章程中规定学校党政领导不参加学术委员会,一时之间成为热烈讨论的焦点。然而,自教育部于2014年1月发布《高等学校学术委员会规程》至今,高校学术委员会建设仍然步履维艰。据对84所高校章程关于学术委员会规定的分析,以及对某教育部直属大学学术委员会建设的个案研究,发现在当前行政化学术管理模式下,行政组织与学术机构之间权责交叉重叠,尚未理清,学术委员会仍然难以介入学术管理并常态化地履行最高学术决策机构的职能。[③] 我国高校若要具备独立于行政治理的学术治理能力,仍然任重道远,而高校接纳社会参与的治理能力也非常低下。据调查,从教育质量接受社会评价、教育成果接受社会检验、教育决

---

① 陈金圣. 重塑大学治理体系:大学治理能力现代化的实现路径 [J]. 教育发展研究,2014(9):20-26.

② 中共教育部党组关于进一步加强直属高等学校领导班子建设的若干意见 [EB/OL]. http://www.moe.edu.cn/publicfiles/business/htmlfiles/moe/s7051/201403/xxgk_164849.html, 2016-8-16.

③ 陈晨. 大学学术委员会制度及其策略研究——基于权力博弈的视角 [D]. 厦门:厦门大学,2016:58-60.

策接受社会监督、引进社会资源四个方面的情况来看,高校仅在特定事项上有选择地邀请社会参与,而且社会参与深度也十分有限,其中社会参与高校决策是最为薄弱的领域,远低于其他三个方面。①

概而言之,"集中统一""自主办学""多元参与"三者之间的价值冲突,从高校自身方面归因来说,高校治理结构和治理能力建设滞后也是原因之一。

三、参与治理的高等教育中介组织发展滞后

在我国高等教育治理改革中,"集中统一"与"自主办学"的价值冲突是最主要的冲突,但是,随着改革的深入,社会与政府、高校之间也日益出现了亟待调和的价值冲突,而这种冲突的原因除了归结于政府改革的滞后与高校治理结构和治理能力建设滞后之外,参与高等教育治理的社会力量,尤其是中介组织发展缓慢,未能在快速发展的高校与社会之间的利益关系中形成一种有效的高校治理参与机制也有莫大的关系。

在改革开放后很长一段时间里,政府始终将高等教育管理体制改革的注意力放在扩大高校办学自主权上,直到 1994 年 7 月出台《国务院关于〈中国教育改革和发展纲要〉的实施意见》提出:"为保证政府职能的转变,使重大决策经过科学的研究和论证,要建立健全社会中介组织,包括决策咨询研究机构、高等学校设置和学位评议与咨询机构、教育评估机构、教育考试机构、资格证书机构等,发挥社会各界参与教育决策和管理的作用。"② 之后,政府着手建立和培育社会中介组织,我国高等教育中介组织也正是从此时开始萌生与发展。由于长期以来国家与社会融合一体,因此,社会中介组织的发展过程也是政府从社会中介组织的职能领域"退场"并对其发展放松管制的过程。不过,从我国教育中介组织的发展情况来看,其发展十分缓慢,其原因主要有以下几个方面:其一,准入机制不合理。按照国务院颁布的《社会团体登记管理条例》规定,若要申请成立一个教育中介组织,首先要寻找到一个"业务主管单位",这个单位必须是政府机构或政府机构授权的某个非官方部门,只有经过这个"业务主管单位"审核同意才能到民政部门申请登记注册,这就造成了一些教育中介组织因不愿意或找不到合适的政府业务主管部门而无法获得合法

---

① 丁月牙. 社会参与大学治理——基于高校内部的视角 [J]. 国家教育行政学院学报,2014(8):71-76.

② 国务院关于《中国教育改革和发展纲要》的实施意见 [EB/OL]. http://www.moe.edu.cn/publicfiles/business/htmlfiles/moe/s6986/200407/2483.html, 2016-8-16.

身份。此外,政府在《民办非企业单位登记管理暂行条例》中规定,"在同一行政区域内已有业务范围相同或者相似的民办非企业单位,没必要成立的,不予登记",更令人不可理解的是,一些地区民政部门在实际监管中往往将这一条规定简单化成"在同一行政区域内,业务范围相同或者相似的民办非企业单位只允许成立一家"①。其二,教育中介组织无法获得实质的独立法人地位,发展空间受限。由于中介组织必须要有政府部门作为"业务主管单位",因而很多教育中介组织是从教育行政部门分离出来的,它们名义上是独立法人,但是实际上仍然与政府保持着上下级的领导关系,成为政府编制外的附属机构,即便是那些民间的教育中介组织,为了获得政府的支持和委托项目,也会主动寻求政府部门的领导,因此,毫无独立自主地位的教育中介组织虽然能够获得政府的扶持和帮助,但同时也导致其职能严重窄化,限制了生长和发展的空间。其三,监管失范。尽管政府在准入制度和领导机制方面要求严苛,但却缺少具体监管和规范措施。譬如一个教育中介组织一旦成立,也就获得了合法身份,政府并不对其日常运行活动进行监管和规范,往往只是象征性地进行年检和财务审计等。因而,许多教育中介组织常常假借与政府"业务主管单位"的领导关系进行利益寻租或者敛财牟利,甚至许多所谓的"山寨社团"都大行其道,招摇撞骗。据国家民政部统计,截止于 2016 年 8 月,已发现 11 批共计 1135 家"离岸社团"和"山寨社团"是非法社团,其中不乏各类教育中介组织。② 在这些普遍因素影响下,我国高等教育中介组织发展缓慢,仅有一些半官方性质的学会组织、评估认证机构参与到高等教育治理改革进程之中,譬如高等教育学会,这是一个非营利的互益性学术研究团体,在高等教育治理改革过程中主要起到理论研究、政策咨询、调查报告等作用,但由于其会员群体主要来自于高校等教育科研机构,各省级分会、行会分会等也挂靠在高校,因而,它们并不能作为一个完全的社会中介组织对政府、高校、社会之间的矛盾冲突进行独立客观的居中调解。关于高等教育评估认证机构,评估认证工作基本由政府部门主导,譬如由教育部高等教育教学评估中心组织专家完成,民间的高等教育评估机构主要从事大学排行榜之类的社会评价工作。概而言之,我国高等教育

---

① 张杰. 我国教育中介组织发展的政策环境析论 [J]. 教育理论与实践,2014(4):27-30.

② 民政部公布第十一批"离岸社团""山寨社团"名单 [EB/OL]. http://www.mca.gov.cn/article/zwgk/mzyw/201608/20160800001491.shtml,2016-8-16.

中介组织发展缓慢,在高等教育治理改革中参与程度有限,并没有很好地发挥纾解社会与政府、高校之间矛盾冲突的作用。

总的来说,我国高等教育治理改革中形成的价值冲突,究其原因或许可以归结为在改革过程遭遇挫折而形成了"以发展替代改革"或者"发展优先于改革"的高等教育发展思路[①],从而渐趋于保守而坚持传统的"集中统一"价值取向,限制了高校与社会自我改革的积极性,阻滞了"自主办学"和"多元参与"的价值追求。概而言之,在高等教育发展中,尽管政府、高校、社会共同意识到高等教育治理改革势在必行,但囿于传统"集中统一"价值取向的影响,政府缺乏自上而下的改革"动力",高校也由于自主治理能力羸弱而缺乏自下而上的改革"拉力",社会更由于中介组织发展缓慢而缺乏介入改革的"推力",从而使高等教育治理改革陷入价值冲突而难以满足高等教育发展的需求。

本章小结

改革开放以后,我国高等教育治理改革确立了"自主办学"和"多元参与"的价值追求。但是,中华人民共和国成立之时,在国家主义教育思想的影响下,建立了完全由国家举办、管理、评价的传统高等教育管理体制,高等教育发展以现代国家建构的需要为转移,从而确立了我国高等教育管理的"集中统一"价值取向,这种价值理念在改革开放以后作为一种有价值的传统秩序理念得到政府的继承,从而一直影响着我国的高等教育管理实践。因此,尽管随着高等教育治理改革的深入,政府试图通过简政放权逐步削减"集中统一"价值理念的影响,但是由于改革充满挫折与未知,"集中统一"价值理念依然强烈地影响着政府的改革政策,从而与"自主办学"和"多元参与"等新的价值追求产生了亟须调和的价值冲突。"自主办学"与"集中统一"的价值冲突主要表现为"集中统一"与"独立自主"的决策观念冲突、"计划分配"与"自由竞争"办学资源分配观念的冲突等,在实践上主要表现为高等教育行政化。"集中统一"与"多元参与"的价值冲突本质上是高等教育应该优先满足国家需要还是社会需要的利益之争,前者是一种"国家本位"的高等教育发展观,后者则是

---

① 蒋达勇. 现代国家建构中的大学治理——基于中国经验的实证分析 [M]. 北京:中国社会科学出版社,2014:160.

"社会本位"的高等教育发展观。在实践上,这种价值冲突表现为对社会参与高等教育立法与决策、民办高校是否可以获得合理回报等问题的分歧上。"自主办学"与"多元参与"的价值冲突在本质上是大学组织利益与社会公共利益之间的矛盾,在高等教育治理改革中的冲突主要体现为信息封闭与社会知情参与的冲突、高校自主办学与社会利益相关者参与决策、评价以及监督的冲突等。从归因分析的角度来说,"集中统一""自主办学""多元参与"三者之间的价值冲突的原因可以归结为政府在现代国家建构转向过程中治理角色和职能转换滞后、高校治理结构和治理能力建设滞后以及高等教育治理中的社会中介组织发展滞后等。

第六章
我国高等教育治理改革价值的实现

　　价值的运动过程,是从价值创造到价值认识,再到价值实现的过程。[①] 就高等教育治理改革价值的运动过程来说,高等教育治理改革实践是价值的创造过程,探讨从高等教育管理到高等教育治理的范式嬗变是高等教育治理改革价值的认识过程,而完成高等教育治理改革,满足高等教育利益相关者的多元利益诉求,是高等教育治理改革价值实现的过程。以欧美为例,英国在20世纪七八十年代的新公共管理运动中认识到治理之于英国高等教育的"效率效益"价值,从而在高等教育治理改革中逐渐实现了"效率、效益与自治"的价值平衡。我国高等教育治理改革始于改革开放,扩大高校办学自主权和鼓励社会力量多元参与高等教育改革与发展,可谓是一个创造高等教育治理价值的过程,确立"自主办学"和"多元参与"的价值追求则是认识高等教育治理改革价值的过程,而满足政府、高校、社会对于"自主办学"和"多元参与"的价值追求则是一个尚未完成的价值实现过程。完成高等教育治理改革是实现"自主办学"和"多元参与"价值的主要路径,因此,必须坚定不移地深化我国高等教育治理改革,且在改革过程中遵循若干基本原则,并实施深化高等教育治理改革的若干具体举措。

第一节　深化我国高等教育治理改革的重要意义

　　"自主办学"和"多元参与"是我国进行高等教育治理改革的主要价值追求,实现这两种核心价值,是一个协调政府、高校、社会等利益相关者之间的矛

---

　① 袁贵仁. 价值学引论 [M]. 北京:北京师范大学出版社,1991:309.

盾冲突,满足政府、高校、社会的不同利益诉求的高等教育治理过程。因此,深化高等教育治理改革,化解价值冲突,才能有效地实现我国高等教育治理的价值追求,促进政府、高校、社会等各方利益相关者转变传统角色并在治理过程中达成一种新的平衡关系。具体来说,深化高等教育治理改革,实现高等教育治理改革的价值追求,有利于促进我国政府治理角色的转变,实现高校自主办学,构建新型政校关系;有利于促进社会中介组织的发展,扩大社会参与;有利于建设具有中国特色的高等教育治理模式。

一、有利于构建新型政校关系

我国的高等教育治理改革过程,是与政府自改革开放以来推动的高等教育管理体制改革过程相始终的,或者说二者实际上就是同一过程,政府在高等教育治理改革中发挥了关键作用,甚至可以说这就是一场政府的自我改革,通过长期渐进地简政放权改革,促进政府转变治理角色,由管制型政府转向服务型政府,扩大和落实高校办学自主权,构建新型的政校关系。

中华人民共和国成立以来,我国政府在高等教育管理中一直扮演着"管制型政府"的角色,包办高等教育在内的各级各类教育,"管得过多""统得过死"是其主要弊端。1985年,中央政府决定对我国教育体制进行改革,提出坚决简政放权,扩大学校办学自主权,鼓励社会力量参与办学等改革措施,标志着政府开始转型。尽管一开始并没有人知道政府应该转变成什么样,但改革不能等,"摸着石头过河",在改革中不断明晰和丰富"自主办学"和"多元参与"的价值理念,在简政放权中不断转变政府职能,使其朝着一种新的政府角色——服务型政府转变。从理论源流上来说,服务型政府是公共治理理论发展的产物。20世纪七八十年代,西方国家为应对政府失灵和市场失灵的双重危机,以"新公共管理理论"为依据,以"政府再造"为口号,开展了建设服务型政府的改革运动。按照政治学的理解,所谓服务型政府是指在公民本位、社会本位理念指导下,在整个社会民主秩序的框架下,通过法定程序,按照公民意志组建起来的以为公民服务为宗旨并承担着服务责任的政府。服务型政府与管制型政府的根本区别在于政府服务行为有无强制性,管制型政府一般强调强制性,否则政府无法真正地实现包办与垄断;服务型政府则努力杜绝强制性,服务的成立条件是被服务者的要求与自愿。总的来说,服务型政府的根本理念在于:管理就是服务,政府的存在是为了满足社会的需求,政府应该尽可能地为社会提供满意的公共产品和公共服务。① 因此,就我国高等教育治理改革而言,"自主办学"和"多元参与"价值的实现,某种意义上说有赖于政府转变治理角色。此外,在"自主办学"和"多元参与"价值彰显的高等教育治理体系下,服务型政府也表现出一些不同于管制型政府的重要特征。

首先,服务型政府是依法行政的政府。以法治为中心是我国高等教育治理改革的基本原则,只有在法治政府治理下,"自主办学"和"多元参与"价值才可能实现。服务型政府即强调政府由法律产生、受法律控制、依法律办事、对法律负责,要求政府服务程序化、规范化,不仅追求行政行为的效率,而且遵循公平、公正、公开的原则。② 因此,改革开放以来,我国政府逐步建设和完善高等教育法律法规,不断细化依法治教的法规制度。从宏观方面来说,政府先是以《高等教育管理职责暂行规定》《民办高等学校设置暂行规定》等行政条例代替行政命令管理高等教育事务,此后则进入高等教育法治时代,《高等教育法》《民办教育促进法》等高等教育基本法相继颁布,政府完成了依法行政的第一步。从微观方面来说,政府与高校、社会的法律关系应当具体化,2010年《规划纲要》出台后,教育部推动了部属院校制定大学章程,对政府与高校的权责关系,以及高校内外部治理结构等都进行了程序化和规范化的规定,同时公布了《高等学校信息公开办法》,以便于社会各界知悉、评价和监督高校办学活动等。总的来说,我国高等教育治理改革基本上实现了从宏观到微观的高等教育法规体系的构建,为政府依法治教奠定了坚实的法律基础。

其次,服务型政府是职能有限的政府。在传统的高等教育管理体制中,政府包办高等教育的所有环节,这一方面使得政府承担了过多的职能,干预了高等教育的规律性发展;另一方面也由于政府能力的有限性而难以满足高校、社会所需的高等教育公共服务。20世纪末,世界银行曾发布《变革世界中的政府》的世界发展报告,指出政府改革应当使政府做好它能做好的事情,做不好的可以让政府、市场和社会共同来提供公共产品,因此,世界银行建议中国政府,"为了改革高等教育体系,教育部和省级主管部门应该迅速转变角色,从对正规高等教育体系的高度管制中转向确保整个体系的质量和公平性","将

---

① 詹国彬. 从管制型政府到服务型政府——中国行政改革的新取向 [J]. 江西社会科学,2003(6):144-146.

② 中国行政管理学会课题组. 服务型政府是我国行政改革的目标选择 [J]. 中国行政管理,2005(4):5-8.

教育主管部门的角色由教育提供者转换为教育质量的保证者,给予高等教育机构更大的自主权"①。当前看来,我国政府通过持续渐进的简政放权改革,不断强化宏观调控与公共服务的职能,逐渐转变为一个职能有限却更有效的政府。

再次,服务型政府是"顾客导向"的政府。在公共治理中,政府是强调"以顾客为导向"的,政府不再是凌驾于社会各界之上的官僚机构,而是把自己定位为服务者,提供高质量、高效率的公共服务。深化我国高等教育治理改革,应促进政府以高校、社会为"顾客",为高校自主办学和社会参与治理提供法律保障、行政服务、公开信息等。由于我国政府具备强大的国家建构能力,往往在服务高等教育发展过程中会主动提供政策支持、财政经费、公共保障等,当然也会提出服务于国家建构的高等教育发展目标,例如支持和建设世界一流大学和一流学科,这完全可以看作是政府为了提高国家高等教育发展水平而提供的重大扶持政策和经费资助项目。当然,由于传统的高等教育管理体制以及"集中统一"传统价值的影响,我国政府或许始终会以一种"教导者"和"服务者"兼而有之的姿态为高校、社会提供指导性服务,但是,这并不能否定政府的"以民为本"的服务价值取向。

最后,服务型政府是民主参与的政府。社会民主参与是公共治理的基本要素之一,在我国高等教育治理中,社会民主参与的机制与渠道并不多,但是有一些颇具本土特色的社会参与的协商民主制度发展起来了,如以人民政治协商会议为平台的政治协商制度,便是一种中国社会主义的协商民主制度②,尽管协商代表的产生程序有待完善,但政治协商会议的主旨仍然是完善民主程序,扩大民主参与,以对话、辩论与协商等方式寻求政治共识,促进国家立法与决策的合法性。此外,诸如听证会、民主评议会、村民民主恳谈会以及互联网公共论坛等协商机制也在我国地方治理中发展起来。③ 总的来说,我国政府在社会民主参与高等教育治理方面的探索仍然有限,诸如"公共论坛"式的政府与社会的对话平台并不多见,当然,如果政府部门常常参与的高等教育学术性论坛、研讨会等也可以算作一种社会民主参与治理的形式的话,那么,高等

① 〔美〕卡尔·J·达尔曼,让·艾力克·奥波特. 中国与知识经济:把握 21 世纪 [M]. 熊义志,等,译. 北京:北京大学出版社,2001:76, 83.
② 陈家刚. 协商民主与政治协商 [J]. 学习与探索,2007(2):85-91.
③ 陈剩勇. 协商民主理论与中国 [J]. 浙江社会科学,2005(1):28-32.

教育学会以及高校智库、中介机构或许可以通过发挥中介调查、评价、咨询以及建议等政策科学的作用做出更多有益的探索来,促进政府提高民主参与程度。

转变政府治理角色,事实上,由此也改变了政府与高校的传统关系,形成了政府与高校"依法行政者"与"依法办学者","宏观调控者"与"独立自主者","服务者"与"顾客","民主组织者"与"民主参与者"的新型政校关系。

二、有利于社会多元参与治理

高等教育治理改革离不开社会各界的多元参与,改革开放之初,政府曾将具有法人资格的国家企事业组织、民主党派、人民团体、集体经济组织、社会团体、学术团体以及国家批准的私人办学者等统称为"社会力量",鼓励他们参与教育办学,而在此之前,在政府管理教育的体制下,所谓社会力量只能是"旁观者"。此后,随着教育立法工作的完善,社会力量又被《民办教育促进法》统称为"国家机构以外的社会组织或者个人",显然,此处的"社会组织"不单单指政治学中分类的"非政府组织""非营利组织""第三部门"等,它还包括了政府部门之外的社会经济组织。因此,在高等教育治理中,"社会"或者"社会组织"是社会经济组织与非营利组织的总和。关于我国的非营利社会组织,按照2006年中共中央十六届六中全会《关于构建社会主义和谐社会若干重大问题的决定》的列举,主要包括我国三大类民间组织:社会团体、基金会和民办非企业组织。[1]据民政部统计,自1998年《社会团体登记管理条例》颁布以来,社会团体不断发展,截至2015年底,全国已登记社会团体共计32.9万个。[2]因此,随着高等教育治理改革的深入,社会中介组织快速发展,我国将极大地扩大社会参与高等教育治理的范围,并逐渐形成社会多元参与机制:参与办学、参与评价及参与决策。

社会参与办学,这是我国高等教育治理改革中最早推动的社会参与治理形式。民办高校是社会力量参与高等教育办学最重要的表现,据教育部统计,截至2015年5月,全国共有普通高等学校2553所,其中民办高校447所,独

---

① 马庆钰. 治理时代的中国社会组织 [M]. 北京:国家行政学院出版社,2014:4-6.

② 民政部关于公开征求《社会团体登记管理条例》(修订案征求意见稿)意见的通知 [EB/OL]. http://www.mca.gov.cn/article/zwgk/tzl/201608/20160800001364. shtml, 2016-8-22.

立学院275所。^①独立学院一般也被归为民办高校,因此,民办高校共有722所,占普通高校总量的28.3%。民办高校作为一种不依赖国家财政经费的公益性高等教育机构,为我国高等教育大众化发展做出了巨大贡献,也为我国高等教育探索了一种不同于公立高校的发展模式。独立学院则是社会力量与公立高校合作创建的一种所谓的"民办公助"性质的普通高校,一般来说,这是社会力量不满足于民办高校发展规模和质量而创新的一种参与高等教育办学的新形式,显然,我国社会仍然蕴藏着参与高等教育办学的巨大力量。2013年《民办教育促进法》修订以后,一方面,民办高校分类管理更加严格,明确了非营利性和营利性学校的划分标准,取消了模棱两可的创建民办高校可获得"合理回报"的制度;另一方面,明确了政府对民办高校的扶持奖励制度,在税收、土地使用等方面享有与公立院校或公益事业同等的优惠政策等。社会参与办学的另一种形式是产学研合作。产学研合作,从高等教育功能的角度看,是指学术界与产业界为了共同实现科技创新、人才培养等目标而形成的合作交流关系。^②它主要由产业界启动,以学术界的研究与开发为起点,再经过产业界成功的市场实践,从而推动科技创新并进入市场,同时为高校培养人才提供机会与平台,具体合作形式有工业—大学联合研究中心、大学科技园、科学技术孵化器、大学衍生公司等。^③从高等教育治理的角度看,产学研合作不仅仅是一种大学与企业的科技创新和人才培养的合作方式,实际上它涉及企业、高等院校和研究机构两大领域三个不同部门,同时也受到政府的高等教育政策和市场监管制度的影响,因而,某种程度上,产学研合作是一种合作治理,其中直接参与主体是大学(包括研究机构)与企业,而政府也作为第三方间接参与协调和监督二者的合作治理活动。

社会参与评价,这是我国高等教育治理改革确立"多元参与"价值取向最主要的目标,即实现政府、高校、社会之间的管办评分离。在政府积极推动简政放权和社会监督的改革中,社会参与评价至少将形成三种评价模式并建立一个专业性程度由低到高的社会评价体系,即利益相关者的质量评议模式、新

① 2015年全国高等学校名单 [EB/OL]. http://www.moe.edu.cn/publicfiles/business/htmlfiles/moe/moe_634/201505/187754.html,2016-8-22.

② 刘力. 产学研合作的历史考察及本质探讨 [J]. 浙江大学学报(人文社会科学版),2002(3):109-116.

③ 许长青. 产学新型合作伙伴关系的国际考察——美国案例研究 [J]. 高等教育工程研究,2009(2):27-34.

闻网络媒体或教育数据公司的排名模式、社会中介组织的院校或专业认证模式。①利益相关者的质量评议,是社会个体、群体对高校普遍的个人认知和评价,是一种个别的、分散的、非专业的高校社会评价,主要包括社会公众、用人单位、学生家长的评价,它表现的是一种舆论氛围或者口碑影响。排名评价是世界上社会参与高校评价最普遍的一种形式,也是当前我国发展最快的社会参与评价模式,它主要满足了社会公众、政府部门、具体高校对高校某一方面的发展水平的信息需求,譬如学生家长关心的办学水平与质量、政府部门关注的社会效益、高校看重的与其他院校相比的发展优势与差距等。认证模式是最为专业的社会参与评价模式,具有认证主体中介性、认证标准专业性、认证过程规范性以及认证结果权威性等特点,被认为是实施非政府社会化评价制度的最有效的方式。我国目前由教育部高等教育教学评估中心实施的"五位一体"评估制度中主要开展鼓励行业参与的与国际标准等效的学科专业认证,其中工程教育专业认证已取得突破性进展,2013 年加入了《华盛顿协议》,标志着我国工程教育专业认证体系获得国际认可。②总的来说,随着高等教育治理改革的深入,管办评分离的推进,我国社会参与评价制度将逐渐成熟完善。

社会参与决策。在高等教育治理中,扩大社会参与,实现社会力量从"旁观者"转变为"参与者"的标志是建立完善的社会参与决策的机制与平台。随着高等教育与社会关系的日益密切,高等教育决策离不开社会力量的广泛参与,政府应当吸纳社会各界人士参与决策过程。当前我国政府主要实行的是专家委员会咨询机制,其中最具代表性的是国务院教育体制改革领导小组于2010 年 11 月成立的国家教育咨询委员会,该委员会主要由来自于全国人大和全国政协的科教文卫委员会、国务院参事室、高校、民主党派、教育学会等部门的约 60 位专家组成,其主要职能有三项:其一,论证评议重大教育政策与改革方案,提供咨询意见;其二,开展调查研究,对相关重大教育改革提出政策建议;其三,评估国家教育体制改革项目,提出评估报告等。委员会的意见和建议为政府决策提供了重要的参考依据。当然,高等教育决策不应当仅仅听取教育专家的建议,也应该征求教育界以外普通民众的意见,当前我国高等教育

---

① 余小波,陆启越,周巍. 社会评价介入大学治理:价值、路径及条件 [J]. 大学教育科学,2015(4):23-27.
② 吴岩. 高等教育公共治理与"五位一体"评估制度创新 [J]. 中国高教研究,2014(12):14-18.

研究论坛、媒体网络平台、信息公开平台等发展很快,形成了一股社会舆论参与高等教育治理的潮流,不过,这些平台也需要进一步规范完善起来。

三、有利于建设中国特色高等教育治理模式

我国高等教育治理改革之路不同于世界发达国家,当英、美、法、日等国以效率效益、分权与共治、大学自治、独立与责任等为高等教育治理改革的价值取向时,我国正从混乱的政治运动中恢复过来,并在百废待兴中踏上现代国家建构的征程,传统高等教育管理体制已经不能满足新的高等教育发展需求,扩大高校办学自主权和鼓励社会力量参与办学成为管理体制改革的突破口,由此也逐渐确立了我国高等教育治理改革"自主办学"和"多元参与"的价值追求。随着改革的深入,"自主办学""多元参与"的价值理念日益在我国高等教育治理实践中得以彰显,展现出我国高等教育管理体制的蜕变,从中外比较的视角来看,不同于世界其他国家的具有"中国特色"的高等教育治理模式正在形成。

"中国模式"这个概念在政治学、经济学领域已经不是什么新鲜词汇,甚至正是因为邓小平等国家领导人在改革开放之初提出并坚持"中国特色社会主义"的国家政治道路才有了我们今天在政治、经济、文化、教育等各个领域讨论"中国模式"的机会。在高等教育领域,"中国大学模式"、高等教育发展的"中国模式"、"中国特色高等教育研究话语"等概念也如雨后春笋,层出不穷,体现了中国高等教育发展的独特性。"中国大学模式"是加拿大比较教育学者许美德(露丝·海霍)首先提出来的一个反思全球化背景下中西方大学发展的新概念,她在长期研究中国大学的历史与发展的基础上,从中西文化对话的视角提出了"中国大学模式"的命题。其含义是:"中国大学成功有赖于建立一个独特的中国大学模式,中国大学模式是由中国文化的特殊性所决定的;中国大学模式是在借鉴西方大学模式之后形成的,中国大学模式形成过程是一个中西对话过程;中国大学模式不是对西方大学模式的替代,而是对西方大学模式的补充。"① 换言之,西方大学模式是基于西方文化传统形成的,中国也有自己独特且深厚的文化传统,所以中国应当建立自己的大学模式,打破西方大学一元中心而形成世界高等教育的多元中心,进而实现中西文明对话。"中国

① 王洪才. 论中国文化与中国大学模式——对露丝·海霍"中国大学模式"命题的文化逻辑解析 [J]. 华中师范大学学报(人文社会科学版),2012(1):144-122.

大学模式"的命题无疑从文化的视角展现了中国大学发展的独特性。不过,我们并不能就此否认"中国大学模式"的存在,高等教育发展本就多元多样,其他诸如英国大学模式、法国大学模式、日本大学模式也时常出现在我们的讨论之中。因此,中国大学模式并不是一种普适的大学发展模式,而是一种独具中国政治与文化传统特色的大学发展类型,其模式特征更多地表现在发展规模特点、学术话语体系以及治理体制等具体的内容方面。日本高等教育学者金子元久就从高等教育规模发展角度考察了中国高等教育发展模式的独特性,他认为走在世界前列的中国高等教育市场化模式就是高等教育发展的中国模式。① 中国本土学者在高等教育研究国际交流中发现,我国高等教育研究话语已经具有鲜明的中国特色,主要表现为实践性突出、政策色彩浓厚和学科性明显,形成了比较完整而充分的中国高等教育研究话语体系。② 就高等教育治理的"中国模式"来说,我国高等教育治理改革确立的"自主办学"和"多元参与"的价值取向即体现了我国高等教育治理体系的"中国特色"。

"中国高等教育治理模式",显然是相对于英、美、法、日等国家的高等教育治理模式的说法,在国内的高等教育治理改革中则被称为"中国特色高等教育治理体系"。简单来说,"中国特色高等教育治理体系"是在我国改革开放以来进行现代国家建构背景下形成的高等教育治理模式,以使我国高等教育从管理转向治理,由微观管理转向宏观管理,由直接管理转向间接管理,由办教育转向管教育,由管理转向服务。③ 那么,在高等教育治理改革中,"自主办学"和"多元参与"价值实现是如何体现我国高等教育治理体系的"中国特色"的呢? 总的来说,是在传统的高等教育宏观管理体制和微观的高校内部管理体制中嵌入"独立自主"与"多元参与"治理机制而体现出来的。具体而言,从高等教育宏观治理改革来看,政府通过简政放权扩大高校办学自主权和扶持社会中介组织承担社会评价职能来实现"自主办学"和"多元参与",也就是说,高校自主办学是政府放权或授权性的自主,而非分权的独立自主;社会多元参与是政府引导与扶持下的参与而非独立的参与。因此,建构高等教育治

---

① 〔日〕金子元久. 高等教育发展的中国模式:来自日本的考察 [J]. 徐国兴译. 教育发展研究,2006(5A):24-28.

② 别敦荣. 发展中国特色国际可理解的高等教育研究话语 [J]. 中国高教研究,2015(7):9-12.

③ 瞿振元. 建设中国特色高等教育治理体系推进治理能力现代化 [J]. 中国高教研究,2014(1):1-4.

理体系并不是要替代现行的高等教育办学和管学组织及其体系,而是改革和完善,是一种补救,是在传统的高等教育宏观管理体制中嵌入新的治理机制,从而形成中央和地方合理分治下的政府宏观管理、高校以办学自主权为依据进行自主办学、社会组织和公民参与治理的高等教育治理体系。[①] 从微观的高校内部治理改革来看,党委领导下的校长负责制是高校内部治理结构的基础,高校内部治理是党委会与校长领导下的治理,也是一种授权性治理,具有从属性、补充性的特征,构建高校内部治理结构是为了提高高校内部利益相关者的参与度,遵循高等教育规律办学。具体而言,即是在高校内部建构院系自主办学体系,嵌入教授治学的学术自由保障机制,从而形成高校内部的政治权力、行政权力、专业权力(或称学术权力)平衡的共同治理体系。[②] 无论是从高等教育宏观治理还是从微观的高校内部治理的角度来看,实现"自主办学"和"多元参与"的高等教育治理价值追求,即是在传统的高等教育管理体制中嵌入"自主"和"参与"治理机制,从而形成中央政府统一调控下的教育行政部门领导管理、高校自主办学、社会中介组织评价的高等教育治理模式。总的来说,加强我国高等教育治理改革,不断推进"自主办学"和"多元参与"的价值实现,有利于形成和完善具有中国特色的高等教育治理模式。

第二节 深化我国高等教育治理改革的基本原则

高等教育治理具有理论上的普遍价值,但是各国在高等教育治理改革中所追求的价值则是具体的,因此,各国从治理理论中寻求指导改革的原则也就不同。就我国高等教育治理改革来说,"自主办学"和"多元参与"是适应我国高等教育发展的价值取向,但要实现这两种核心价值,就需要根据高等教育发展的普遍规律以及我国高等教育治理改革的经验教训确立若干原则。改革开放以来,我国高等教育治理改革是在现代国家建构的进程中不断推进的,改革与发展是我国国家建构的核心指导原则,显然,深化高等教育治理改革也不例外。在高等教育治理中,政府、高校、社会是三大核心治理主体,各自扮演着不同的角色,肩负着不同的职能,管办评分离是使三者履行各自职能且不越界的

---

① 别敦荣. 治理体系和治理能力现代化与高等教育现代化的关系 [J]. 中国高教研究, 2015 (1): 29-33.

② 别敦荣. 论我国大学治理 [J]. 山东高等教育, 2016 (2): 1-8.

基本原则,因此,实现"自主办学"和"多元参与"价值,深化高等教育治理改革须贯彻这一原则。此外,还需要坚持以法治为中心,政府依法治教,高校依法自主办学,依章程自主办学,社会中介组织依法参与高等教育治理等。

一、坚持改革与发展并行的原则

改革与发展是改革开放以来我国高等教育的两大核心主题,它们共同推进了我国高等教育的转型与进步,二者缺一不可。众所周知,"文革"时中华人民共和国努力探索建构的高等教育系统被破坏,拨乱反正后,尽管恢复了"文革"前的高等教育管理体制,但是面对新的国家现代化建设目标,传统的管理体制以及价值观念并不适应新的高等教育发展需求,阻碍了高等教育促进国家政治、经济、文化的改革与发展。纵观改革开放以来我国高等教育的发展历程,改革总是与发展如影随形,相伴相生,高等教育发展的快慢与好坏都与改革的力度、深度有直接关系,甚至可以说,我国改革开放以来的高等教育发展过程,也是高等教育改革的过程。因此,高等教育既要发展也要改革,发展是为了使高等教育更好地履行职能,服务社会;改革是为了使高等教育更好更快地发展。发展解决的是高等教育的生产力问题,而改革则是要理顺高等教育的生产关系。[①] 改革开放 30 多年来,我国高等教育发展迅速,如果以统筹设计教育中长期改革与发展的"规划纲要"作为考察对象的话,我国高等教育的改革与发展历程可以划分为三个阶段:其一,1978 年拨乱反正到 1993 年《中国教育和改革规划纲要》出台之前的恢复与调整阶段;其二,1993 年《中国教育和改革规划纲要》出台并施行阶段;其三,《国家中长期教育改革和发展规划纲要(2010—2020 年)》颁布后的全面治理阶段。在这三个阶段里,总的趋势是改革与发展并肩同行,高等教育治理的"自主办学"和"多元参与"价值取向日益明晰且不断取得突破性进步,但也出现过"以发展替代改革"的起伏与停滞。

首先,在恢复与调整阶段(1978 ~ 1992 年),主要是对高等教育秩序进行恢复,调整高等教育管理体制改革的目标以适应改革开放后新的国家建设需要。1977 年恢复高考是国家对高等教育领域进行拨乱反正的开始,1978 年教育部讨论恢复"文革"前的高等教育管理体制,1961 年颁布的《高教六十条》被认为是"文革"前 17 年高等教育管理体制探索的有价值的成果,因而,教育

---

① 别敦荣. 三十年中国高等教育改革与发展的成就——《中国高等教育改革与发展 30 年·前言》[J]. 清华大学教育研究,2008(6):50-55.

部仅将"党委领导下的以校长为首的校务委员会负责制"修订为"党委领导下的校长分工负责制"即恢复了"文革"前的高等教育管理秩序。此后,高等教育院校和学生规模得到迅速发展,但是,鉴于高校长期存在的党政不分、以党代政,高校缺乏办学自主权的问题,1985 年《中共中央关于教育体制改革的决定》要求扩大高校办学自主权,并试点推行校长负责制,将党委的作用集中于监督和党的思想建设、组织建设等职能上。到 1989 年,全国共有 130 多所高校试行校长负责制。1989 年 8 月,中共中央发布《关于加强高等学校党的建设的通知》提出,高校应当实行党委领导下的校长负责制,校长负责制的试点改革不再扩大,已经试点且收效较好的,可以继续试验,同时强调,无论实行何种领导体制,党委会都是学校的政治领导核心,全面领导思想工作,管理干部,支持校长独立负责地主持行政工作,力戒包揽行政事务。[①] 总的来说,在这一阶段,经过拨乱反正后,高等教育得以恢复发展,并通过试点改革的方式探索扩大高校办学自主权的领导体制,尽管改革遭遇挫折,但仍然确立了"高校自主办学"的改革方向,改革与发展相得益彰,并未出现脱节或冒进的现象。

其次,1993 年《规划纲要》的出台与实施阶段(1993 ～ 2009 年),这是我国改革开放以来第一次运用"规划纲要"这种战略规划手段指导教育改革和发展。1993 年《规划纲要》的总体目标是"指导 90 年代乃至下世纪初教育的改革和发展"。在这一个规划的实施阶段,我国高等教育发展迅速。从高校水平发展来说,确立了建设重点高校的战略思想,要求集中中央和地方各方面的力量办好 100 所左右的重点大学和一批重点学科、专业,从而力争使一批高校和学科、专业在 21 世纪初达到世界较高水平,这就是著名的"211 工程",最终112 所高校入选建设计划。此后,1998 年 5 月 4 日,时任国家主席江泽民在北大建校 100 周年大会上提出,"为了实现现代化,我国要有若干所具有世界先进水平的一流大学",从而又启动了"985 工程",最终共有 39 所高校入选该计划。重点高校建设计划确实促进了我国一批高校和学科、专业的快速发展,不断接近或达到世界一流水平。从高等教育规模发展来说,1993 年《规划纲要》实施意见预测高等教育毛入学率在 2000 年稳步上升到 8%,不过,由于经济、社会发展对高等教育人才的需求增长迅速,这一发展速度难以满足需求,此外加上严重的经济危机等额外因素影响,中央政府很快做出了扩大高等教育规

---

① 石鸥,邵汉清. 在理想与现实之间——我国高等教育改革预期目标的实现与偏离 [M]. 长沙:湖南师范大学出版社,2012:52.

模的战略决策,也就是所谓的"高校扩招"。2002 年,我国高等教育毛入学率快速增长到 15%,迈入大众化阶段,2009 年这一数据更是跃升到 24.2%,我国高等教育规模获得空前发展。学生规模的快速增长也促进我国高校类型和层次的发展,本科院校除了公立高校和民办高校之外,出现了一种公私合作举办的高校类型——独立学院;在层次上,本科院校与专科院校规模日趋相当。在社会参与高等教育方面,除了社会力量举办民办高等教育快速发展之外,高校社会评价也有所发展,产生了一批专业的中介组织和教育服务公司,以发布大学排行榜、大学生就业报告等形式对高校发展进行评价等。

再次,进入 21 世纪以后,我国高等教育发展日新月异,然而,高等教育改革似乎出现了某种脱节现象,高等教育利益相关者之间的矛盾冲突开始在各方面显现且不断积聚,譬如高校办学自主权依然难以落实,无论是高等教育宏观管理还是高校内部管理,行政化现象愈演愈烈;高校封闭自治,社会参与决策、监督、问责等机制不完善;高校办学质量不能满足社会需求,社会评价日益低落;政府与社会对于民办高校分类管理与合理回报问题的分歧严重等。从历史回顾的角度来说,在《国家中长期教育改革和规划纲要(2010—2020 年)》出台之前,我国高等教育改革与发展已经出现不相适应的问题,主要是由于高等教育各方面发展太快,而高等教育改革并不能及时反应而相对滞后,改革举措难以奏效,从而产生了大量亟须调和的矛盾冲突。因此,2010 年的《规划纲要》被视为重启教育改革、继续推进教育改革的宣言书和动员令,认为它坚持树立改革大旗,强调没有改革就没有发展,主张以推进改革、深化改革来促进教育的持续发展。[①] 由此看来,2010 年《规划纲要》所规划的时期是我国高等教育改革与发展的一个新阶段,它试图通过全面深入的治理改革调和政府、高校、社会之间以及高校内部各群体之间的多元利益矛盾冲突,适应我国高等教育的快速发展。概而言之,改革与发展,是我国高等教育必须坚持的基本原则,只有不断促进高等教育发展,才能不断满足各方高等教育利益相关者的需求;也只有在快速发展的同时坚持改革,才能改革政府管理的弊端,提高高校的自主办学能力,促进社会积极有效地参与高等教育决策、监督、评价与问责等。因此,深化高等教育治理改革,实现"自主办学"和"多元参与"的价值必须坚持改革与发展并行的基本原则。

---

① 张乐天. 对重启教育改革议程的思考 [J]. 复旦教育论坛,2013(3):5-9.

二、贯彻"管办评分离"原则

教育改革遵循"管办评分离"原则是 2013 年 11 月 12 日党的第十八届中央委员会第三次会议通过的《中共中央关于全面深化改革若干重大问题的决定》对深化教育领域综合改革提出的重要指导原则,核心要求是扩大省级政府教育统筹权,扩大学校办学自主权,完善学校内部治理结构,强化国家教育督导,委托社会组织开展教育评估监测,也就是政府统筹管理,学校自主办学,社会评估监测。"管办评分离"原则的提出,是我国自改革开放以来对高等教育治理改革的认识的重大进步,一直以来,我们始终将改革的注意力集中于政府与高校之间的关系上,1985 年,《中共中央关于教育体制改革的决定》首次提出要改变政府对高校统得过死的管理体制,扩大高校的办学自主权,而对于社会在高等教育改革中的作用则主要是鼓励社会力量广泛参与投资办学,而没有重视其参与高等教育治理的重要职能。这种局限于部分治理主体之间关系的改革终于在《国家中长期教育改革和规划纲要(2010—2020 年)》中得到改观。2010 年《规划纲要》虽然仍然强调推进政校分开、管办分离,落实和扩大学校办学自主权,但是,改革者已经开始综合考虑高等教育治理中政府、学校、社会三大主体之间的关系。因而,提出建设依法办学、自主管理、民主监督、社会参与的现代学校制度,构建政府、学校、社会之间的新型关系。对于社会在高等教育治理中的作用也已有深刻的认识和明确的规划,要求赋予社会对高等教育进行专业评价的职能,鼓励专门机构和社会中介机构对高校的学科、专业、课程等水平和质量进行评估,建立科学、规范的评估制度。总的来说,"管办评分离"原则是针对我国传统高等教育管理体制弊端而开出的对症下药的"良方"。众所周知,改革开放前我国实行的是国家主义的高等教育管理体制,即政府包办一切教育活动,政府是大学的举办者、管理者、办学者及评价者,社会各界对高等教育的人才与技术需求也由政府按计划分配供应,社会只能是高等教育办学的旁观者。因此,"管办评分离",就是要将大学、社会从政府的包办管制中分离出来,赋予它们自主办学和专业评价的职能,而政府则由"管办评包办"的"全能政府"转变为宏观管理与控制的"有限政府",当然,这并不意味着政府将对高等教育的改革与发展减少责任和降低权威,而是更加注重于宏观领导与规范,也就是国家治理中所谓的"掌舵"而非"划桨"。

那么,如何贯彻"管办评分离"原则呢?伯顿·克拉克的"国家权力—学术权威—市场"三角协调模型或许会给我们一些启示,在这一模型下,政府、大学、社会之间的关系有政治的、官僚的、专业的和市场的四种类型,前两种都是政府权威管制模式,专业的是学术权威自治模式,市场的则是自由竞争模式。①事实上,世界各国都明白单一力量控制的极端模式是危险的,因而偏向这四种模式中某一种模式的国家都在努力改革,使其更接近于政府、大学、社会之间的协调平衡治理模式。我国高等教育管理体制是接近于政府权威管制的典型模式,因而,我国高等教育治理改革的"管办评分离"实际上就是实现"办与管分离""评与管分离",具体而言,也就是将属于学校的办学职能和属于社会的评价职能从政府的包办管制职能中分离出来,实现教育管理权、自主办学权、教育评估权三种权力在政府、学校、社会之间相互分离、相对独立的权力分配关系。因此,在我国高等教育治理改革中贯彻"管办评分离"原则至少需要满足以下三个条件。

其一,确立高校、社会中介组织独立于政府的法人实体地位。关于高校的独立法人地位,一般来说,我国《高等教育法》颁布后即确立了每一所获得政府批准设立的高校的法人地位,但事实上高校并不能独立自主地开展办学活动,高校难以落实办学自主权、缺乏办学经费自主支配权等。社会中介组织由于受到"业务主管单位"——政府部门或其授权组织的领导同样无法真正行使独立法人权利。因此,如果高校与社会中介组织无法真正获得独立法人地位,也就意味着"管办评分离"也就是一句空话。

其二,合理规划政府、高校、社会之间的职责分工与联系互动机制。实现"管办评分离",仅仅落实法人地位是不够的,还必须合理分权,政府教育管理权、学校自主办学权、社会教育评估权的界限应当明确,权限之间的矛盾冲突应当设立合理的协调机制等。

其三,政府切实推进简政放权。改革开放 30 多年来,我国政府在高等教育治理改革中始终主张简政放权,但是至今仍然难以落实办学自主权与社会评估权等。②因此,政府切实放权是"管办评分离"的前提,只有政府切实放权,并通过法规政策、规划方案、财政支持、信息服务等引导与监督手段而非行政管制等直接干预手段监管学校行使办学自主权,规范社会组织开展教育评估

---

① 〔美〕伯顿·克拉克. 高等教育系统:学术组织的跨国研究 [M]. 王承绪,等,译. 杭州:杭州大学出版社,1994:162.

② 周家荣,李慧勤. 教育管办评分离:实质基础、行动逻辑和体制障碍 [J]. 高等教育研究,2016(7):16-20.

活动,才可能真正实现政府、学校与社会之间的"管办评分离"。

三、以法治为中心的原则

在改革开放以来的现代国家建构中,"法治中国"是一个基本建设目标,"以法治为中心"也是我国推进所有改革活动必须遵循的核心原则。实现高等教育治理的"自主办学"和"多元参与"价值,需要在高等教育治理改革过程中不断建设和完善法律法规,并促进政府依法行政、高校依法自主办学、社会依法参与治理等,换言之,高等教育治理改革过程也是高等教育法治化的过程。

众所周知,我国高等教育治理改革始于一个里程碑式的政策文件——1985年颁布的《中共中央关于教育体制改革的决定》,正是在这个文件里确立了"高校自主办学"的改革价值取向,不过,由于当时国家百废待兴,高等教育立法工作尚不具备成熟的条件,因而,国务院在第二年出台了一份《高等教育管理职责暂行规定》,作为国家教委和各中央业务部门、地方省级政府以及全国高校履行职责的法律规章。此后,随着社会力量积极兴办民办教育,国务院又在1987年7月出台了规范民办教育的《关于社会力量办学的若干暂行规定》,初步奠定了政府管理民办教育以及民办学校依法办学的法律基础。20世纪八九十年代是民办高等教育的大发展时期,民办高校如雨后春笋般崛起,作为一种不同于公立高校的新的高等教育机构类型,其与政府、社会的关系更为复杂且充满矛盾,为此,国务院又在1993年专门出台了《民办高等学校设置暂行规定》,对民办高校的设置与管理进行规范。1995年3月,我国第一部《教育法》颁布,这部法律开启了我国教育法治化的序幕,为各级各类教育机构奠定了最基本的法律依据。就高等教育而言,1998年8月颁布的《高等教育法》,确认了高等学校的独立法人地位,并将改革探索形成的七个方面的高校办学自主权予以逐条规定,对于政府、高校、社会之间的关系,该法也进行了概略性的规定,如国家可以根据经济建设和社会发展需要,制定高等教育发展规划,举办高校,推进高等教育体制改革和高等教育教学改革等,鼓励社会力量依法举办高校,参与和支持高等教育改革和发展等,规定"高等学校应当面向社会,依法自主办学,实行民主管理"等。从高等教育治理改革的角度来说,《高等教育法》对政府、高校、社会之间的合理关系进行了法治化,尤其是对高校与政府、社会之间关系的规定,完全确立起高校"依法自主办学"的治理改革价值取向,对21世纪的高等教育治理改革和法律制度建设影响深远。此后2003年的《民办教育促进法》也可以算是对民办学校与政府、社会之间关系的法治化，奠定了民办教育治理改革和法律制度建设的基石。《国家中长期教育改革和发展规划纲要（2010—2020 年）》颁布以后，为了适应教育改革的需要，掀起了一轮制定新的法规和修订原有法规的热潮。先是 2010 年 4 月教育部出台了《高等学校信息公开办法》，以保障社会各界对高校办学的知情权。2011 年 7 月，教育部颁布《高等学校章程制定暂行办法》，这是一部重要的行政规章，它标志着我国高等教育治理进入"章程治理"时代，教育部在 2013～2015 年的"章程建设行动计划"里推动了 114 所中央部属高等院校起草和核准了大学章程，为全国高校制定章程并依据章程治校树立了典范。在此期间，教育部相继出台了《高等学校学术委员会规程》《普通高等学校理事会规程》，全国人大常委会修订了《民办教育促进法》《教育法》《高等教育法》等。2016 年 8 月，民政部发布了《社会团体登记管理条例》的修订草案征求意见稿……这一系列的法律法规建设为高等教育治理改革提供了法律依据。

高等教育治理改革以法治为中心，建设法律法规显然还只是完成了第一步，更重要的是要依法治理，依法治理是我国促进高等教育治理体系和治理能力现代化的基本原则。[①] 而建构高等教育治理体系和促进治理能力现代化正是我国高等教育治理改革的中心任务，因此，依法治理也是我国高等教育法治化的核心原则。从价值实现的角度来说，高等教育治理的"自主办学"和"多元参与"价值，即是在政府、高校、社会依法治理过程中实现的，政府依法行政以监管和保障高校依法行使办学自主权，社会依法参与高等教育决策、评估与监督等。从高等教育治理改革的发展历程来看，我国高等教育依法治理的关键依然在于政府，我国传统的"集中统一"价值取向影响深远，因此，高等教育治理以法治为中心，首先要求政府"依法行政"。目前来说，我国已经形成了比较完善的教育法规体系，从《教育法》《高等教育法》等基本法，到全国性教育规章，如国务院和地方人大颁布的管理办法、单行条例等，再到政府教育行政部门的规章制度的三级教育法律体系。[②] 政府依法行政要求政府部门摈弃过去传统的以行政命令管制教育事业的做法，做到以教育基本法律为根本依据，减少不必要的行政命令与文件，依据权力清单行使教育管理职权等。其次，高校依法治校。对于高校来说，依法治校是以法治为中心的根本体现。所谓依

---

① 别敦荣，韦莉娜，唐汉琦. 高等教育治理体系和治理能力现代化的基本原则 [J]. 复旦教育论坛，2015（3）：5-10，59.

② 孙宵兵. 新常态下依法治教的思考 [J]. 国家教育行政学院学报，2015（7）：19-26.

法治校,一方面是指遵守《教育法》《高等教育法》等教育基本法律;另一方面则是指依据大学章程自主办学,这是依法治校的关键所在。大学章程是每一所高校在遵守教育基本法律前提下,根据本校的办学宗旨、目标以及特色条件制定的自主办学的纲领性文件,在西方,大学章程被视为大学自治的"宪章"。我国大学章程是教育部出台《高等学校章程制定暂行办法》之后通过"章程建设行动计划"等行政举措推动高校制定的,结束了我国高校长期"无章办学"的历史,初步形成了高校与政府、社会之间的高等教育办学"契约"。高校依据章程自主办学还需要对章程的纲领性规定进行细化,譬如划分党委集体与校长之间的职权界限,制定学术委员会规程,建立学术委员会机构与决策机制,制定校务理事会规程,建立社会各界参与高校治理的机构与机制等。社会各界依法参与治理是我国高等教育治理改革的重要目标,因此,除了在教育基本法律和大学章程中保障社会参与治理的相关权利外,还需要完善相关社会团体管理法规,以促进社会团体的健康发展。从 2016 年 8 月公开征求意见的《社会团体登记管理条例》修订稿来看,部分修正了社会团体必须获得"业务主管单位"审批才能登记的条款,诸如行业协会商会、科技类社会团体、公益慈善类社会团体、社区服务团体四类社会团体可以直接登记,有利于社会团体独立自主地依法参与高等教育治理活动。总的来说,政府、高校、社会以法治为中心,依法行政,依法自主办学,依法参与治理,是深化高等教育治理改革,促进高等教育治理价值实现的重要原则。

第三节 深化我国高等教育治理改革的具体策略

我国高等教育治理改革与高等教育管理体制改革是一致的,而随着国家治理体系和治理能力现代化建设进程的推进,高等教育管理体制改革自然也进一步发展到促进高等教育治理体系和治理能力现代化。那么,何谓"高等教育治理体系和治理能力现代化"？显然,这与教育治理体系和治理能力现代化在本质上是一致的,即要适应国家治理体系和治理能力建设,根据教育发展的规律和教育现代化的基本要求,转变政府职能,促进学校自主办学,鼓励社会各界广泛参与,形成政府、学校、社会之间的新型关系。① 从高等教育治理

---

① 袁贵仁. 深化教育领域综合改革加快推进教育治理体系和治理能力现代化——在 2014 年全国教育工作会议上的讲话 [EB/OL]. http://www.gov.cn/gzdt/2014-02/16/content_2605760.htm, 2016-9-20.

改革满足国家、高校、社会的多元利益诉求的角度来说,高等教育治理体系和治理能力现代化的过程,就是实现高等教育治理"自主办学"和"多元参与"价值的过程。那么,不难得知,推进高等教育治理体系和治理能力现代化的诸项举措即是实现高等教育治理价值的具体路径与策略。从教育治理体系和治理能力现代化的重点任务来看,促进政府切实简政放权,提高高校自主治理能力,以及培育社会中介组织和完善参与高等教育治理机制是实现"自主办学"和"多元参与"价值的有效策略。

一、政府切实推进简政放权

改革开放以来,政府一直是我国高等教育治理改革的主导者,扮演着不断下放权力,扩大高校办学自主权和社会参与权利范围的自我改革者角色,但是,30多年来,高等教育治理体系或结构始终无法完善,总是陷入在政府放权与收权循环往复的治理失灵困境中。所谓高等教育治理失灵,是指建构的政府、高校、社会治理体系无法发挥多元利益相关者共同治理的作用,政府依然是按照传统的高等教育行政管制模式运行,高校不能完全落实自主办学,社会无力独立承担教育评价职能等。这其中的原因,一方面是政府受到传统管理体制的影响,放权不彻底,高校与社会并没有获得相对独立的治理主体地位以及相应的权力,政府始终将它们纳入自己的行政管制体系之中;另一方面,政府作为高等教育治理的"元治理者",并没有在高等教育治理中发挥顶层设计与平衡协调的作用,自我约束行政管制职能,促进高校落实办学自主权,培育社会中介组织参与治理的能力。因此,在《国家中长期教育改革和发展规划纲要(2010—2020年)》颁布以后的治理改革新时期,政府在高等教育治理改革中面临的主要任务就是担当"元治理者"角色,切实推进简政放权,建构有效的高等教育治理体系。

在公共治理中,政府担当"元治理者"的角色的观点,源自于"元治理"理论。所谓"元治理",就是"治理的治理"。治理本身是针对政府失灵的一种新机制,但是这种新机制有一个不足,即职责上将政府视为与其他治理主体同等的"治理参与者",甚至将这种机制宣称为"没有政府的治理"。事实上,政府恰恰是最重要、最根本的治理主体,尤其是在发展中国家,政府软弱无能或者无政府状态只会成为各种社会问题的根源,如西亚、非洲部分国家因缺乏国家能力而导致贫困、战乱、艾滋病、恐怖主义泛滥等。因此,元治理理论特别强调政府在公共治理中的特殊权力和特别责任,认为政府在国家、市场、公民社会的国家治理体系中是负有协调权力与责任的领导者。当然,这并不是说元治理中的政府是一个至高无上、管制一切的"全能政府",而是强调其在公共治理中的能力与责任最大,是多元治理的"召集人"和"主持人",应当在公共治理中担负顶层设计、协调平衡、监督控制的主导者角色。就高等教育治理来说,政府作为"元治理者",与高校、社会组织相比,在治理地位上三者平等,但是在治理职责上政府处于主导地位,是掌控全局者。

那么,政府作为"元治理者",应该如何推进简政放权?原教育部长袁贵仁认为,政府管理的改革是推进简政放权的前提和基础,当务之急是要在三个方面积极简化管理和下放权力:其一,根据国务院的统一部署取消和下放行政审批事项;其二,统筹高校重点学科建设等项目的专项资金,扩大基层政府和学校资金统筹使用权,提高资金使用效益;三,整合各种常规性和临时性检查,减少各种检查活动。与此同时他还指出,"当前简政放权的重点是扩大省级政府教育统筹权和学校办学自主权,原则上凡是由省级管理更方便有效的事项一律下放省级管理,凡是由学校能自主决定的事项一律下放到学校"。① 事实上,长远来看,尤其是从高等教育治理改革的发展历程来看,政府作为"元治理者",应当对政府所集中控制的管、办、评各项权力分别确立权力主体、权力类型、权力界限等,并进行顶层设计和合理分配,促进管办评各项权力合理有效地分离和互动,切实地推进政府简政放权。

在高等教育治理改革的新时期,简政放权应当确立政府的职权边界,界外之权尽放之。政府与高校、社会之间的职权边界是什么,这是简政放权的主要依据。以往简政放权的依据并不是政府的职权边界,而是以学校能够自主决策的办学事项为依据,例如招生考试权,这是我国高校无法自主决定的,因为我国招生考试传统与考生分布国情更适应由政府组织的统一考试、统一录取的考试招生模式。那么,学校可以自主决策哪些有关考试招生的事项呢?不同院系、专业之间的招生比例是学校可以根据社会需求自主决定的,而且也比政府决策更有效便捷,因此,我国高校在招生考试权方面只能享有招生比例调节的权力。通过这种方式,《高等教育法》确定了高校享有七个方面的办学自主权,即便如此,这些权力还会由于与政府的行政管制权交叉而不能完全落

---

① 袁贵仁. 深化教育领域综合改革加快推进教育治理体系和治理能力现代化——在 2014 年全国教育工作会议上的讲话 [EB/OL]. http://www.gov.cn/gzdt/2014-02/16/content_2605760.htm, 2016-9-20.

实，更不用说实现高校自主办学仅有这七个方面的自主权是不够的。显然，真正有效地实现政府向高校、社会放权的办法是以政府应当享有的教育管理权为边界，界外之权尽放之。那么，如何确定政府应当享有哪些教育管理权？有学者依据国家职能层次将政府的教育职能划分为"最基本"的职能、"应强化"的职能及"不该管"的职能。"最基本"的职能主要包括对教育的宏观调控、规制学校管理制度、制定学校设置标准和质量标准、制定教育发展规划并对财政投入、学校教育质量进行督导、评估等；政府应该强化的职能则应该包括顶层设计的教育制度、教育政策与法规的制定与执行、保障教育公平、承担教育之于社会的责任等；政府应该主动放弃那些不该管、管不好、管不了的职能，坚决下放属于学校自主权内的职能等。① 因此，政府教育行政部门应当依法厘定自身核心职能，并建立清单面向社会公开。2014 年以来，在国务院推动的"权力清单"改革中，教育部先后两次对行政审批事项进行清理，第一次教育部公布保留行政审批事项 24 项，包括行政许可审批 11 项，非行政许可审批 13 项。2015 年 5 月，《教育部关于深入推进教育管办评分离 促进政府职能转变的若干意见》提出"深化教育行政审批制度改革，全部取消非行政许可审批，建立规范教育行政审批的管理制度"，严格控制针对各级各类学校的项目评审、教育评估、人才评价和检查事项，即所谓的"三评一查"的开展。② 随后，教育部取消了所有的非行政许可审批事项，仅保留了 11 项行政许可审批事项。总的来说，教育部大力推行清单管理方式，规范教育行政执法、行政监督、行政问责等程序，确立自身核心职能，基本上扭转了以往行政授权式的放权—收权循环困境，使得学校、社会组织可以自主实施权力清单之外的各类事项，在简政放权、依法治教上前进了一大步，也为落实高校自主办学和社会各界多元参与治理奠定了基石。

二、提高大学自主治理能力

我国高等教育治理改革的关键在于政府，但是，高校与社会并不因此就只需置身事外，等着政府实现简政放权。正如原教育部长袁贵仁所强调的，推进

---

① 史华楠，沈娟娟. 政府"元治理"角色的职能定位与实现路径——基于管办评分离改革视角 [J]. 教育发展研究，2016（9）：31-38.

② 教育部关于深入推进教育管办评分离促进政府职能转变的若干意见 [EB/OL]. http://www.moe.edu.cn/publicfiles/business/htmlfiles/moe/s7049/201505/186927.html，2016-8-21.

政府简政放权,同时还要督促基层和学校把权接住、管好,确保放而不乱,以免重蹈"放乱上收"的改革困局。因此,在政府积极推进简政放权之时,高校应当努力完善高校内部治理结构,提高自主治理能力。从我国当前的高等教育治理改革来看,完善高校内部治理结构应当以大学章程为指南,以《高等教育法》等教育基本法规为依据,针对改革面临的核心问题——高校管理行政化进行系统分析,寻找有效的改革办法。一般说来,高校管理行政化主要源于高校书记和校长职权不清且统包统揽,从而导致高校学术权力不彰、校内民主参与和监督机制不健全、外部社会参与监督渠道缺乏等。随着教育部不断推动高校制定大学章程,改革行政化倾向也逐渐进入改革实践的日程。大学章程为制定和完善高校管理的决策权、执行权、监督权相互制约和协调,为厘定教学、科研、人事、财务、学生管理、后勤服务等方面的制度规范、程序规则等提供了依据。对此,2014 年 7 月,国家教育体制改革领导小组专门就进一步落实和扩大高校办学自主权、完善高校内部治理结构提出了一系列的指导意见。除了提出进一步支持高校依据《高等教育法》落实七个方面的办学自主权外,更加强调高校应当以大学章程为依据,完善党委领导下的校长负责制、保障学术组织相对独立行使职权、完善校内民主管理和监督机制、健全社会参与监督机制等,以确保用好办学自主权。[1] 显然,这一指导意见为高校完善内部治理结构,提高自主治理能力指明了改革方向。

首先,关于完善党委领导下的校长负责制,主要是针对党委与校长职权界限不明、党委或校长决策程序缺乏细致的实施规则、党委组织行政化致承担过多行政职能等问题进行改革。党委领导下的校长负责制是我国高校领导的根本制度,党委领导、校长负责以及党委与校长之间的关系是这项制度的核心内容,正确认识它们是解决这些问题的关键。党委对高校具有领导职责,不过在一些高校管理实践中,党委的各级组织承担了许多具体的行政职能。高校党委应当坚持把主要职权放在抓方向、议大事、管全局上,支持校长依法独立自主开展行政工作。[2] 因此,对于党委领导与校长负责的具体职能,应当根据各校章程制定党委集体领导的议事规则、决策程序和制度规范等;应当在大学章

① 关于进一步落实和扩大高校办学自主权完善高校内部治理结构的意见 [EB/OL]. http://www.moe.cn/publicfiles/business/htmlfiles/moe/s6529/201412/182222. html, 2016-8-22.

② 席酉民,张晓军,李怀祖. 改善党委领导下校长负责制管理有效性的思路 [J]. 高教探索, 2011 (4): 8-11.

程基础上对校长负责教学、科学研究和其他行政管理工作的职权范围,校长办公会议的人员组成、议事规则、决策程序等出台具体的细则,以规范校长权责统一。在党委与校长关系上,随着党委和校长职权的分别厘定,党委应当正确定位为政治领导组织和高校最高决策机构,从"管理"角色回归"领导"或"决策"角色。① 总的来说,完善高校党委领导下的校长负责制,既要坚持党委对高校领导的核心地位,又要充分认识高校作为教育与学术机构的组织特性,实现高校政治领导与学术领导的分工负责与合理统一。

其次,保障学术组织独立行使学术权力。一直以来,我国高校学术决策机构不健全,学术权力难以彰显。《高等学校章程制定暂行办法》要求大学章程应当规定高校成立学术委员会、学位评定委员会等学术组织,并保障它们在学校的学科建设、专业设置、学术评价、学术发展、教学科研计划制定、教师队伍建设等方面的审议权与决策权。某种意义上来说,大学章程是推动我国大学回归学术本位,促使学术权力充分实现的核心保障。② 2012 年 11 月,教育部再次以发布《全面推进高校依法治校实施纲要》的形式要求高校尊重法规,尊重章程,依法治校,在保障学术权力的科学民主决策机制方面,强调"要以教学、科研为中心,积极探索符合学校特点的管理体制,克服实际存在的行政化倾向,实现行政权力与学术权力的相对分离,保障学术权力按照学术规律相对独立行使"③。事实上,保障学术组织独立行使学术权力最具指导性的法规是2014 年 1 月由教育部颁布的《高等学校学术委员会规程》,该规程明确了高校应当以学术委员会为核心建立学术管理体系和组织结构,并以学术委员会作为校内最高学术机构,统筹行使学术事务的决策、审议、评定和咨询等职权,对学术委员会的组成规则、职责权限、运行制度进行了专门规定。在这一规程的指导下,全国高校陆续依据本校章程制定学术委员会章程,为本校依法进行学术决策提供了法规制度和程序规范。不过,由于改革仓促,目前大部分高校还只是完成了章程文本的起草与审定工作,对于学术委员会组织管理体系和组织结构的整体建构和运行实施仍在探索之中,譬如建立健全围绕学科建设、教

---

① 刘永林. 我国公办高等学校法人治理结构研究 [M]. 北京:中国政法大学出版社,2015:116-117.

② 张继明. 基于学术本位的大学章程研究 [D]. 厦门:厦门大学,2013:84-85.

③ 教育部关于印发《全面推进高校依法治校实施纲要》的通知 [EB/OL]. http://www.moe.edu.cn/publicfiles/business/htmlfiles/moe/s5933/201301/146831.html,2016-8-22.

师聘任、教学指导、科学研究、学术道德等事项分类设置专门委员会并运行工作等。当然,改革也是一个渐进的过程,随着学术治理体系和组织结构日渐完备,高校治理过程中的学术决策实践也必然越来越多并不断发展成熟,从而保障学术权力的有效行使。

再次,完善校内民主管理和监督机制。提高高校自主治理能力,除了完善党委领导体系、校长行政体系以及学术组织治理体系与机构之外,还需要完善校内民主管理和监督机制,保障未能进入决策组织的其他管理人员、教师、学生等利益相关者均有机会参与高校治理。《高等教育法》及《章程制定办法》虽然规定教职工代表大会、学生代表大会等是发挥参与民主管理、实现民主监督的组织机构,但是各高校章程仅仅赋予教代会和学代会对与师生切身利益相关的制度和事务的审议权和讨论权,而没有参与决策权,这是难以促进广大师生民主参与管理与监督的。教代会、学代会等参与治理机构应该建构成为一种协商民主的决策参与机构。所谓协商民主,是一种与代议民主相对应的强调共同参与、公共协商的民主决策模式。在公共治理中,协商民主主要具备两个基本特征:其一是强调公民参与,即所有受到立法或决策影响的公民都有权参与公共政策的制定;其二是强调公共协商,即民主的立法或决策应该以公共协商为基础,支持或反对公共政策的观点都应该从能否增进公共利益角度进行论证。[①] 在我国,诸如听证会、民主评议会、村民民主恳谈会及互联网公共论坛等协商机制也在地方基层治理中发展起来。[②] 据此有教育学者从基层民主的角度提出,我们应当转变思维,将教代会的制度功能理解为一种过程性的公共协商,通过协商民主方式推进我国学校管理体制的改革,推进依法治校。[③] 因此,教代会、学代会应当努力建构成为"公共论坛"、民主评议会、民主恳谈会等协商民主机制,切实促进师生代表参与校务决策,提高高校治理的决策民主性与合法性。

三、完善社会参与治理机制

"多元参与"是我国高等教育治理改革过程中逐渐确立的重要价值取向,

---

① 马奔. 协商民主问题研究 [D]. 济南:山东大学,2007:38.

② 陈剩勇. 协商民主理论与中国 [J]. 浙江社会科学,2005(1):28-32.

③ 陈久奎,阮李全,张亮. 学校教代会制度的过程性功能分析——基于协商民主理念与规范文本的双重维度 [J]. 教育研究,2012(7):9-14.

它随着社会各界对高等教育的需求日益多元多样而兴起。社会中介组织有效参与高等教育治理是实现"多元参与"价值的主要体现,不过,由于政策规定和专业性不足等问题,社会中介组织发展缓慢,并没有在高等教育治理中发挥出应有的作用。2010 年,新颁布的《规划纲要》为教育中介组织的发展指明了改革方向,提出"培育专业教育服务机构,完善教育中介组织的准入、资助、监管和行业自律制度,积极发挥行业协会、专业学会、基金会等各类社会组织在教育公共治理中的作用"①。这无疑是教育中介组织发展壮大并积极参与教育公共治理的重要机会。2010 年以来,政府在新一轮简政放权改革中对社会组织的准入、登记、管理、职能等进行了进一步的制度规范和扶持引导。2016 年 8 月 1 日,民政部公布了《社会团体登记管理条例》的修订草案征求意见稿,主要对培育社区社会组织、明确直接登记范围、明确发起人和拟任负责人条件、健全社会组织内部治理机制、建立信息公开制度、强化非营利性监管、加强监督管理力度以及明确法律责任八个方面进行了修订。随后中共中央、国务院发布了《关于改革社会组织管理制度促进社会组织健康有序发展的意见》(简称《意见》),直接指出"目前社会组织还存在法规制度建设滞后、管理体制不健全、支持引导力度不够、社会组织自身建设不足等问题,从总体上看社会组织发挥作用还不够充分,一些社会组织违法违规现象时有发生"②。对此,《意见》明确了指导思想、基本原则和总体目标,结合新修订的《社会团体登记管理条例》提出了一系列的改革完善举措,以促进社会组织健康有序发展。

就高等教育中介组织而言,修订《条例》和国务院发布指导意见,为其发展提供了更具适切性的法律基础和政策环境。众所周知,自 1993 年《中国教育改革和发展纲要》提出要建立健全社会中介组织以来,我国陆续建立的教育咨询决策研究机构、教育评估机构、教育考试机构、资格证书机构等一般都是半官方性质的教育中介组织。据统计,2011 年时,教育部管理的教育社会团体有近 200 个,其中高等教育类的 33 个,主要包括协会、研究会组织、大学教育基金会、大学校友会等。③诸如教育部高等教育教学评估中心、全国高校学生信息咨询与就业

---

① 国家中长期教育改革和发展规划纲要(2010-2020 年)[EB/OL]. http://www.moe. edu. cn/publicfiles/business/htmlfiles/moe/moe_838/201008/93704. html, 2016-8-24.

② 中共中央办公厅国务院办公厅印发《关于改革社会组织管理制度促进社会组织健康有序发展的意见》[EB/OL]. http://www.gov. cn/xinwen/2016-08/21/content_5101125. htm, 2016-8-24.

③ 于海峰,曹海军,孙艳. 中国语境下非政府性教育中介组织研究 [J]. 清华大学教育研究,2011(4):73-80.

指导中心、中央教育科学研究院等都是教育部直属的事业单位性质的教育中介组织。主要依托高校的研究会组织有中国高等教育学会、工程教育协会等,其中高等教育学会发展比较成熟,已形成分支机构63家,大学高等教育学会12家,行业高教学会(分会)16家,省级高等教育学分会29家,在高等教育理论研究、调查报告、政策咨询等方面为我国高等教育的发展做出了重大贡献。[1] 此外,一些较大规模的民间教育基金会相继成立,如上海教育基金会、宝钢教育基金理事会、霍英东教育基金会等在支持高校办学、资助贫困学生等方面发挥了重要作用。总的来说,我国专业的高等教育中介组织主要是由教育行政部门分离评估、研究、咨询等功能而形成的非营利性机构或组织等,它们或多或少地依赖国家财政专项经费的支持,也与政府教育行政部门保持着千丝万缕的联系。因此,我们很难找到与西方相对应的独立的非政府教育中介组织,我国的高等教育中介组织往往兼具"政府性"与"非政府性"的特征,有些机构甚至还游离在"非营利性"与"营利性"的二重属性之间。培育这些高等教育中介组织的首要举措应当是让它们作为法人团体独立开展专业评估、认证、研究、咨询工作,不过,政府应当继续予以财政专项资金支持,以提高社会公信力。高等教育学会组织等则应当在理论研究之外拓展评估、认证、咨询等专业工作。

我国高等教育管理体制长期保持着政府—高校之间的二元互动机制,随着高等教育中介组织的发展,我国逐渐形成了政府、高校、社会中介组织之间的管、办、评分离与合作的高等教育宏观共同治理机制,但是就具体高校而言,社会力量参与治理需要一个合理的参与机制或渠道。教育部颁布《普通高等学校理事会规程》试图将理事会、董事会或者校务委员会建构成为高校实现科学决策、民主监督、社会参与的重要组织形式和制度平台,发挥理事会密切社会联系、听取社会意见、争取社会支持、接受社会监督评价等重要作用。当然,社会各界参与高校合作治理的关键在于参与程度,也就是政府、高校在多大范围与程度内与社会各界共享决策权力。根据社会公民参与公共决策的平衡理论,即公众参与的程度取决于公共决策的政策质量要求和政策可接受性要求之间的相互限制。对决策质量(专业化标准、立法命令、预算限制等)期望越高,对公众参与的需求程度就越小;对决策可接受性越高,对对公众参与的需求程度就越高,如果两种需求都很重要,那么就需要寻求二者之间的平衡。[2] 理事

① 据中国高等教育学会官方网站资料整理得知。

② 〔美〕约翰·克莱顿·托马斯.公共决策中的公民参与:公共管理者的新技能与新策略[M].孙柏瑛,等,译.北京:中国人民大学出版社,2005:156-158.

会的主要职责是就学校的发展目标、战略规划、学科建设、专业设置、年度预决算报告、重大改革举措、学校章程拟定或者修订等重大问题进行决策咨询或者参与审议；对学校开展社会合作、校企合作、协同创新的整体方案及重要协议等提出咨询建议，支持学校开展社会服务等。显然，理事会开展政府、高校、社会之间的合作治理，更多的是为了使高校决策获得政府、社会更高的认同度和可接受性，因此，理事会应当尽可能地扩大社会各界在高校合作治理中的参与程度，使高校理事会成为社会各界参与治理的最主要的渠道与平台。

本章小结

　　我国高等教育治理改革追求"自主办学"和"多元参与"的价值理念，但只有消解新的价值追求与传统的价值取向之间的冲突才有可能实现，因此，深化高等教育治理改革是化解冲突的必由路径。深化我国高等教育治理改革具有重要意义，有利于促进政府转变治理角色，建构新型政校关系；有利于通过参与办学、参与评价以及参与决策等多元参与方式扩大社会组织参与高等教育治理，建构具有中国特色的高等教育治理模式。深化我国高等教育治理改革须坚持改革与发展并行、贯彻管办评分离、以法治为中心等基本原则。在改革原则的指导下，我们还需要寻找具体的改革举措克服"集中统一"与"自主办学""多元参与"等价值理念之间的矛盾冲突。政府一直是我国高等教育治理改革的主导者，扮演着不断下放权力、扩大高校办学自主权和社会参与权利范围的自我改革者角色。在政府积极推进简政放权之时，高校应当努力完善内部治理结构，提高自主治理能力，坚持党委领导下的校长负责制，保障教授治学机制的运行，完善校内民主监督机制。社会中介组织发展缓慢一直是我国社会各界在高等教育治理中参与程度不深的主要原因，因此，2010年的《规划纲要》和修订后的《社会团体登记管理条例》，以及政府对教育中介组织进行规范、引导和扶持的相关政策，为高等教育中介组织发展提供了更具适切性的法律基础和政策环境，有利于形成社会各界多元参与高等教育治理的机制与渠道，从而在不断深化我国高等教育治理改革中实现"自主办学"和"多元参与"的价值追求。

第七章

结 论

本书遵循着从理论到实践、从国外到国内,由普遍到具体、由一般到特殊的逻辑和研究思路,系统探究了中外高等教育治理改革的价值问题,主要得出以下若干结论。

一、关于治理与高等教育治理的基本内涵与普遍价值

治理,是在管理活动中由单一主体向多元利益主体转变而形成的一种新管理理念,广泛适用于社会各个领域,从而发展形成了公共治理、全球治理、公司治理以及善治等多种治理理论。治理的本质在于通过多元主体共同参与、协商合作、建立共识等机制协调相互之间的不同利益矛盾冲突。治理丰富的内涵体现了治理在价值追求上对管理的继承与超越,它更强调自由平等而非等级秩序、多元分权而非统一集权、民主参与而非服从管制、合作协商而非独断专行、开放自治而非封闭自治、均衡共享而非差等分配,以及承担社会责任和扩大公共利益等价值理念。高等教育治理,是治理理念在高等教育领域实践和发展的产物,是大学内外利益相关者共同参与协调和平衡相互之间的多元利益矛盾冲突,促进高等教育发展的结构安排与持续过程。从高等教育治理理念的价值意蕴或者价值追求来看,高等教育治理也继承并超越了高等教育管理的传统价值,它维护大学自治而又主张承担社会责任、保障学术自由而又追求效率效益、尊重独立自主而又强调共同参与、鼓励分权分工而又促进协商合作,以及追求公共利益与群体利益的均衡等价值理念。

二、关于外国高等教育治理改革的价值取向及其治理模式

20世纪80年代以来,世界高等教育治理改革随着治理理论的发展而兴

起,其目的无疑是克服或补救传统高等教育管理的弊端,当然,就世界各国具体的高等教育治理改革来说,由于各国高等教育的管理传统和改革目标不同,所追求的价值理念也就不同。譬如,从世界主要发达国家的高等教育治理改革来看,英国在尊重大学自治传统价值基础上追求高等教育办学效益,从而努力实现"效率、效益与大学自治"之间的价值平衡;美国在教育分权体制和大学"共同治理"理念基础上追求高等教育治理的"分权与共治"价值理念;法国为改革传统的中央集权高等教育管理体制,减少政府对大学的管制,以"大学自治"为价值取向;日本通过国立大学法人化改革追求高等教育治理的"独立与责任"价值理念。高等教育治理改革的价值取向或价值追求并不单纯是一种理念或者精神,它对于各国高等教育管理体制的转变具有重大的指导作用,换言之,高等教育治理价值超越高等教育管理价值也就是意味着从高等教育管理模式向高等教育治理模式转变。因而,世界各国不同的高等教育治理价值追求指引各国不断地改造传统的高等教育管理模式,进而形成新的高等教育治理模式。

20世纪70年代,伯顿·克拉克等学者考察了世界主要国家的高等教育管理体制,并总结了四种不同的高等教育管理模式:欧洲模式、英国模式、美国模式和日本模式。众所周知,这是一次具有重大影响的学术考察,伯顿·克拉克所概括的四种高等教育管理模式以及他在《高等教育系统——学术组织的跨国研究》一书中所阐述的"国家、市场和学术权威构成的三角协调模型",是分析各国高等教育管理体制的经典范式,也成为各国推进高等教育治理改革并形成新的治理模式的基础和起点。

就英国来说,治理改革确立了高等教育办学的"效率、效益"价值取向,当然,传统的"大学自治"价值理念并没有被抛弃,二者通过改革政府与大学之间的中介机构——大学拨款委员会实现了平衡。大学拨款委员会在改革之前一直是应对政府干预,保护大学自治的"缓冲器",改革以后,形成了两个新的中介机构——高等教育基金委员会和高等教育质量保障署,在新的高等教育治理模式下,它们既是"缓冲器"还是"联接器",为了维护大学自治的传统价值,两个新的中介机构像一道"隔离墙"阻隔了政府可能的直接干预,同时为了实现政府要求提高办学效益的目标,它们又像一个"过滤器",只有达到一定办学效益标准的大学才能获得政府拨款。因此,在追求"效率、效益与自治"价值平衡的改革中,英国形成了以高等教育基金委员会和高等教育质量保障署为中介组织,政府控制而不直接干预,中介组织联接政府和评估大学,大学受监督而能自治的高等教育治理模式(图1)。

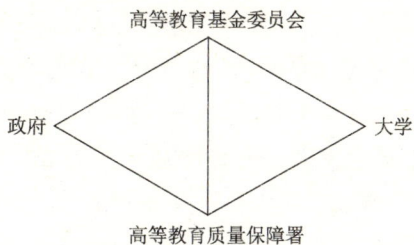

图 1　英国高等教育治理模式

　　美国的高等教育治理改革是一场"自下而上"的渐进式改革,在"分权与共治"价值取向的指引下,特别是在利益相关者理论的影响下,新的高等教育治理模式将大学内部的管理人员、教师与学生也纳入了新的治理结构中。对于利益相关者如何构成高等教育治理结构,我国高等教育学家潘懋元教授曾有一段通俗易懂的论述,他认为对高等教育治理来说,最重要的利益相关者,"第一是政府,第二是社会,第三是学校。政府、社会跟学校形成三角关系,三个方面的权利交叉、互动。如果从一个学校的治理来说,则是校长和部处管理者、学院的教师、学院的学生。这三个方面各自有各自的利益诉求。每个利益相关者都有他的权利,也有他的责任。也就是说,治理的意义不是我来治你,而是相互之间来共同治理,共同的来发挥作用"①。美国的高等教育治理是典型的大学内外利益相关者共同治理模式,其中董事会是大学外部利益相关者政府、社会(以中介组织为代表)和内部利益相关者校长及管理人员、教师与学生共同参与治理的核心和纽带,发挥着联接大学内外治理的重要作用(图 2)。

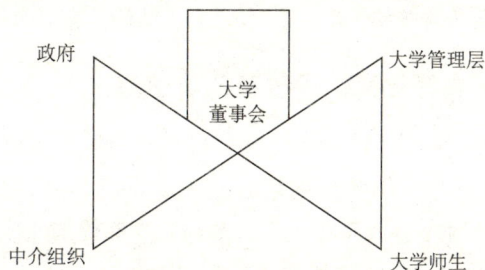

图 2　美国高等教育治理模式

　　法国高等教育治理改革的价值取向是"大学自治",即中央政府及教育部

① 潘懋元. 高等教育治理体系和治理能力现代化的解读与思考 [J]. 现代教育论丛,
2015(6):2-4.

通过立法解除对大学过多的行政管制,赋予大学自治的地位和权力。法国高等教育治理模式的核心还是由中央政府、教育部以及大学通过相关法规和"四年发展合同"构成正式的治理关系,即大学在中央政府和教育部的领导与监督下独立自主地履行"发展合同",提高大学办学效益与质量等。此外,第三方中介机构——高等教育与研究评估中心以及拥有深厚自治传统的大学学部也与大学构成直接的治理关系,但与政府则只是构成非直接的治理关系,因为它们与政府之间并没有法规或"合同"约束,主要是一种非正式的传统影响在维系治理关系(图3)。

日本高等教育治理改革以"独立与责任"为价值取向,通过国立大学法人化使其相对独立并承担社会责任,引入第三方中介机构,以及将私立大学纳入国家高等教育发展总体战略框架,形成了国立、公立、私立大学在高等教育市场中自由竞争的政府—市场混合协调控制的高等教育治理模式(图4)。

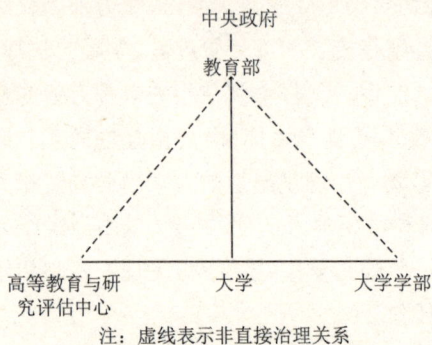

图3 法国高等教育治理模式   图4 日本高等教育治理模式

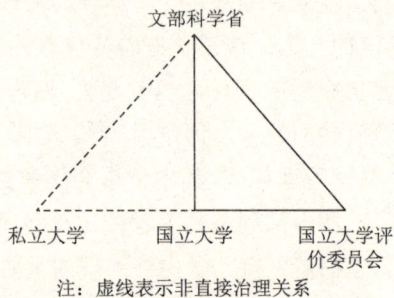

三、关于我国高等教育治理改革的价值追求与"中国大学模式"

如果说20世纪70年代标志着传统高等教育管理模式的终结,那么,80年代以后进入改革开放时代的我国则恰好赶上了世界高等教育治理改革的新潮流,并逐渐确立了"自主办学"和"多元参与"的价值追求。所谓"自主办学"的价值追求是指,高校以《高等教育法》等基本法赋予的法人资格和政府授予的办学自主权为法定依据,以大学章程制定的治理结构为大学内外利益相关者参与治理的机制安排,追求独立自主地履行人才培养、科学研究以及社会服务职能的价值理念。而"多元参与"的价值追求,简单而言,即是政府之外的社会各类高等教育利益相关者追求以多元方式广泛参与高等教育投入、高等教育办学、高等教育决策、高等教育评价、监督以及问责的价值理念。当然,在高等教育治理改革中难免由于新旧制度变革而引起价值冲突,我国长期坚持高等教育管理的"集中统一"价值取向,因此,导致了"自主办学""多元参与"与"集中统一"的新旧价值之间的冲突,这些价值冲突在高等教育治理改革实践中主要表现为政府、高校、社会之间的治理关系冲突,诸如大学行政化、缺乏自主、缺乏透明、缺乏参与、缺乏中介协调与缓冲等等。

我国高等教育治理应当进一步深化改革,应当始终坚持改革与发展并行、贯彻管办评分离以及以法治为中心的基本原则,不断推进政府简政放权、提高高校自主治理能力、完善社会参与治理机制,克服新旧价值冲突,实现"自主办学"和"多元参与"的价值追求,从而建构适应我国现代国家建设需要的,具有中国特色的高等教育治理模式。就当前我国的高等教育治理改革举措和进展来看,我国正朝着这样的"中国高等教育治理模式"发展:中央政府、教育部(包括省级政府部门)监督管理、宏观调控,高校自主办学,社会力量参与,社会中介组织进行评估评价的管办评分离与合作的高等教育治理模式(图5)。当然,高校内部治理结构也是高等教育治理模式的一部分,我国现代大学制度建设的核心目标即是完善高校内部治理结构,实现党委权力、行政权力与学术权力的合理分配与相互制约,从而与外部治理结构共同构成我国的高等教育治理模式。

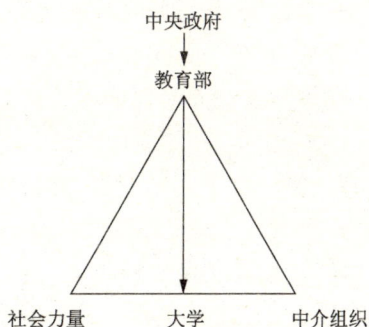

图5　中国高等教育治理模式

此外,值得探讨的是,我国高等教育治理改革的主要特征是,在传统的高等教育管理体制中嵌入"自主办学"和"多元参与"治理机制,满足政府、社会、高校以及高校内部党政管理人员、教职员工、学生等利益相关者不同的高等教育利益诉求。某种意义上说,我国高等教育治理改革正努力通过构建国家与大学之间监管与自主的合理关系进一步建构和发展中国特色的高等教育治理模式。

参考文献

[1] 〔美〕约翰·S·布鲁贝克．高等教育哲学［M］．杭州：浙江教育出版社，2001.

[2] 〔美〕詹姆斯·J·罗西瑙．没有政府的治理［M］．张胜军，刘小林，等，译．南昌：江西人民出版社，2001.

[3] 陈振明．公共管理学［M］．北京：中国人民大学出版社，2005.

[4] 李连科．世界的意义——价值论［M］．北京：人民出版社，1985.

[5] 袁贵仁．价值学引论［M］．北京：北京师范大学出版社，1991.

[6] 王玉樑．价值哲学新探［M］．西安：陕西人民教育出版社，1993.

[7] 李德顺，马俊峰．价值论原理［M］．西安：陕西人民出版社，2002.

[8] 闵维方．高等教育运行机制研究［M］．北京：人民教育出版社，2002

[9] 世界银行，联合国教科文组织，高等教育与社会特别工作组．发展中国家的高等教育：危机与出路［M］．蒋凯译．北京：教育科学出版社，2001.

[10] 覃壮才．中国公立高等学校法人治理结构研究［M］．北京：北京师范大学出版社，2010.

[11] 洪源渤．共同治理：论大学法人治理结构［M］．北京：科学出版社，2010.

[12] 〔美〕B·盖伊·彼得斯．政府未来的治理模式［M］．吴爱明，等，译．北京：中国人民大学出版社，2001.

[13] 〔加〕约翰·范德格拉夫等．学术权力——七国高等教育管理体制比较［M］．王承绪，张维平，徐辉，等，译．杭州：浙江教育出版社，2001.

[14] 范文曜，David Watson．高等教育治理的国家政策——中英合作研究项目论文集［M］．高等教育出版社，2009.

[15] 马俊峰．价值论的视野［M］．武汉：武汉大学出版社，2010.

[16] 孙伟平．价值哲学方法论［M］．北京：中国社会科学出版社，2008.

[17] 董立平．高等教育管理价值通论［M］．厦门：厦门大学出版社，2014.

[18] 俞可平．治理与善治［C］.北京：社会科学文献出版社,2000.

[19] 麻宝斌等．公共治理理论与实践［M］.北京：社会科学文献出版社,
2013.

[20] 邵鹏．全球治理：理论与实践［M］.长春：吉林出版集团有限责任公司,
2010.

[21] 〔美〕玛格丽特•M•布莱尔．所有权与控制：面向 21 世纪的公司治理探
索［M］.张荣刚译．北京：中国社会科学出版社,1999.

[22] 〔美〕爱德华•弗里曼．战略管理——利益相关者方法［M］.王彦华,梁
豪译．上海：上海译文出版社,2006.

[23] 熊节春．善治的伦理分析［M］.北京：中国社会科学出版社,2014.

[24] 〔法〕亨利•法约尔．工业管理与一般管理［M］.周安华译．北京：中国
社会科学出版社,1980.

[25] 〔美〕彼得•布劳,马歇尔•梅耶．现代社会中的科层制［M］.马戎,时宪
明,邱泽奇译．上海：学林出版社,2001.

[26] 〔瑞典〕英瓦尔•卡尔松,什里达特•兰法尔．天涯成比邻——全球治理
委员会的报告［M］.北京：中国对外翻译出版公司,1995.

[27] 潘懋元．新编高等教育学［M］.北京：北京师范大学出版社,2009.

[28] 〔美〕希拉•斯劳特,拉里•莱斯利．学术资本主义：政治、政策和创业型
大学［M］.梁骁,黎丽译．北京：北京大学出版社,2008.

[29] 戴晓霞,莫家豪,谢安邦,高等教育市场化［C］.北京：北京大学出版社,
2004.

[30] 〔美〕大卫•科伯．高等教育市场化的底线［M］.晓征译．北京：北京大
学出版社,2008.

[31] 〔美〕德里克•博克．走出象牙塔——现代大学的社会责任［M］.徐小
洲,陈军译．杭州：浙江教育出版社,2001.

[32] 〔美〕伯顿•克拉克．高等教育系统：学术组织的跨国研究［M］.王承绪,
等,译．杭州：杭州大学出版社,1994.

[33] 〔美〕伯顿•克拉克．高等教育新论——多学科的研究［C］.杭州：浙江
教育出版社,2001.

[34] 〔美〕伯顿•克拉克．探究的场所——现代大学的科研和研究生教育［M］.
王承绪译．杭州：浙江教育出版社,2001.

[35] 杨雪冬,王浩．全球治理［C］.北京：中央编译出版社,2015.

[36] 〔英〕阿什比. 科技发达时代的大学教育 [M]. 滕大春,滕大生译. 北京:人民教育出版社,1983.

[37] 〔荷〕弗兰斯·F·范富格特. 国际高等教育政策比较研究 [M]. 王承绪,等,译. 杭州:浙江教育出版社,2001.

[38] 席酉民,赵增辉. 公司治理 [M]. 北京:高等教育出版社,2004.

[39] 陈学飞. 美国、德国、法国、日本当代高等教育思想研究 [M]. 上海:上海教育出版社,1998.

[40] 陈文干. 美国大学与政府的权力关系变迁史研究 [M]. 杭州:浙江大学出版社,2015.

[41] 〔美〕罗伯特·伯恩鲍姆. 大学运行模式:大学组织与领导的控制系统 [M]. 别敦荣主译. 青岛:中国海洋大学出版社,2003.

[42] 于杨. 现代美国大学共同治理理念与实践 [M]. 北京:中国社会科学出版社,2010.

[43] 〔美〕詹姆斯·杜德斯. 21世纪的大学 [M]. 刘彤译. 北京:北京大学出版社,2005.

[44] 〔美〕克拉克·克尔. 大学之用 [M]. 高铦,高戈,汐汐译. 北京:北京大学出版社,2008.

[45] 王承绪,徐辉. 战后英国教育研究 [M]. 南昌:江西教育出版社,1992.

[46] 易红郡. 战后英国高等教育政策研究 [M]. 长沙:湖南师范大学出版社,2012.

[47] 张建新. 高等教育体制变迁研究——英国高等教育从二元制向一元制转变探析 [M]. 北京:教育科学出版社,2006.

[48] 黄福涛. 外国高等教育史 [M]. 上海:上海教育出版社,2003.

[49] 张泰金. 英国高等教育:历史·现状 [M]. 上海:上海外语教育出版社,1995.

[50] 和震. 美国大学自治制度的形成与发展 [M]. 北京:北京师范大学出版社,2008.

[51] 王绽蕊. 美国高校董事会制度:结构、功能与效率研究 [M]. 北京:高等教育出版社,2010.

[52] 余承海. 美国州立大学治理结构研究 [M]. 南京:南京师范大学,2014.

[53] 顾明远. 法国教育 [M]. 长春:吉林教育出版社,2000.

[54] 〔美〕弗朗西斯•福山．国家构建：21世纪的国家治理与世界秩序 [M]．黄胜强,许铭原译．北京：中国社会科学出版社,2007.

[55] 别敦荣．中美大学学术管理 [M]．武汉：华中理工大学出版社,2000.

[56] 别敦荣,杨德广．中国高等教育改革与发展 30 年 [M]．上海：上海教育出版社,2009.

[57] 陈立鹏等．大学章程研究——理论与实践的探索 [M]．北京：北京师范大学出版社,2012

[58] 蒋达勇．现代国家建构中的大学治理——基于中国经验的实证分析 [M]．北京：中国社会科学出版社,2014.

[59] 石鸥,邵汉清．在理想与现实之间——我国高等教育改革预期目标的实现与偏离 [M]．长沙：湖南师范大学出版社,2012.

[60] 刘永林．我国公办高等学校法人治理结构研究 [M]．北京：中国政法大学出版社,2015.

[61] 马庆钰．治理时代的中国社会组织 [M]．北京：国家行政学院出版社,2014.

[62] 马海群等．高校信息公开政策研究 [M]．北京：知识产权出版社,2013.

[63] 程化勤．《民办教育促进法》制定过程研究 [M]．北京：北京大学出版社,2012.

[64] 许杰．政府分权与大学自主 [M]．广州：广东高等教育出版社,2008.

[65] 刘晖．高等教育发展中的"中国模式" [M]．北京：中国社会科学出版社,2013.

[66] 李均．中国高等教育政策史 [M]．广州：广东高等教育出版社,2014.

[67] 田爱丽．现代大学法人制度研究——日本国立法人化改革的实践和启示 [M]．上海：上海教育出版社,2009.

[68] 张人杰．法国教育改革 [M]．北京：人民教育出版社,1994.

[69] 刘敏．法国大学治理模式与自治改革研究 [M]．北京：北京师范大学出版社,2015.

[70] 郭为藩．转变中的大学：传统、议题与前景 [M]．北京：北京大学出版社,2006.

[71] 〔日〕天野郁夫．高等教育的日本模式 [M]．陈武元译．北京：教育科学出版社,2006.

[72] 李泉．治理思想的中国表达：政策、结构与话语演变 [M]．中央编译出版社，2014．

[73] 毛寿龙，李梅，陈幽泓．西方政府的治道变革 [M]．中国人民大学出版社，1998．

[74] 邵金荣．中国高等教育宏观管理体制改革研究 [M]．北京：高等教育出版社，1994．

[75] 蔡克勇．20世纪的中国高等教育（体制卷）[M]．北京：高等教育出版社，2003．

[76] 俞德鹏，侯强．高校自主办学与法律变革 [M]．济南：山东人民出版社，2011．

[77] 沈蕾娜．隐形的力量：世界银行的高等教育政策及其影响 [M]．北京：高等教育出版社，2011．

[78] 〔美〕卡尔·J·达尔曼，让·艾力克·奥波特．中国与知识经济：把握21世纪 [M]．熊义志，等，译．北京：北京大学出版社，2001．

[79] 劳凯声，余雅风．中国教育法制评论（第12辑）[C]．北京：教育科学出版社，2014．

[80] 刘复兴．教育政策的价值分析 [M]．北京：教育科学出版社，2003．

[81] 〔美〕约翰·克莱顿·托马斯．公共决策中的公民参与：公共管理者的新技能与新策略 [M]．孙柏瑛，等，译．北京：中国人民大学出版社，2005．

[82] 〔德〕卡尔·雅斯贝尔斯．大学之理念 [M]．邱立波译．上海：上海世纪出版集团，2005．

[83] 李涛．学术资本主义：一场被资本意淫的政治狂欢 [J]．中国图书评论，2011（5）．

[84] 俞可平．治理与善治引论 [J]．马克思主义与现实，1999（5）．

[85] 俞可平．全球治理引论 [J]．马克思主义与现实，2002（1）．

[86] 俞可平．中国公民社会：概念、分类与制度环境 [J]．中国社会科学，2006（1）．

[87] 俞可平．中国治理评估框架 [J]．经济社会体制比较，2008（6）．

[88] 夏焰，贾琳琳．高等教育治理理论及其原则 [J]．江苏大学学报（高教研究版），2005（2）．

[89] 盛冰．高等教育的治理：重构政府、高校、社会之间的关系 [J]．高等教育研究，2003（2）．

[90] 潘懋元,邬大光,别敦荣.我国民办高等教育发展的第三条道路 [J].高等教育研究,2012(4).

[91] 潘懋元,别敦荣,石猛.论民办高校的公益性和营利性 [J].教育研究,2013(3).

[92] 别敦荣.我国高等教育行政权力及其结构改革 [J].清华大学教育研究,1998(2).

[93] 别敦荣,郭冬生."象牙之塔"与"无形之手":大学市场化矛盾解析 [J].江苏高教,2001(5).

[94] 别敦荣.治理之于我国大学管理的意义 [J].江苏高教,2007(6).

[95] 别敦荣.我国大学章程应当或能够解决问题的理性透视 [J].中国高教研究,2014(3).

[96] 别敦荣.论我国大学章程的属性 [J].高等教育研究,2014(2).

[97] 别敦荣.大学学术委员会的性质及其运行要求 [J].中国高等教育,2014(8).

[98] 别敦荣,唐世纲.我国大学行政化的困境与出路 [J].清华大学教育研究,2011(1).

[99] 别敦荣,冯昭昭.论大学权力结构改革——关于"去行政化"的思考 [J].清华大学教育研究,2011(6).

[100] 别敦荣.高等学校的领导权力的分治与统整 [J].清华大学教育研究,2003(2).

[101] 别敦荣,徐梅.去行政化改革与回归现代大学本质 [J].中国高教研究,2011(11).

[102] 别敦荣.三十年中国高等教育改革与发展的成就——《中国高等教育改革与发展 30 年·前言》[J].清华大学教育研究,2008(6).

[103] 别敦荣.论治理体系和治理能力现代化与高等教育现代化的关系 [J].中国高教研究,2015(1).

[104] 别敦荣.发展中国特色国际可理解的高等教育研究话语 [J].中国高教研究,2015(7).

[105] 别敦荣.论我国大学治理 [J].山东高等教育,2016(2).

[106] 别敦荣,韦莉娜,唐汉琦.高等教育治理体系和治理能力现代化的基本原则 [J].复旦教育论坛,2015(3).

[107] 米俊魁.大学为什么要制定章程 [J].高等工程教育研究,2006(1).

[108] 荀振芳,汪庆华.国家主义下中国现代大学制度的建构逻辑及审思 [J].清华大学教育研究,2015(2).

[109] 陈金圣.重塑大学治理体系:大学治理能力现代化的实现路径 [J].教育发展研究,2014(9).

[110] 张乐天.对重启教育改革议程的思考 [J].复旦教育论坛,2013(3).

[111] 周家荣,李慧勤.教育管办评分离:实质基础、行动逻辑和体制障碍 [J].高等教育研究,2016(7).

[112] 孙宵兵.新常态下依法治教的思考 [J].国家教育行政学院学报,2015(7).

[113] 史华楠,沈娟娟.政府"元治理"角色的职能定位与实现路径——基于管办评分离改革视角 [J].教育发展研究,2016(9).

[114] 朱光明.关于政事分开的几点思考 [J].中国行政管理,2005(3).

[115] 胡启立.《中共中央关于教育体制改革的决定》出台前后 [J].炎黄春秋,2008(12).

[116] 胡建华.日本大学制度创新的重要举措——《国立大学法人法》的出台及其分析 [J].外国教育研究,2004(10).

[117] 胡建华."国立大学法人化"给日本国立大学带来了什么 [J].高等教育研究,2012(8).

[118] 〔日〕羽田贵史.再论日本国立大学制度 [J].叶林译.复旦教育论坛,2009(5).

[119] 马陆亭,陈浩.法国高等教育契约管理模式探究 [J].新疆师范大学学报(哲学社会科学版),2016(2).

[120] 于杨,张贵新.美国大学"共治"的两难处境及发展趋势 [J].高等教育研究,2007(8).

[121] 王晓辉.法国大学治理模式探析 [J].比较教育研究,2014(7).

[122] 庞青山.法国高等教育特色制度的演进 [J].比较教育研究,2011(3).

[123] 陈春莲.自治、集权、协调——法国政府与大学关系的历史演进 [J].法国研究,2007(3).

[124] 薛凯.论分权的四种形式 [J].中国行政管理,1998(2).

[125] 高迎爽,王者鹤.法国现代大学制度的成长路径——1984年《萨瓦里法案》及其影响分析 [J].高教探索,2012(1).

[126] 陆华.建立"新大学":法国高等教育改革的逻辑 [J].复旦教育论坛,2009(3).

[127] 张为宇. 法国《高等教育与研究法案》透视 [J]. 世界教育信息,2013 （15）.

[128] 〔日〕金子元久. 日本高等教育大众化的经验和启示 [J]. 刘文君译. 教育发展研究,2007（2）.

[129] 〔日〕金子元久. 高等教育发展的中国模式:来自日本的考察 [J]. 徐国兴译. 教育发展研究,2006（5A）.

[130] 黄海啸. 日本国立大学法人化改革的有效性研究——基于"中期评估"结果的分析 [J]. 比较教育研究,2014（1）.

[131] 施雨丹. 日本国立、私立大学法律地位之比较 [J]. 复旦教育论坛,2007（3）.

[132] 施雨丹. 使命再定义:日本高等教育发展进程中的国立大学改革 [J]. 高等教育研究,2016（3）.

[133] 陈正华. 中国高等教育治理:现实还是理想 [J]. 高教探索,2006（4）.

[134] 唐汉琦. 中国高等教育治理的兴起——基于高等教育管理体制改革的历史分析 [J]. 山东高等教育,2015（4）.

[135] 唐汉琦. 高等教育普及化时代的大学治理 [J]. 中国高教研究,2016（1）.

[136] 蒋达勇. 现代大学治理:政府、大学与社会关系的厘定与重塑 [J]. 国家教育行政学院学报,2016（3）.

[137] 蒋达勇,王金红. 现代国家建构中的大学治理——中国大学治理历史演进与实践逻辑的整体性考察 [J]. 高等教育研究,2014（1）.

[138] 〔美〕弗朗西斯·福山. 福山:中国模式代表集中高效 [J]. 社会观察,2010（12）.

[139] 许瑶. 威权主义:概念、发展与困境 [J]. 国外理论动态,2013（3）.

[140] 肖典和. 民主集中制的实质:以政治民主实现组织的集中统一 [J]. 探索,2003（5）.

[141] "高校领导海外培训项目"2009年赴美国培训考察团. 美国高等教育治理模式考察报告 [J]. 国家教育行政学院学报,2010（2）.

[142] 孙贵聪. 西方高等教育管理中的管理主义述评 [J]. 比较教育研究,2003（10）.

[143] 麻宝斌. 公共利益与政府职能 [J]. 公共管理学报,2004（1）.

[144] 甘永涛. 美国大学共同治理制度的演进 [J]. 清华大学教育研究,2009（3）

[145] 甘永涛. 美国大学共同治理界说及制度演进 [J]. 外国教育研究, 2008（6）.

[146] 甘永涛. 从新公共管理到多中心治理: 兼容与超越——西方国家高等教育管理改革的路径、模式与启示 [J]. 中国高教研究, 2007（5）.

[147] 甘永涛. 大学治理结构的三种国际模式 [J]. 高等工程教育研究, 2007（2）.

[148] 郭卉. 反思与建构: 我国大学治理研究评析 [J. 现代大学教育, 2006（3）.

[149] 龙献忠, 朱咏北. 政府公共权力重构与高等教育治理 [J]. 高等教育研究, 2005（11）.

[150] 龙献忠. 论高等教育治理视野下的政府角色转变 [J]. 现代大学教育, 2004（1）.

[151] 龙献忠. 高等教育的多中心治理: 内涵、必要性与意义 [J]. 江苏高教, 2006（6）

[152] 龙献忠, 胡颖. 论高等教育多中心治理视野下的政府责任 [J]. 现代大学教育, 2007（1）.

[153] 龙献忠. 论高等教育多中心治理的参与协商机制 [J]. 高等教育工程研究, 2004（5）.

[154] 龙献忠, 刘鸿翔. 论高等教育发展的治理模式 [J]. 高等教育研究, 2007（2）.

[155] 张爱芳. 治理视域中的高等教育管理 [J]. 石油大学学报（社会科学版）, 2005（4）.

[156] 孙伯琦. 中国高等教育的权力和责任均衡——以治理的法治化为视角 [J]. 中国社会科学院研究生院学报, 2011（11）.

[157] 孙天华. 大学治理结构中的委托代理问题——当前中国公立大学委托—代理关系若干特点分析 [J]. 北京大学教育评论, 2004（4）.

[158] 赵成, 陈通. 现代大学治理结构解析 [J]. 天津大学学报（社会科学版）, 2005（11）.

[159] 潘海生, 张宇. 利益相关者与现代大学治理结构的构建 [J]. 教育评论, 2007（1）.

[160] 瞿振元. 建设中国特色高等教育治理体系推进治理能力现代化 [J]. 中国高教研究, 2014（1）.

[161] 阎光才. 高等教育治理体系与治理能力的现代化 [J]. 苏州大学学报（教育科学版），2014（3）.

[162] 龚怡祖. 大学治理结构：现代大学制度的基石 [J]. 教育研究，2009（6）.

[163] 张建初. 现代大学制度下的大学治理结构 [J]. 教育评论，2009（5）.

[164] 王洪才. 大学治理的内在逻辑和模式选择 [J]. 高等教育研究，2012（9）.

[165] 蒋洪池，马媛. 高等教育治理模式及其经验观测维度的比较分析框架 [J]. 比较教育研究，2012（5）.

[166] 朱家德. 从回应民主诉求到提高绩效：西方大学治理范式的发展演变 [J]. 中国高教研究，2013（3）.

[167] 张红峰. 英国宏观高等教育治理模式的思考 [J]. 中国高教研究，2013（3）.

[168] 巫锐. 德国高等教育治理新模式：进程与特征 [J]. 比较教育研究，2014（7）.

[169] 余承海，程晋宽. 高等教育治理模式的国际比较与启示 [J]. 国家教育行政学院学报，2015（9）.

[170] 许杰. 提升公共性：高等教育治理的主要价值诉求 [J]. 江苏高教，2008（3）.

[171] 许杰. 建设中国特色现代大学制度：成效、问题与对策——基于试点院校的探索实践 [J]. 教育研究，2014（10）

[172] 郭增琦，类延村. 论教育伦理价值与高校治理 [J]. 继续教育研究，2009（12）.

[173] 刘爱东. 利益相关者理论视界下的大学治理价值取向分析 [J]. 中国高教研究，2008（5）.

[174] 王世权，刘桂秋. 大学治理中的行政权力：价值逻辑、中国语境与治理边界 [J]. 清华大学教育研究，2012（2）.

[175] 郑海霞，秦国柱. 公共理性：多元主体参与大学治理的价值诉求与路径选择 [J]. 现代教育管理，2009（5）.

[176] 张延利，陆俊杰. 大学软法之治的理论意蕴与价值维度 [J]. 辽宁教育研究，2008（11）.

[177] 池松军，邓传德. 科学发展观视野下大学治理价值取向的宏观思考 [J]. 湖北教育领导科学论坛，2010（4）.

[178] 商筱辉,钟颖．大学治理的文化价值研究［J］．中国矿业大学学报(社会科学版)，2013（3）．

[179] 潘希武．价值冲突中的教育公共治理结构调整［J］．外国教育研究，2007（2）．

[180] 陈家刚．协商民主与政治协商［J］．学习与探索，2007（2）．

[181] 周朝成．促进民办教育的可持续发展——谈《民办教育促进法》修订中的分类管理问题［J］．复旦教育论坛，2016（3）．

[182] 〔美〕迈克尔•爱德华兹．公民社会与全球治理［J］．王玉强，陈家刚译．马克思主义与现实，2002（3）．

[183] 〔英〕格里•斯托克．作为理论的治理:五个论点［J］．国际社会科学(中文版)，1999（2）．

[184] 〔瑞士〕皮埃尔•德•塞纳克伦斯．治理与国际调节机制的危机［J］．国际社会科学，1999（1）．

[185] 〔美〕奥利弗•哈特．公司治理:理论与启示［J］．经济学动态，1996（6）．

[186] 胡建淼,邢益精．公共利益概念透析［J］．法学，2004（10）．

[187] 张成福,李丹婷．公共利益与公共治理［J］．中国人民大学学报，2012（2）．

[188] 〔美〕马丁•特罗．从精英向大众高等教育转变中的问题［J］．王香丽译,谢作栩校．1999（1）．

[189] 邬大光．高等教育大众化的理论内涵和概念解析［J］．教育研究，2004（9）．

[190] 姜美玲．教育公共治理:内涵、特征与模式［J］．全球教育展望，2009（5）

[191] 范文曜．高等教育治理的社会参与［J］．复旦教育论坛，2010（4）．

[192] 彭江．"高等学校公共治理"概念的基础——理论、问题及规范的视角［J］．高教探索，2005（1）．

[193] 许杰．教育分权:公共教育体制范式的转变［J］．教育研究，2004（2）．

[194] 刘孙渊,马超．治理理论视野下的教育公共治理［J］．外国教育研究，2008（6）．

[195] 朱德米．网络状公共治理:合作与共治［J］．华中师范大学学报(人文社会科学版)，2004（2）．

[196] 郑文．英国大学自治的理论基础和发展现状［J］．现代大学教育，2006（4）．

[197]〔比利时〕Thomas Estermann. 欧洲大学自治 [J]. 韩梦洁译. 中国高教研究, 2016（4）

[198] 杨继霞. 英国高等教育质量保障体系的发展历程及思考 [J]. 国家教育行政学院学报, 2005（8）.

[199] 杨贺盈, 欧阳建平, 陈滔伟. 解析英国高等教育治理的变革 [J]. 中国高等教育, 2009（22）.

[200] 刘绪. 英国高等教育内部治理的模式及标准 [J]. 湖南师范大学教育科学学报, 2014（5）.

[201] 吴云香, 熊庆年. 英国大学治理模式的多样性及其存在基础 [J]. 重庆高教研究, 2013（6）.

[202] 欧阳光华. 从法人治理到共同治理——美国大学治理的历史演进与结构转换 [J]. 教育研究与实验, 2015（2）.

[203] 左崇良, 胡劲松. 美国高等教育的分权与共治 [J]. 国家教育行政学院学报, 2013（8）.

[204] 蔡克勇. 中国高等教育管理研究五十年 [J]. 高等教育研究, 1999（3）.

[205] 张斌贤, 张弛. 美国大学与学院董事会成员的职业构成——10所著名大学的"案例" [J]. 比较教育研究, 2002（12）.

[206] 杨凤英, 毛祖桓. 美国高等教育中介组织的功能及其启示 [J]. 比较教育研究, 2006（1）.

[207] 王德清. 自主办学是高等学校发展的基本规律 [J]. 高等教育研究, 1999（1）.

[208] 金林南.《高等教育法》的立法缺失及完善思考 [J]. 南京师范大学学报（社会科学版）, 2002（6）.

[209] 郝永林. 大学治理的社会参与：中国情境及其实现 [J]. 大学教育科学, 2014（3）.

[210] 宣葵葵. 美国认证机构参与高等教育治理探析 [J]. 浙江万里学院学报, 2012（3）.

[211] 李维民. 民办高校分类管理初探 [J]. 西安思源学院学报, 2011（4）.

[212] 李柏杨. 民办教育合理回报制度的法律解读——基于《民办教育促进法》的分析 [J]. 沈阳大学学报（社会科学版）, 2014（5）.

[213] 李连宁.《中华人民共和国民办教育促进法》修订要为民办教育发展提供法律保障 [J]. 教育与职业, 2016（5）.

参考文献

[214] 石军霞．我国高等教育中介组织的发展［J］．江苏教育学院学报（社会科学版），2007（2）．

[215] 余小波,陆启越,王蕾．大学社会评价论略［J］．高等教育研究,2015（4）．

[216] 余小波,陆启越,周巍．社会评价介入大学治理:价值、路径及条件［J］．大学教育科学,2015（4）．

[217] 吴岩．高等教育公共治理与"五位一体"评估制度创新［J］．中国高教研究,2014（12）．

[218] 石中英．20世纪教育中的国家主义:回顾与讨论［J］．教育学报,2011（6）．

[219] 余子侠,郑刚．余家菊国家主义教育思想论析［J］．江汉大学学报（社会科学版),2006（4）．

[220] 万思志,雷鸣．比较视角的我国高校行政化成因探析［J］．黑龙江高教研究,2014（1）．

[221] 马海群,王英．高校信息公开政策在大学治理中的价值定位［J］．图书情报工作,2012（18）．

[222] 尹晓敏．高校招生信息公开制度研究［J］．现代教育论丛,2005（1）．

[223] 路兴．高等教育行政化:一个历史的视角［J］．西北师大学报（社会科学版),2011（2）．

[224] 刘承波．中国公立高校治理中的社会参与［J］．大学教育科学,2008（5）．

[225] 桂晓莉,任辉．我国社会力量办学的历史回顾及对存在问题的思考［J］．当代教育论坛,2003（2）．

[226] 丁月牙．社会参与大学治理——基于高校内部的视角［J］．国家教育行政学院学报,2014（8）．

[227] 张杰．我国教育中介组织发展的政策环境析论［J］．教育理论与实践,2014（4）．

[228] 席酉民,张晓军,李怀祖．改善党委领导下校长负责制管理有效性的思路［J］．高教探索,2011（4）．

[229] 陈剩勇．协商民主理论与中国［J］．浙江社会科学,2005（1）．

[230] 陈久奎,阮李全,张亮．学校教代会制度的过程性功能分析——基于协商民主理念与规范文本的双重维度［J］．教育研究,2012（7）．

[231] 于海峰,曹海军,孙艳.中国语境下非政府性教育中介组织研究 [J].清华大学教育研究,2011(4).

[232] 刘熙瑞.服务型政府——经济全球化背景下中国政府改革的目标选择 [J].中国行政管理,2002(7).

[233] 詹国彬.从管制型政府到服务型政府——中国行政改革的新取向 [J].江西社会科学,2003(6).

[234] 中国行政管理学会课题组.服务型政府是我国行政改革的目标选择 [J].中国行政管理,2005(4).

[235] 刘力.产学研合作的历史考察及本质探讨 [J].浙江大学学报(人文社科版),2002(3).

[236] 许长青.产学新型合作伙伴关系的国际考察——美国案例研究 [J].高等教育工程研究,2009(2).

[237] 王洪才.对露丝·海霍"中国大学模式"命题猜想与反驳 [J].高等教育研究,2010(5).

[238] 王洪才.论中国文化与中国大学模式——对露丝·海霍"中国大学模式"命题的文化逻辑解析 [J].华中师范大学学报(人文社会科学版),2012(1).

[239] 朱镜人.80年代以来英国高等教育政策背景及其走向 [J].教育与现代化,2004(3).

[240] 〔日〕天野郁夫.高等教育制度论:日本模式的摸索 [J].陈武元译.大学教育科学,2005(4).

[241] 潘懋元.高等教育治理体系和治理能力现代化的解读与思考 [J].现代教育论丛,2015(6).

[242] 肖关根.上海四位大学负责人呼吁:给高等学校一点自主权 [N].人民日报,1979-12-06(3).

[243] 李泽彧.我国高等学校办学自主权研究 [D].厦门:厦门大学,2000.

[244] 龙献忠.从统治到治理——治理理论视野中的政府与大学关系研究 [D].武汉:华中科技大学,2005.

[245] 朱春霞.论信息公开 [D].上海:复旦大学,2005.

[246] 马奔.协商民主问题研究 [D].济南:山东大学,2007.

[247] 王诗宗.治理理论及其中国适用性:基于公共行政学的视角 [D].杭州:浙江大学,2009.

[248] 骆栋岩．英国大学拨款委员会历史研究［D］．上海：华东师范大学，2011.

[249] 方林佑．主体身份、政府角色与中介组织地位——关于我国高等教育市场机制的研究［D］．长沙：湖南师范大学，2013.

[250] 崔艳丽．20世纪80年代以来英国高等教育治理研究［D］．南京：南京师范大学，2014.

[251] 张继明．基于学术本位的大学章程研究［D］．厦门：厦门大学，2013.

[252] 陈晨．大学学术委员会制度及其策略研究——基于权力博弈的视角［D］．厦门：厦门大学，2016.

[253] American Association of University Professors（AAUP），Statement on Government of Colleges and Universities［EB/OL］．http：//www. aaup. org/statements/Redbook/Govern. htm，2016-06-01.

[254] Association of Governing Boards of Universities and Colleges（AGB），Statement on InstitutionalGovernance（1998）［EB/OL］．http：//www. agb. org/governance. cfm，2016-06-07.

[255] AGB，Statement on Board Responsibility for Institutional Governance，March26，2010.［EB/OL］．http：//agb. org/statements/2010/agb-statement-on-institutional-governance，2016-06-07.

[256] Commission on Global Governance，Our Global Neighborhood：The Report of the Commission on Global Governance［R］．Oxford University Press，1995.

[257] Jan De Groof，Guy Neave．Democracy and Governance in Higher Education［M］．Boston：Kluwer Law International，1998.

[258] World Bank，Governance and Development［M］．Washington，D. C. World Bank，1992.

[259] Carnegie Foundation for the Advancement of Teaching，Governance of Higher Education：six priority problem［M］．New York：McGraw- Hill，1973.

[260] Robert Birnbaum．The End of Shared Governance：Looking Ahead or Looking Back［J］．New Direction for Higher Education，2004（127）5-22.

[261] Edward. B. Fiske. Decentralization of Education：Politics and

Consensus[M]. Washington, D. C. : The World Bank, 1996.

[262] Michael Shattock. The Change from Private to Public Governance of British Higher Education: Its Consequences for Higher Education Policy Making 1980—2006[J]. Higher Education Quarterly, Vol. 62, No. 3, 2008, 62(3).

[263] Michael Shattock. Re-Balancing Modern Concepts of University Governance [J]. Higher Education Quarterly, 2002, 56(3).

[264] W. A. C. Stewart. Higher Education in Postwar Britain. The Macmillan Press LTD. 1989.

[265] Ted Tapper. The Governance of British Higher Education [M]. Dordrech: Springer, 2007.

参
考
文
献

后 记

像许多初出茅庐的青年学者一样，第一本著作往往都是由自己的博士论文修改而成，本书亦是如此。

从价值追求的角度研究高等教育治理改革，是一个较为独特的视角，在写作初期我曾陷入抽象空泛的自说自话，缺乏历史与现实的论据佐证。不过，我的导师别敦荣教授，悉心教诲，指出我应当结合中外高等教育治理改革的历程来研究，将高等教育治理的理论研究和高等教育治理改革的政策研究结合起来，从治理的普遍价值追求和高等教育治理改革政策的价值取向分析入手，通过梳理中外高等教育治理改革的价值取向来揭示高等教育治理的价值追求。如此，终于打通了写作思路，艰辛却也较为顺利地完成了论文。

感谢我的导师别敦荣教授，我算不上是一个有学术潜质且恭顺听话的学生，但别老师包容了我的愚钝难教与桀骜不驯，并没有因此而减少对我的指导与磨炼，促进我在学业与处世上一步步地成长。感谢我们最为景仰的潘懋元先生，年逾九旬仍然为我们授课，逐个逐个地点评我们的学术报告，一字一句地批改我们的论文，雷打不动地举办周六学术沙龙，激励与陶冶我们的学术修养……深感荣幸之余，也领略了先生博大精深的学术思想与和蔼慈祥的长者风范。教育研究院其他老师也给予了我诸多指导与帮助，感念于心，不再赘述。

还应当感谢我的父母，举瘦弱身躯，长年操劳；以斑白两鬓，千里牵挂。感谢我的兄长，顾兄弟之情，解困顿之厄。家人，永远是我的精神支柱和不竭动力。

厦门大学是一所面朝大海，四季花开的美丽大学；教育研究院是一个师生和睦，温馨如家的大家庭。我非常幸运，能在这么美丽的大学和温馨的学院求学六年有余，这将是我一生中最难以忘怀的青春岁月。

最后，感谢中国海洋大学出版社滕俊平老师的辛勤付出，精心编辑，使本书得以顺利出版。

唐汉琦

2017 年 12 月 22 日冬至